Über dieses Buch Helene Merz beschreibt in diesem autobiographischen Bericht die Geschichte einer seelischen Krankheit, die im sechzehnten Lebensjahr ausbricht und erst viele Jahre später durch eine Psychotherapie geheilt werden kann. Es ist eine verborgene Geschichte, hat sie doch von klein auf gelernt, ihre Gefühle zu unterdrücken, sich nicht mitzuteilen. Sie wächst in einem extrem lieblosen, kinderfeindlichen Milieu auf, in einer protestantischen Pfarrersfamilie, in der Gehorsam, Fleiß, Ordnung, Pünktlichkeit die höchst geschätzten Tugenden sind. Stumm und ergeben erträgt sie denn auch eine wiederkehrende Entsetzlichkeit, die zu verschweigen und schließlich zu »vergessen« nur um den Preis der seelischen Gesundheit möglich ist.
Bis in ihr viertes Lebensjahrzehnt hinein bleiben ihr das selbstzerstörerische Verhalten, die Verzweiflung, der Haß und Selbsthaß, die Suizidgedanken und die beinahe alle Lebensbereiche durchziehende Lebensunfähigkeit ihrer Jugendjahre unverständlich. Die Selbstentfremdung wird schließlich aufgehoben, als von unerwarteter Seite die Aufklärung kommt.

Die Autorin Helene Merz, Jahrgang 1952, Diplompädagogin, wissenschaftliche Mitarbeiterin in einem sprach- und einem sozialwissenschaftlichen Forschungsprojekt, pädagogische Arbeit mit Strafgefangenen, Zweitstudium der Romanistik, verschiedene Bürotätigkeiten, lebt heute als Schriftstellerin in Köln.

Helene Merz

Die verborgene Wirklichkeit

Geschichte einer Verstörung

Fischer
Taschenbuch
Verlag

Lektorat: Anke Rasch

Originalausgabe
Veröffentlicht im Fischer Taschenbuch Verlag GmbH,
Frankfurt am Main, Dezember 1988

Umschlaggestaltung: Buchholz/Hinsch/Hensinger
Gesamtherstellung: Clausen & Bosse, Leck
Printed in Germany
ISBN 3-596-23265-1

Persönliche Erfahrungen mit Krisen

Unter dieser Überschrift legt der Fischer Taschenbuch Verlag Bücher vor, deren Autoren aus eigenem Erleben oder auch aus der Betroffenheit über das Schicksal eines anderen versuchen, Ereignisse und Empfindungen zu reflektieren.
Ob die Ursache der Krise psychische oder physische Erkrankung, das Scheitern einer Partnerschaft oder sonst ein tief berührendes Erleben war – es gab Anlaß, das Leben zu überdenken.

Für Silvia Schlagintweit,
die mir geholfen hat,
die Bruchstücke meines Lebens zusammenzusetzen

Erstes Kapitel

Von der Schule nach Hause kommend, hatte ich nichts Eiligeres zu tun, als vor dem Essen noch in den Garten zu gehen, um einen Apfel zu essen.

Es war Herbst. Ein herrlicher, sonniger Tag. Die kleinen, gerade fünf Jahre alten Apfelbäume hinter dem Gemeindehaus trugen in diesem Jahr erstmalig reichlich Früchte. Es waren einige James Grieve darunter, meine Lieblingssorte. Ein saftiger, knackig-frischer Apfel, bei dessen Anblick mir das Wasser im Mund zusammenlief.

Ich betastete der Reihe nach einige der Äpfel, sie waren noch sehr fest, und suchte mir dann einen heraus, der schon etwas reifer wirkte als die anderen. Auf einer Seite zeigte sich bereits eine rötliche Färbung. Ich pflückte ihn ab und rieb ihn an meinem Baumwollpullover blank.

Dann ging ich an der Längsseite des Gemeindehauses entlang bis zu der Seitenwand, an der die dunkelblaue Clematis noch immer einige Blüten zeigte. Es war die Stelle zwischen Gemeindehaus und Kirche, an der ich mich am wenigsten beobachtet fühlte.

Von der am anderen Ende des Gemeindehauses im oberen Stockwerk gelegenen Pfarrerswohnung, der elterlichen Wohnung, aus, konnte man sie nicht sehen.

Auch von der im Seitenflügel des Hauses untergebrachten Wohnung der Familie des sogenannten Kirchendieners aus war der Blickwinkel zu spitz, so daß mit den mir verhaßten neugierig-mißtrauisch-kontrollierenden Blicken der Frau Kriegel nicht zu rechnen war. Desgleichen war der unter Kriegels wohnenden Gemeindeschwester, der Diakonisse Schwester Friederike, der Blick in diesen toten Winkel versperrt.

Von der anderen Seite her, wo an die sich an die rückwärtige Wand der Kirche anschließende Rasenfläche die Gartengrundstücke der Nachbarn grenzten, hätte man mich wohl sehen können. Doch um diese Zeit beschäftigten sich die Nachbarn nicht mit ihren Himbeerhecken, und der mißmutige alte Mann, der Stefan und seinen Freunden schon so oft das Fußballspielen auf der hierzu bestens geeigneten Rasenfläche verboten hatte, werkelte auch nicht griesgrämig in seinem Garten herum.

Nur von der hinteren Tür der Kirche aus hätte man mich sehen können, stand ich dieser doch schräg gegenüber, und jeder, der aus der Sakristei herausgekommen wäre, hätte mich sofort erblickt.
Ich behielt diese Tür im Auge, denn ich fürchtete nichts so sehr, wie wenn mich jemand in einem selbstvergessenen Augenblick störte.
Ich lehnte mich an die warme rückwärtige Wand des Gemeindehauses direkt neben die Clematis, heftete den Blick auf die Sakristeitür, lauschte eine Zeitlang, kam zu dem Schluß, daß sich niemand hinter der Tür befand, und biß in meinen Apfel. Er war noch etwas zu grün, schmeckte noch etwas zu sauer und war noch nicht auf die für diese Apfelsorte so typische Weise saftig, doch der Geschmack eines James Grieve war schon vorhanden.
Meine Angst vor Blick-Überfällen vergessend, schloß ich für eine kurze Weile die Augen und konzentrierte mich ganz auf diesen köstlichen Geschmack. Auf der Stirn fühlte ich die milde Wärme der Herbstsonne, ich überließ mich ihren Strahlen. In der Hand hielt ich den kühlen Apfel. Beinahe andächtig strich ich über seine glatte Schale und biß dann mit immer noch geschlossenen Augen ein weiteres Mal hinein. Die Säure der fast noch unreifen Frucht ließ die Zähne stumpf werden, was jedoch meinen Genuß nicht im mindesten beeinträchtigte.
Ich öffnete die Augen wieder und richtete den Blick auf eine der dunkelblauen Blüten, die heute, so schien es mir, besonders dunkel leuchteten und deren Erfüllung darin zu bestehen schien, diesen nur für mich bestimmten Augenblick vollkommen werden zu lassen.
Ich nahm die Schönheit dieses Herbstnachmittags auf, als sähe ich all dies zum letzten Mal. Ich öffnete mich den Strahlen der Sonne, ich gab meinen Blick der Blüte hin, ich sog die saure Köstlichkeit des Apfels in mich hinein, gerade als wüßte ich, daß es mir nie wieder vergönnt sein würde, mich so an einen Augenblick zu verlieren.
Ich verhielt mich wie ein Mensch, der den Tod sicher vor Augen hat und der deshalb die letzten Tage seines Daseins ungeteilt genießt, ja, der eigentlich erst in diesen Tagen versteht, wie schön das Leben ist.
Ich war voller Glück, und doch war ich voller Schmerz. Ich war dieser Minute hingegeben und fühlte doch zugleich, wie sie mir entglitt. Ich versuchte, sie festzuhalten, ich versuchte, die In-

tensität des Genusses, die sich gerade hinter meinen geschlossenen Lidern bis zur Glückseligkeit gesteigert hatte, festzuhalten, doch es war bereits vorbei. Ich sah die Clematis an, ich schmeckte den Apfel, ich fühlte die warme Sonne auf der Stirn, und doch war es anders geworden.
Wieder blickte ich zur Sakristei hinüber. Ob wohl jemand gekommen war? Wer hatte mich aus meiner Versunkenheit herausgerissen?
Doch es war niemand gekommen.
Die hintere Kirchentür war verschlossen, die Rasenfläche lag verlassen da, kein Nachbar war in seinem Garten aufgetaucht. Es war still. Genauso still wie zuvor.
Doch etwas war anders geworden.
Noch immer schmeckte der Apfel köstlich, noch immer wärmte mich die Sonne sanft, noch immer leuchtete die Blüte dunkel.
Doch etwas war anders.
Es war nicht mehr dieselbe Sonne. Es war nicht mehr derselbe Apfel. Es war nicht mehr dieselbe Blüte.
Doch, natürlich waren es dieselben. Nicht die Sonne hatte sich verändert. Nicht der Apfel. Nicht die Blüte. Ich war es, die sich verändert hatte. Ich selbst hatte mich verändert. Innerhalb eines einzigen Augenblicks hatte ich verloren, was mir gerade noch das Köstlichste gewesen war.

Vom Hof her hörte ich Schritte auf mich zukommen.
»Helene, komm endlich, wir warten schon.«
Ich warf der Sonne einen wehmütigen Blick zu und vertauschte dann, dem Ruf des im Hof des Gemeindezentrums wartenden Bruders folgend, im Gehen noch ein letztes Mal die Blüten mit den Augen streifend, meinen sonnigen Flecken mit den von der Kirche und dem Sakristeianbau geworfenen langen Schatten.
»Was machst du eigentlich da hinten?« fragte Stefan.
»Ich habe einen Apfel gegessen.«
»Und nachher hast du wieder keinen Hunger?«
Ich schwieg und verlangsamte meinen Schritt unter dem Glasdach, das die beiden Eingangstüren, deren eine in den Wohntrakt des Gemeindehauses, deren andere in das Gemeindehaus selbst führte, überspannte.
Eine kleine Weile lang hielt ich mein Gesicht in die an dieser Stelle nicht durch Kirchenmauern verdunkelte Sonne, sog die Wärme ein, die sich unter dem Glasdach gebildet hatte, und

ließ meinen Blick über das links vom Eingang gelegene Staudenbeet gleiten, eine bläßliche, roséfarbene Dahlie wahrnehmend, die jedoch nicht imstande war, meine Aufmerksamkeit zu fesseln.
Diese heftete sich auf das häßliche Hellbraun der zwischen den Stauden überall in großen, nackten Flecken sichtbaren Erde, die diesem Staudenbeet immer das Aussehen eines vertrockneten Provisoriums verlieh, das unter den Fensteraugen von Schwester Friederike und Familie Kriegel lustlos vor sich hin kümmerte.

Stefan hielt mir wohl schon seit geraumer Zeit die Eingangstür auf, denn seine Stimme wirkte recht ungeduldig, als er sagte: »Mach schon, was stehst du da herum.«
Ich folgte ihm die Treppe hinauf in den ersten Stock. Er stieß die Wohnungstür auf, die von einer quergelegten Fußmatte offengehalten worden war, schob die Matte an ihren Platz zurück, und ich schloß, sorgfältig darauf bedacht, sie nicht ins Schloß fallen zu lassen, die Wohnungstür hinter uns. Bereits auf der Schwelle fühlte ich die Anwesenheit der im Eßzimmer wartenden Eltern.
»Wir warten schon seit fünf Minuten«, sagte der Vater streng, als wir das Eßzimmer betraten, wo die Eltern am Eßtisch einander gegenübersaßen, und ich ergänzte unwillkürlich in Gedanken: »Fünf Minuten vor der Zeit, ist des Soldaten Pünktlichkeit.«
»Geh, wasch dir die Hände, und beeil dich endlich«, sagte die Mutter vorwurfsvoll.
Ich durchquerte das den vorderen mit dem hinteren Flur verbindende Eßzimmer, ging in das am Ende des Flurs gelegene Badezimmer und wusch mir, einen kurzen Blick in den Spiegel werfend, was mir einen haßerfüllten Blick meiner Augen einbrachte, rasch und mechanisch die Hände. Dann ging ich ins Eßzimmer zurück.
Ich setzte mich auf meinen Platz, faltete die Hände zum Gebet, hoffte einen Augenblick lang, heute nicht an der Reihe zu sein, doch da war es schon, das gefürchtete: »Helene, bitte!« Ich beugte den Kopf, senkte den Blick, blinzelte zwischen den halbgeschlossenen Lidern hervor, kontrollierte meine vorschriftsmäßig gefalteten Hände und versuchte, jenen unterwürfigen Ausdruck zu finden, ohne den ich mich des Gesprächs mit Gott nicht würdig glaubte.

Ohne ihn gefunden zu haben, brachte ich schließlich nach einer mir wie eine Ewigkeit erscheinenden Anlaufzeit, während der ich sekündlich mit einem Tadel des rechts von mir sitzenden Vaters rechnete, mit gepreßter Stimme hervor: »Komm, Herr Jesu, sei unser Gast und segne, was du uns heute bescheret hast. Amen.«

Der Tisch war mit dem sogenannten Werktagsservice gedeckt, einem einfachen, weißen Porzellan, dessen Rand mit braunen Sternchen verziert war. In der Mitte des Tisches standen eine Schüssel mit Salzkartoffeln, eine Schüssel mit Karotten in weißer Soße und eine ovale Platte mit Frikadellen.

»Ich esse keine Kartoffeln«, sagte ich, als die Mutter mir eine Portion davon auf den Teller tun wollte, »ich habe keinen Hunger.«

»Wenigstens etwas mußt du aber essen«, sagte sie.

»Ja«, sagte ich, »aber keine Kartoffeln. Ich habe keinen Hunger, und ich esse keine Kartoffeln.«

»Wo gibt's denn so was«, sagte der Vater, »was sind denn das in letzter Zeit für Mätzchen? Du ißt, wie sich das gehört. Hast du das verstanden?«

Und er schaute zunächst mich, dann die Mutter streng an. Diese nahm daraufhin meinen Teller in die linke Hand, griff mit der rechten nach dem Kartoffellöffel, grub ihn tief in die Kartoffeln ein, brachte ihn reichlich gefüllt wieder daraus hervor und machte Anstalten, die in meinen Augen riesige Portion auf meinem Teller abzuladen.

»Das ist viel zuviel«, sagte ich, »soviel esse ich auf keinen Fall.«

Die Mutter senkte den Löffel, klopfte ihn gegen den Schüsselrand und ließ einen Teil der Kartoffeln wieder in die Schüssel zurückfallen.

»So, das ißt du jetzt aber«, sagte sie streng, und ich wagte es nicht, ein weiteres Mal zu protestieren.

Widerspruchslos ließ ich mir zwei Löffel Gemüse auf den Teller häufen, bei der Frikadelle wehrte ich mich erneut: »Eine halbe reicht«, sagte ich, »ich habe keinen Hunger.«

Sie halbierte eine Frikadelle und stellte den Teller vor mich hin.

»Das ist zuviel«, sagte ich entsetzt, »das schaffe ich nicht.«

»Lächerlich«, sagte der Vater, »du ißt jetzt und hältst endlich den Mund. Zu diesem Thema will ich heute nichts mehr hören.« Und er nahm sich von allem eine reichliche Portion.

»Das liegt alles nur daran, daß sie in Frankreich war«, sagte die Mutter mit vorwurfsvoller Stimme. »Wir hätten sie nicht fahren lassen dürfen. Seit sie dort war, mäkelt sie an allem herum. Sie ist dort richtig verwöhnt worden.«
»Ich bin überhaupt nicht verwöhnt worden«, sagte ich, »aber die Franzosen essen eben nicht so einen Pamp aus Kartoffeln und Mehl, und sie essen nicht soviel auf einmal, und sie essen auch nicht alles durcheinander auf einem Teller.«
»Untersteh dich, so über das Essen zu reden, das deine Mutter gekocht hat«, sagte der Vater zornig. »Solche Worte will ich an diesem Tisch nicht noch einmal hören.«

Auf Einladung einer französischen Brieffreundin hatte ich die Sommerferien mit den Duchants am Meer verbracht. Da die Duchants die von ihnen in Vérigny, einem kleinen Ort westlich von Paris, betriebene Metzgerei während der Ferien nicht schließen wollten, fuhr Madame mit ihren Kindern, der damals siebzehnjährigen Yvonne und dem zehnjährigen René, allein, ohne ihren Mann, in die nahe gelegene Normandie, wo Monsieur sie lediglich an den Wochenenden besuchte.
Yvonne erwartete mich in Caen auf dem Bahnsteig. Ich hatte ein Photo von ihr gesehen und erkannte sie sogleich. Ein Jahr älter als ich, einen halben Kopf kleiner, dunkelhaarig, untersetzt. Sie war mir nicht unsympathisch, doch ich fühlte vom ersten Augenblick an, daß wir einander nie etwas bedeuten würden.
Höflich erkundigte sie sich nach dem Verlauf meiner Reise, hilflos mühte ich mich damit ab, ihr von meinem Aufenthalt in Paris zu erzählen, was mir kaum gelang, da ich die französische Sprache fast nicht beherrschte. Zwar lernte ich seit drei Jahren Französisch, doch ich hatte mich noch nie mit Franzosen unterhalten und auch noch nie einen Franzosen sprechen gehört, die Laute, die auf dem Bahnsteig in Caen auf einmal an mein Ohr drangen, erinnerten mich kaum an das im Französischunterricht Gehörte.
Es war das erste Mal, daß ich mit Menschen zusammen war, deren Sprache ich nicht verstand. Die Eltern hatten immer nur in deutschsprachigen Ländern Urlaub gemacht, und ich wußte nicht, wie es ist, wenn man der einfachsten Sachverhalte wegen nach Worten suchen muß. Der Versuch, meine Verwirrung zu schildern, die mich in Paris ergriffen hatte, wo ich mich in der Metro vom Gare de l'Est zum Gare St. Lazare durchfragen

mußte und wo ich meinen viel zu schweren Koffer über mir endlos lang erscheinende U-Bahn-Gänge und -Treppen hatte schleppen müssen, mißlang denn auch völlig.
Der hilfsbereite Nachbar der Duchants, M. Hermès, der sich als Chauffeur zur Verfügung gestellt hatte, wurde nicht müde, mich während der Fahrt von Caen nach Langrune, dem Ferienort der Duchants, daran zu erinnern, daß ich eine Deutsche war, und mich auf die verschiedenen Kriegsschauplätze hinzuweisen, an denen die Normandie so reich ist. Ich verstand die Worte »guerre« und »cimetière«, und ich hatte mich wohl auch nicht getäuscht, als ich seinem Redeschwall eine Einladung entnommen zu haben glaubte, denn zehn Tage später lud er uns tatsächlich zu einer Rundfahrt in seinem Wagen ein. Ich erinnere mich noch an das Entzücken, mit dem er dann auf einem Soldatenfriedhof angesichts der symmetrisch angeordneten weißen Kreuze ausrief: »Hélène, tiens, n'est-ce pas joli?«

Das Ferienhaus der Duchants bestand aus einem über eine Außentreppe zu erreichenden Wohnbereich, einer Wohnküche und einem Schlafzimmer, sowie einer unter dieser Außentreppe gelegenen Toilette und einem kleinen Waschraum.
Über den Hof gelangte man zu einer weiteren Außentreppe, die in ein Dachzimmer des Nachbarhauses führte. Dieses Zimmer hatte man eigens für mich hinzugemietet. Es war ein sehr kleiner Raum, in dem gerade ein Bett, ein Schrank, ein Tisch und ein Waschbecken Platz hatten. Das kleine Fenster zeigte auf den Hof hinaus, ich konnte die Dächer der benachbarten Häuser sehen, das nahe gelegene Meer sah man von hier aus nicht.
Noch während ich den Koffer auspackte und mich mit der neuen Umgebung vertraut zu machen suchte, rief Madame Duchant zum Essen.
Madame war eine freundliche, kleine Frau, die während des Essens unaufhörlich zwischen dem Tisch und dem Herd hin- und herlief und die, während sie nacheinander verschiedene Vorspeisen servierte, ununterbrochen Fragen auf mich niederprasseln ließ, von denen ich nur den geringsten Teil verstand. Sie sprach nicht ein Wort Deutsch, und Yvonne, die auch erst seit wenigen Jahren Deutsch lernte, gab ihre fruchtlosen Versuche, die Worte ihrer Mutter zu übersetzen, bald auf.
Müde von der langen Fahrt und verwirrt von den vielen neuen Eindrücken, zudem durch das unaufhörliche Zuhören- und

Antwortenmüssen höchst angestrengt, kam ich kaum dazu, etwas zu essen, obwohl ich hungrig war und mich danach sehnte, wenigstens einige Bissen in Ruhe zu mir nehmen zu dürfen.
Madame, die meine Überforderung nicht zu bemerken schien, quittierte meine schüchternen Eßversuche, die noch zusätzlich dadurch erschwert wurden, daß ich nicht wußte, wie man sich angesichts der Vielzahl nacheinander servierter Häppchen und Kleinigkeiten richtig zu verhalten hatte, schließlich mit der nicht unfreundlich klingenden Bemerkung: »Hélène, elle mange comme un oiseau.«
Unfähig, diesem einmal von mir entworfenen Bild zuwiderzuhandeln, gelang es mir während der nächsten Wochen nicht, anders als »wie ein Vögelchen« zu essen, so daß mir die langen Mittag- und Abendessenzeremonien, die mit einem in Gesellschaft des immer gesprächsbereiten Nachbarn eingenommenen Apéritif begannen und von einem zu einem Kaffee gereichten, mit Marmelade bestrichenen Keks beendet wurden, im Laufe der Zeit weniger als Eß-, denn als Hungerrituale erschienen.
Fast jeden Vormittag plagten mich, nachdem ich ausführlich im Meer gebadet und spazierengegangen war, Schwindelgefühle, das morgendliche Stück Baguette, das mit einem Hauch Butter bestrichen in einen Milchkaffee getunkt wurde, erschien meinem an ein kräftiges Müsli-Frühstück gewöhnten Magen wie ein bißchen Nichts.
Rebellierend und knurrend ließ er mich das Mittagessen herbeisehnen, doch die offensichtliche Gleichgültigkeit der französischen Gastfamilie jeglicher Nahrungsaufnahme gegenüber, ihr gelangweiltes beiläufiges Knabbern an wie zufällig bereitgestellten Häppchen und ihre nahezu ausschließliche Konzentration auf die während der Mahlzeiten mit besonderer Hingabe betriebene Konversation ließen mich mein rein körperliches Verlangen nach satt machenden warmen Suppen, nach Kartoffeln und Gemüse als dermaßen unkultiviert und barbarisch empfinden, daß ich dieses schließlich so gut ich konnte unterdrückte und anfing, mich meiner deutschen Stoffeligkeit und Ungehobeltheit wegen zu schämen.
Hinzu kam das ständige Erinnertwerden an die tatsächliche Barbarei der Deutschen durch die Kriegsberichte von M. Hermès, der darüber hinaus nicht müde wurde, sich von mir bestätigen zu lassen, daß mein Vater im Krieg in der Normandie sta-

tioniert gewesen sei, und zwar nicht als einfacher Soldat, sondern als Offizier.

Unter dem Vorwand, einen Spaziergang machen zu wollen, entfernte ich mich am vierten oder fünften Nachmittag von der Clique, mit der Yvonne ihre Vormittage, ihre Nachmittage und ihre Abende auf der Deichmauer sitzend zu verbringen pflegte, um mir in einer Bäckerei auf der Hauptstraße ein paar Rosinenwecken zu kaufen, die ich sogleich auf offener Straße verspeiste.

Noch am selben Tag erfuhr Mme. Duchant anläßlich ihres abendlichen Baguetteeinkaufs von der Bäckersfrau, daß das junge Mädchen mit dem deutschen Akzent dagewesen sei, daß dieses drei Rosinenbrötchen gekauft habe und daß man gesehen habe, wie es eines davon unmittelbar vor dem Laden aufgegessen habe. Durch diese Mitteilung in nicht unbeträchtliche Aufregung versetzt, fragte mich Mme. Duchant besorgt, ob ich etwa hungrig sei, ob mir womöglich das Essen nicht schmecke und ob ich vielleicht spezielle Wünsche hätte, und sie brachte mich so in eine fürchterliche Verlegenheit, der ich mich nur durch ein verworrenes Lügengespinst entwinden konnte, und ich schwor mir, mich künftig bei der Befriedigung meiner barbarischen Gier nicht mehr erwischen zu lassen. Ich machte die am weitesten von den Duchants entfernte Bäckerei des Ortes zu meinem Stammgeschäft und kaufte mir hier Nachmittag für Nachmittag Rosinenbrötchen und andere Teilchen. Mit dem lose in Papier eingeschlagenen, für jedermann gut sichtbaren Gebäck verließ ich eiligst den Laden und setzte mich am Ortsrand von Langrune zwischen Kirche und Friedhof auf eine Bank. Ich schaute mich nach allen Seiten um und biß erst, wenn ich mir sicher war, nicht beobachtet zu werden, in eines der Teilchen.

Ich konzentrierte mich auf nichts als auf das langsame und genußvolle Kauen der Teigwaren und erschuf mir mit diesem Ritual ein Eiland, auf das ich mich von einem Nachmittag zum anderen rettete. Ausgeliefert an den unmittelbar nach Beendigung meines heimlichen Genusses in meinem Innern tobenden Vorwurf, »verfressen« und »zu dick« zu sein, begab ich mich wieder zu Yvonne und ihren mich tödlich langweilenden »camarades«, die noch immer auf der Deichmauer herumsaßen.

Durchtrainiert, an ein mehrstündiges tägliches Sportprogramm gewöhnt, war es mir unbegreiflich, wie man sich damit begnü-

gen konnte, den ganzen Tag »sur la digue« zu verbringen, Radio zu hören, zu reden, mit dem Bademeister zu flirten, allenfalls bei extrem heißen Temperaturen ins Wasser zu gehen und sich, wenn überhaupt, erst am Abend zu einem kleinen Volleyballspiel aufzuraffen.
Den Unterhaltungen, die zu verstehen mir einigermaßen gelang, nachdem ich mich in den französischen Tonfall eingehört hatte, vermochte ich keinerlei Sinn zu entnehmen, es kam mir so vor, als redeten sie unablässig über nichts, während ich immerfort über alles schwieg.
In der Gesellschaft dieser scheinbar körperlosen, nur aus Worten und Gesten bestehenden fremdartigen Wesen fühlte ich mich bald nur noch wie ein plumpes Tier, das als dumpf vor sich hinbrütender Eindringling ihr unbeschwertes Spiel belastete.
Ich fing an, die Gruppe zu meiden, was Yvonne nicht ohne Erleichterung aufnahm. Sie bestand jedoch darauf, ihrer Mutter zuliebe gemeinsam zu den Mahlzeiten zurückzukehren, und ich tat ihr den Gefallen, der Mutter gegenüber nicht zu erwähnen, daß ich meine Vormittage, meine Nachmittage und meine Abende allein verbrachte, allein mit dem Meer und seiner tosenden Stille.

Kaum hatte ich Serge kennengelernt, Serge, der mir gezeigt hatte, wie man Krabben fängt, Serge, mit dem ich lange über den weiten Ebbestrand gelaufen war, mit dem ich schweigend dem Meer gelauscht hatte, Serge, der mir am letzten Nachmittag einen scheuen Kuß gegeben hatte, da mußten wir abreisen.
Wir verließen das Meer und vertauschten das Ferienhaus in Langrune gegen die Metzgerei in Vérigny.
Gleich am ersten Abend wurde ich Zeugin einer Fleischlieferung. Ganze Tierleichen wurden über die Straße in den hinter dem Laden liegenden Raum geschleppt. Noch lange waren die Geräusche des Beklopfens und Zurechtschlagens von Fleischstücken in der dem Laden benachbarten, mit diesem durch eine Zwischentür verbundenen Wohnküche zu hören.
Von meinem Platz am Eßtisch aus fiel mein Blick auf das Ladeninnere und die von der Decke herabhängenden Tierhälften, sobald der häufig in seiner blutverschmierten Schürze zwischen Laden und Küche hin- und herpendelnde M. Duchant die Zwischentür offenstehen ließ. In das Gefühl tödlicher Langeweile, mit dem ich mich »sur la digue« infiziert hatte, mischte sich nun

ein Gefühl tödlichen Ekels. Beidem war auch durch Spazierengehen, der nahezu einzigen Beschäftigungsmöglichkeit während dieser nicht enden wollenden Woche nicht zu entrinnen.
Die ekelerregende Enge der Duchantschen Metzgerei-Häuslichkeit folgte mir beharrlich durch die Straßen des 500-Seelen-Dorfes, sie folgte mir aus dem Dorf hinaus, sie setzte sich zu mir auf die Bank hinter der kleinen Kirche, wo ich mich darum bemühte, der Aussicht auf das hügelige Land etwas Beachtenswertes abzugewinnen, sie klebte in den das Dorf umgebenden Feldern an meinen Fersen, ja, sie schien selbst die Brombeerhecke befallen zu haben, die ich eines Nachmittags an einem Feldrain entdeckte und deren köstlich aussehende Früchte sich in schimmeligen Staub verwandelten, sobald ich sie zum Mund führte. Und als ich schließlich versuchte, meiner klebrigen Verfolgerin durch einen schnellen Spurt über ein bereits abgeerntetes Feld zu entkommen, grinste sie mir schon wieder argwöhnisch aus dem Gesicht eines Bauern entgegen.

Die häusliche Tristesse hatte auch Mme. Duchant verändert. Sie war mürrisch geworden, sie scherzte weniger, man hörte sie häufig mit ihren Kindern schimpfen. Auch ich unterlag jetzt ihrer plötzlich erwachten, erzieherischen Strenge.
Ein aus schierem Unwissen heraus begangenes Vergehen, das darin bestanden hatte, tagsüber das im oberen Stock gelegene Zimmer aufgesucht zu haben, um mir dort ein Buch zu holen, brachte mir einen derartigen Wutausbruch ein, daß mir eine solche, die Treppe und den Flur und überhaupt den ganzen mühsam hergerichteten Wohnbereich offensichtlich aufs abscheulichste beschmutzende Unverschämtheit nicht noch ein weiteres Mal unterlief.
Mit Yvonne verband mich nichts. Dennoch benutzten wir gemeinsam ein Schlafzimmer, schliefen gemeinsam in einem Bett und deckten uns mit einer gemeinsamen Decke zu.
»Aus Platzgründen«, hatte sie in mein befremdetes Gesicht hinein gesagt, und ich hatte mich an der Bettkante zusammengerollt und gewartet, bis die Atemzüge dieser mir von Tag zu Tag unsympathischer werdenden fremden Person auf ihren Schlaf schließen ließen, um dann, vorsichtig, um die Kissen nicht zu beschmutzen, in mein Taschentuch zu schluchzen.
Noch acht Tage, sagte ich mir entsetzt, noch acht Tage, das halte ich nicht aus.
Bereits im Badezimmer hatte ich nur mühsam meine Tränen

unterdrücken können. Unvertraut mit den Sitten des Hauses erwartete ich, daß Yvonne, nachdem sie mir alles gezeigt hatte, den Raum verließ, und ich stand eine Weile unschlüssig herum, während sie in aller Ruhe begann, sich auszuziehen. Wenigstens René würde doch gehen, hoffte ich, doch Yvonne, die plötzlich zu verstehen schien, lachte auf einmal laut heraus und sagte, ich solle mich nicht so anstellen, es sei hier üblich, im Beisein der anderen seine Toilette zu machen.
Ich schämte mich fürchterlich, als ich schließlich unter den Blicken der sich auf dem Bidet waschenden Yvonne und des sich vor dem Spiegel die Zähne putzenden René auf dem Klo saß.

Da es mir unmöglich gewesen wäre, unter den Augen der von ihrem Küchenfenster aus das Geschehen auf der Dorfhauptstraße verfolgenden Mme. Duchant die der Metzgerei schräg gegenüberliegende Bäckerei aufzusuchen, um die für mein nachmittägliches Ritual benötigten Rosinenbrötchen zu kaufen, ließ ich während der letzten Woche die Rücksichtnahme auf das von Mme. Duchant entworfene Bild einer wie ein Vögelchen essenden Hélène fallen und fing an, mir den Hunger und die Langeweile durch Essen zu vertreiben.
Madame intervenierte sofort und berichtete Monsieur im Beisein der übrigen Familienmitglieder von dem Vögelchen, das ich anfangs gewesen sei. Doch ich ließ mich nicht mehr beirren. Weder mein sich ständig vergrößernder Ekel noch der allgegenwärtige Gott der Konvention, der sich in Gestalt des Tag für Tag unzählige Male zu hörenden Sätzchens »comme il faut« in alles einmischte, konnten mich in den letzten Tagen noch daran hindern, mir ein zweites hartgekochtes Ei zu nehmen und auch beim Käse ein weiteres Mal zuzugreifen.
»Hélène«, so Madame am letzten Abend empört, »qu'est-ce qu'elle mange!«

Niemand war traurig, als wir uns schließlich am Bahnhof von Evreux voneinander verabschiedeten.
Noch vor Paris hatte ich meinen aus einem Schinkensandwich und einem Pfirsich bestehenden Reiseproviant aufgegessen, und ich dachte während der ganzen langen Heimfahrt an beinahe nichts anderes als an die Brote, die ich mir am Abend zu Hause schmieren würde, schöne, dunkle Brote mit einer kräftigen Kruste, bestrichen mit Kalbsleberwurst.

Ich stand noch nicht richtig im Flur, da sagte die Mutter: »Du hast ja schon wieder abgenommen.«
»Stimmt überhaupt nicht«, sagte ich und trug meinen Koffer nach hinten.
»Du mußt aber noch was essen, nach der langen Fahrt«, sagte die Mutter, die mir in den hinteren Flur gefolgt war und unablässig um mich herumlief, während ich meine schmutzigen Sachen in die Waschmaschine packte. »Du mußt aber unbedingt noch was essen«, wiederholte sie, »bestimmt hast du den ganzen Tag noch kaum etwas gegessen.«
Die Leberwurstbrote, auf die ich mich während der ganzen langen Heimfahrt gefreut hatte, aß ich schließlich nur noch ihr zuliebe.

Das also war es, das lang ersehnte Zuhause. Ich lag in meinem Bett und starrte die maßgeschreinerten Möbel an.
»Die sind eigens für dein Zimmer angefertigt worden«, pflegte der Vater zu sagen, wenn er wieder einmal in der Mitte des Raumes Posten bezogen hatte, um seine Blicke begutachtend umherwandern zu lassen. »Damals, noch vor unserem Einzug, habe ich den Schreiner Trapp kommen lassen, er hat Maß genommen und die Möbel extra für dieses Zimmer angefertigt. Weißt du das eigentlich noch?«
Mit seinem selbstzufriedensten Lächeln stand er auf dem blauschwarz gemusterten Hochflorteppich, auf den ich vor sechs Jahren, als wir in das gerade erst fertiggestellte, feuchtkalte Gemeindezentrum eingezogen waren, der väterlichen Begeisterung Glauben schenkend, einige Monate lang voller Spannung gewartet hatte.
»Weißt du das eigentlich noch?« Jedesmal stellte er mir diese Frage. »Weißt du das eigentlich noch?«
Und ob ich das noch wußte. Ein halbes Jahr lang hatte ich auf die Möbel des hervorragenden Schreiners Trapp gewartet. So lange hatte ich mich in dem alten Klappbett zusammengerollt und mich Abend für Abend, während ich in dem kahlen, mir gänzlich unvertrauten Raum den Schlaf suchte, nach unserem alten, vollgestellten Kinderzimmer zurückgesehnt, wo ich mit meinem Bruder zusammengewesen war und wo es auch nicht hereingeregnet hatte, plötzlich, mitten in der Nacht, so wie hier während der ersten Monate, so daß man schließlich das Klappbett von der Wand wegrücken und einen Eimer aufstellen mußte, in den es während der regenreichen Herbstmonate

nachts unaufhörlich hineintropfte. Man hatte das Dach des modernen Betonflachbaus mit einer 40 cm dicken Kieselsteinschicht abgedeckt, was besser und praktischer sei als alles bisher Gekannte, so der Architekt, den der Vater seines unerschrockenen Muts zu Neuerungen wegen nicht müde wurde, gegenüber den angeblich ultrakonservativen Vorstellungen des Kirchenvorstandes in Schutz zu nehmen.

Als erstes war die Resopalplatte geliefert worden. Eine einfache, mit grauem, abwaschbarem Kunststoff überzogene, in der Mitte mit einem Scharnier versehene, zwei Meter lange, einen Meter breite Platte, die so an der Wand befestigt wurde, daß ein Teil hochgeklappt werden konnte, um das Öffnen der Balkontür zu ermöglichen.

Eine solche Resopalplatte sei das Praktischste, das man sich derzeit vorstellen könne, soll der Schreiner Trapp gesagt haben, und der Vater, so dieser selbst, habe ihm sogleich aufs begeistertste beigepflichtet.

Auch der Bruder war mit einer solchen praktischen Platte bedacht worden. Wir hatten jetzt jeder unser eigenes Zimmer, jeder seine eigene 2 m^2 große Resopalplatte.

Vorher teilten wir uns einen alten, viel zu niedrigen Tisch, der nicht so glatt und glänzend gewesen war, der aber eine Schublade gehabt hatte, die vollgestopft gewesen war mit Buntstiften und Knete und alten Lakritzröllchen und Klickern und Luftschlangen und eingetrockneten Bonbons von Fastnacht und einer angebissenen Zuckerstange von der letzten Kerb, die plötzlich keinem von uns mehr geschmeckt hatte, obwohl wir uns anfangs darum gestritten hatten.

All das gab es jetzt nicht mehr. Die hochmoderne, praktische Resopalplatte hatte keine Schublade, und ich hatte mit meinem Bruder keine Zuckerstangen-Geheimnisse mehr.

Kurz vor Weihnachten waren sie schließlich gekommen, die maßgeschreinerten Möbel, die ich jetzt enttäuscht anstarrte, während mich die Leberwurstbrote am Einschlafen hinderten. Wie dicke, klebrige Klumpen quollen sie in meinem Magen auf, und ich machte mir unaufhörlich Vorwürfe, überhaupt etwas gegessen zu haben.

Das also ist mein Zimmer, dachte ich, während ich die nüchternen Kästen aus hellem Kiefernholz anschaute und mir zum erstenmal eingestand, wie wenig mir dies alles gefiel. Nie hatte ich dem Vater zu widersprechen gewagt, wenn er begeistert und

zufrieden dieses Zimmer und die Möbel lobte. Doch an diesem Abend gelang es mir nicht, die nie gezeigte, vor mir selbst verborgene Enttäuschung zu unterdrücken.
Was hatte ich eigentlich?
Es gab nichts, das richtig mir gehörte, nichts konnte ich verstekken, nichts war für mich allein da. Für jedermann sichtbar lagen meine ordentlich gestapelten Schulhefte und Schulbücher in den vorne offenen, tiefen Fächerhöhlungen der Kästen. Die einzige Schublade der beiden Kästen enthielt eine Ansichtskartensammlung, die ich irgendwann einmal auf Anregung einer Lehrerin angelegt hatte und die mich schon lange nicht mehr interessierte.
Diese Schublade war die einzige in dem Raum, die man abschließen konnte. Doch ich verschloß sie nie. Es wäre sicher aufgefallen, man hätte vermutet, ich wollte etwas verbergen. Doch ich hatte nichts zu verbergen. Ich hätte mir nur irgend etwas Eigenes gewünscht. Irgend etwas, das nur mir gehörte, das nur ich kannte, von dem niemand etwas wußte.
Die beiden Schubladen des ebenfalls kistenförmigen Nachttischs waren unverschließbar. Ich öffnete die obere Lade, doch sie enthielt nur unbedeutenden Kram. Einen Kamm und eine Bürste, einige Haarklammern, Taschentücher und ein Brillenetui.
In der unteren Lade lag die Briefmarkensammlung. Der Vater hatte sie für mich angelegt. Ein dickes, braunes Album mit Briefmarken seit 1945, Bundesrepublik Deutschland und DDR, die serienmäßig ergänzt wurden. Sorgfältig und gewissenhaft pflegte der Vater mit mir zusammen die neuen Marken einzusortieren. Sie wurden auf der Rückseite mit klebenden Märkchen versehen und in das vorgedruckte Album eingeheftet. Es war eine hochernste Angelegenheit, der Vater blätterte dabei in mehreren dicken Büchern, um sicherzustellen, daß alles seine Ordnung hatte.
Dann gab es noch zwei weitere Alben mit hübschen bunten Tiermotiven, denen von Zeit zu Zeit weitere Serien hinzugefügt wurden. Zwischen die Alben hatte ich mein Tagebuch gesteckt. Doch jeder, der gewollt hätte, hätte es bestimmt leicht gefunden.
Das Fenster des Zimmers war gleichzeitig die Tür zu dem sogenannten Dachgarten, einer Art Loggia, die mein Zimmer mit dem Wohnzimmer der Eltern verband.
Jeder konnte von außen hereinschauen, konnte mich an der

Resopalplatte sitzen sehen, konnte sehen, wenn ich auf dem tagsüber in ein graues Sofa verwandelten Bett lag und las, konnte sehen, wenn ich mit Gaby auf dem Boden saß und Karten spielte. Sogar vom Wohnzimmer aus hatte man Einblick in mein Zimmer, sobald man sich an das breite Glasfenster stellte, das die gesamte zum Dachgarten hin gelegene Frontseite einnahm.

Verzweifelt schaute ich mich um. Gab es denn nichts, was mich hätte trösten können? Mein Blick fiel schließlich auf das helle Kiefernholzbrett über meinem Bett, auf dem die Steifftiere standen.

Meine alten Steifftiere, die ich seit unserem Auszug aus der Alfred-Flachs-Straßen-Wohnung nicht mehr mit ins Bett genommen hatte. So wie früher, als der Bruder und ich abends alle Tiere schlafen gelegt hatten, immer in einer anderen Reihenfolge. Mal war das Eichhörnchen auf den besten Platz gekommen, mal der Seehund, mal der Tiger und mal die Igel. Fast wäre ich aufgestanden und hätte mir eines der seit sechs Jahren unberührt herumstehenden Tiere genommen und mich damit in den Schlaf gekuschelt. Aber dann kam mir das doch komisch vor. Immerhin war ich sechzehneinhalb Jahre alt. In diesem Alter, so sagte ich mir schließlich voller Verachtung ob dieser kindischen Bedürfnisse, geht man nicht mehr mit Steifftieren ins Bett.

Am nächsten Tag holte ich Gaby zu einem Spaziergang ab. Trotz unserer Wiedersehensfreude beherrschte mich vom ersten Moment an der Eindruck, daß sich zwischen uns alles geändert hatte.

Verstohlen musterte ich die Freundin von der Seite, während wir plaudernd unsere alten Wege durch die Felder und über die Wiesen am Fluß zurücklegten. Zum erstenmal in den fünf Jahren, seit wir uns kannten, wurde ich gewahr, daß die Freundin dick war. Nicht ich war dünn, wie sie immer behauptete, wenn sie lachend über meine angeblichen Steckenbeine hergezogen war, sie war dick.

Plump und schwerfällig, dachte es an diesem Morgen mehrmals in mir, und ich erschrak über diesen unfreundlichen Gedanken.

»Frankreich ist dir ja ganz schön zu Kopf gestiegen«, sagte sie, als mir zum drittenmal ein französischer Satz herausrutschte.

»Entschuldige bitte«, sagte ich in einem mich selber verwun-

dernden gereizten Tonfall, »ich habe vier Wochen lang nicht ein Wort Deutsch gesprochen, geschweige denn gehört, ich habe in der letzten Woche beinahe schon französisch geträumt.«
Unmöglich, der Freundin zu sagen, daß ich Abend für Abend in dem kleinen Zimmer in Langrune an sie gedacht hatte, daß ich mehr als einmal in mein Tagebuch geschrieben hatte: »Ich wäre so gern bei Gaby auf dem Balkon«, daß ich mich während vier langer, nicht enden wollender Wochen in Frankreich unablässig nach allem gesehnt hatte, was bis dahin mein tägliches Leben ausgemacht hatte, nach der Schule, nach zu Hause und vor allem nach der Freundin, nach dem Tennisspiel und den langen Badenachmittagen an der Kiesgrube, nach der Clique, nach den gemeinsamen Spaziergängen, den Radtouren, dem Gitarrenspiel in Gabys Zimmer.
Der Spaziergang neben der plötzlich als unförmig empfundenen Freundin zeigte mir, daß ich geträumt haben mußte. Nichts von dem, was ich ersehnt hatte, gab es wirklich. Noch nicht einmal vierundzwanzig Stunden trennten mich von Frankreich, da wollte ich schon wieder dorthin zurück. Die Franzosen, so dachte ich plötzlich, sind wenigstens nicht so dick.

Vater, Mutter und Bruder fingen an zu essen. Ich stocherte in meinen Kartoffeln herum, schaute abwechselnd von einem zum andern, schaute die Schüsseln an, betrachtete ihre vollen, meinen halbleeren Teller.
Ich hatte Hunger. Seit zwei Monaten, seit ich aus Frankreich zurückgekehrt war, quälte mich beinahe unablässig dieser Hunger. Doch ich aß so wenig wie irgend möglich. Ich widerstand dem immer gieriger werdenden Verlangen meines Körpers nach Nahrung.
Ich haßte diesen Körper. Ich wollte mich nicht länger dem Diktat des Körpers unterwerfen. Ich wollte keinen Hunger mehr haben, und ich wollte nicht mehr dick sein.
In meinem Innern gab es eine Stimme, die ununterbrochen auf mich einredete. »Du bist zu dick«, sagte sie anklagend, »es liegt alles nur daran, daß du zu dick bist.«
Sie war es, diese Stimme, die mir befohlen hatte, mit dem Essen aufzuhören. »Du bist zu dick«, hatte sie gesagt, »du mußt den Hunger besiegen, du mußt dieses Tier in deinem Innern besiegen, du mußt aufhören zu essen.«
Bis zu den Sommerferien hatte ich bei 171 cm Größe 56 kg gewogen. Nie hatte irgendein Mensch zu mir gesagt, ich sei dick.

Im Gegenteil, viele hatten mir gesagt, ich sei dünn. Dünn oder schlank. Aber dick? Nie.
Doch spätestens seit Langrune plagte mich das Gefühl, zu dick zu sein. Auch vorher schon, gelegentlich, zuletzt auf dem Deutschen Turnfest, in Berlin, als ich im Turnanzug zum Bodenturnen angetreten war. Steif und ungrazil war ich über meine langen Beine gestolpert, jeder, so hatte ich gedacht, mußte sich über meine Unbeholfenheit lustig machen, und ich war froh gewesen, als ich das Wettkampfgelände mit den vielen kritischen Preisrichter- und Turnlehrer- und Wettkampfteilnehmeraugen endlich verlassen konnte. Damals hörte ich sie zum erstenmal, diese Stimme, die anklagend und vorwurfsvoll aus meinem Innern heraus zu mir sprach und sagte: »Du bist zu dick.«
Sie hatte recht, diese Stimme. Ich wußte es ja selbst. Ich merkte doch selbst, daß ich zu dick war. Unablässig fühlte ich es in meinem mir verhaßten Körper. Wie ein Gewicht aus Blei drückte es mich nieder.
Überall in diesem Körper wohnte es bereits, das Gefühl, das zu dieser Stimme gehörte. Es hatte sich unter der Haut eingenistet, jede Zelle der Haut sprach von diesem Gefühl. Ich bin zu dick.
Am schlimmsten war das Gefühl im Bauch. Hier hatte es sein Hauptquartier bezogen, von hier aus breitete es sich überallhin aus. Wie eine dicke, immer fetter werdende Spinne, die mit ihren Netzen nach und nach alles überzieht.
Hier, in der Mitte des Körpers, im Bauch, saß sie, blähte die Eingeweide auf, beherrschte den Magen, kroch die Speiseröhre hinauf und streckte gierig lechzend ihren widerlichen Kopf durch meinen Mund heraus.
Bis obenhin war ich angefüllt von dieser ekelhaften fetten Spinne. Ich war diese Spinne. Ich war ekelhaft, ekelerregend, ich war widerlich. Ich war dick und fett und widerlich, ich haßte mich, ich haßte meinen Körper, ich haßte jeden Zentimeter dieses Körpers, jede Zelle der Haut und den fiesen fetten Bauch, in dem die Spinne saß, die immer fetter werdende Spinne, die mich mit Widerwillen erfüllte bis obenhin.
In diesem Körper wollte ich nicht mehr wohnen. Hätte ich gekonnt, ich hätte ihn verlassen. Ich hätte ihn ausziehen mögen wie ein altes speckiges Kleidungsstück, das man sich vom Leib reißen kann, ich hätte ihn zerfetzt und zur Sicherheit darauf herumgetrampelt, wenn dies möglich gewesen wäre.

Wie eine Besessene drehte ich Abend für Abend meine Runden auf dem Sportplatz. Einmal nicht dieses Gefühl ertragen müssen! Einmal nicht dieses dicke fette Untier in meinem Innern spüren! Einmal, wenigstens einmal am Tag, meine Ruhe haben, einmal wenigstens nicht niedergedrückt werden von diesem entsetzlichen Gewicht!
Manchmal gelang es, zu entrinnen. Nach dem Sport schien das Untier getötet. Einige Minuten lang.
Ich schwamm so schnell ich konnte durch das Becken, ich tauchte, ich tauchte lang und tief, und dann, wenn ich hochkam, nach Luft schnappend, erschöpft, fühlte ich mich einige Atemzüge lang frei. Eine kleine friedliche Weile lang atmete ich die milde freundliche Luft ein, an einem dieser Tage im Spätsommer, als die Schwimmbäder ausnahmsweise noch geöffnet waren wegen des ungewöhnlich schönen Wetters.
Und manchmal, wenn ich von der Schule nach Hause kam, hungrig vor dem Mittagessen, war es mir möglich, ganz friedlich einen Apfel zu essen, entspannt und genießerisch.
Doch spätestens wenn ich an dem Familieneßtisch saß, war es wieder da. Es, das Untier in meinem Bauch. Es war wieder überall, kroch durch die Zellen, wütete in mir.

Hungrig und nervös stocherte ich in meinen Kartoffeln herum. Wenn ich nicht aufpaßte, würde das Tier aus mir ausbrechen und sich über den Teller hermachen und alles mit einem einzigen großen Bissen hinunterschlingen. Dann würde es sich noch fetter und widerlicher in meinem Bauch ausbreiten, ich würde mich überhaupt nicht mehr ertragen können.
Ich mußte dieses Tier in meinem Innern überwinden.
Ich mußte stärker sein. Ich mußte es besiegen.
Ich würde es besiegen.
Der schlimmste Moment war immer der des ersten Bissens.
Ich konzentrierte mich darauf, denn ich wußte, daß das warme Essen das Verlangen meines Magens erst richtig anfachen würde. Ich wußte, daß sofort danach der Impuls entstehen würde, weiterzuessen, einfach weiterzuessen wie die andern, so wie ich früher gegessen hatte. Ein, zwei Teller voll warmer Speisen jeden Mittag, ohne mir irgend etwas dabei zu denken, ohne zu denken, ich sei ein Tier und ich sei zu dick.
Unmittelbar nachdem ich einen Bissen von dem warmen Karottengemüse hinuntergeschluckt hatte, legte ich die Gabel aus der Hand und konzentrierte meinen Blick auf einen Punkt in

der Mitte des Tisches, was es mir ermöglichte, keine Speisen mehr wahrzunehmen.
Ich wartete, bis das gierige Verlangen nachließ, das aus meinem Magen aufstieg, sobald das warme Essen dort angelangt war, und griff dann wieder zu der Gabel, um weiterhin scheinbar gelangweilt und desinteressiert in meinen Kartoffeln herumzustochern. Widerlich, dachte ich schließlich frohlockend, als ich wußte, daß mein Wille für die Dauer dieser Mahlzeit den Sieg über das Untier davongetragen hatte.
Einfach widerlich, wiederholte ich triumphierend in Gedanken, wie kann man nur so etwas essen!
Und ich fühlte, wie die Verachtung, die ich seit einigen Wochen kannte, in mir anwuchs und wie sie meinen Blick erfüllte, und ich sah Vater, Mutter und Bruder unter meinen verachtungsvollen Blicken klein und kleiner werden. Sie verschwanden beinahe hinter der eiskalten Mauer aus Verachtung, die ich vor mir errichtete, die ich zwischen mich schob und sie, vor diese mir von Tag zu Tag unerträglicher erscheinenden Körpermenschen, die täglich aßen, ohne sich etwas dabei zu denken, während ich Tag für Tag einen Kampf ausfocht und Tag für Tag diesen Kampf gewann, den Kampf gegen den Trieb in meinem Innern, den Kampf gegen den Hunger.
Ich würde ihn besiegen, diesen Trieb, mein Wille würde sich als stärker erweisen, das hatte ich mir in den ersten vierundzwanzig Stunden nach meiner Rückkehr aus Frankreich geschworen.

Aus den Augenwinkeln nahm ich den rechts von mir sitzenden Vater wahr. Gerade zerdrückte er eine Kartoffel in der Mehlsoße, lud die Mischung auf seine Gabel, spießte mit der Spitze der vollen Gabel ein Stück Frikadelle auf und führte das Ganze zum Mund.
Dort unterbrach er die Bewegung plötzlich, öffnete den Mund und fing an zu reden.
Die Frau Kriegel habe sich wieder über die Konfirmanden beschwert, stieß er voller Empörung hervor und fuchtelte dabei mit der überreichlich gefüllten Gabel in der Luft herum. Sie habe wieder überall Zigaretten auflesen müssen, so der Vater weiter, während er die Gabel genau auf den Punkt zubewegte, den ich die ganze Zeit über zu fixieren suchte. Seine Stimme klang vorwurfsvoll, er stieß die Worte drohend, in beleidigtem Ton hervor, gerade so, als hätten wir, Stefan und ich, überall im Gemeindehaus Zigarettenkippen verstreut.

So gehe das nicht weiter, habe sie gesagt, so der Vater. Da müsse endlich energisch durchgegriffen werden, und er habe ihr versprochen, die Sache dem Kirchenvorstand zu Gehör zu bringen, da müsse endlich etwas geschehen.
Er holte Luft und führte die Gabel wieder in Richtung auf seinen Mund. Er öffnete ihn und ließ die Gabel wieder sinken.
Notfalls müsse man die Parties am Samstagabend verbieten, sagte er, seiner Stimme einen noch drohenderen Unterton verleihend.
Dieser Satz schien ihn zu befriedigen. Er holte erneut Luft, führte die Gabel wieder auf seinen Mund zu, öffnete den Mund und schob die Ladung hinein.
Noch während er kaute, bildeten sich erneut Worte in seinem Mund. Er schluckte das Essen hinunter und stieß hervor: »Das sage ich, notfalls werde ich die Parties verbieten, wenn das nicht endlich ein Ende hat.«
Er belud erneut eine Gabel und schob sie dieses Mal ohne innezuhalten in den Mund. Auf der Kommode tickte die Uhr laut und aufdringlich in die Kaustille hinein. 13.40 Uhr. Vor 14 Uhr war an ein Ende dieser Mahlzeit sicher nicht zu denken. Der Vater hatte noch nicht einmal die Hälfte seines ersten Tellers leer gegessen. Er hatte noch kaum etwas geredet. Er würde noch mindestens zwanzig Minuten brauchen.
Ich rechnete mir aus, daß ich das Haus nicht vor 14.45 Uhr würde verlassen können. Ich mußte für Mathematik und für Englisch Hausaufgaben machen. Eine halbe Stunde würde mich das wenigstens kosten, selbst wenn ich mich beeilte.
Gaby würde wieder ungeduldig werden.
»Habt ihr wieder stundenlang gegessen?« würde sie fragen und geringschätzig das Gesicht verziehen. Als ob ich etwas dafür konnte, daß sich die Mahlzeiten so lang hinzogen und daß es verboten war, aufzustehen, sobald man fertig gegessen hatte. Bei Gaby zu Hause war das anders. Sie aß, stand auf, räumte ihren Teller ab und ging. Eine Angelegenheit von zehn Minuten. Bei uns war das Essen eine heilige Zeremonie. Niemand durfte sie stören. Genausowenig wie die sich daran anschließende Mittagsruhe. Jedenfalls niemand Privates. Beerdigungsinstitute und die sogenannten Durchreisenden, die von Zeit zu Zeit vorbeikamen und um Almosen baten, hatten sehr wohl das Recht zu klingeln, wann immer sie wollten. Doch bei Privatpersonen war das anders. Insbesondere bei unseren Freunden.

Vor Jahren einmal hatte Gaby in Unkenntnis der Merzschen Gebräuche gegen 14 Uhr geklingelt, um mich abzuholen. Der Vater, der sich gerade niedergelegt hatte, erhob sich daraufhin wutentbrannt und kam mir, die ich, nichts Gutes ahnend, sofort aus meinem Zimmer durch die beiden Flure nach vorn gestürzt war, zuvor.
Hilflos unter der Tür stehend, war ich Zeugin geworden, wie der Vater, laut auf Gaby einschreiend, ihr im Treppenhaus eine derartige Moralpredigt hielt, daß die im allgemeinen nicht leicht einzuschüchternde Freundin künftig niemals mehr auf den Gedanken kam, vor 15 Uhr bei uns zu klingeln.
Ich beschloß, meinen Teller leer zu essen, solange das Essen noch warm war. Kauend richtete ich den Blick auf das links von der Uhr auf der Kommode stehende Kreuz. INRI las ich gewohnheitsmäßig. INRI. Und mein Blick tastete die Gestalt von den Füßen an aufwärts ab.
Die Füße waren durchbohrt. Ich wanderte mit den Augen nach oben. Christus trug einen Lendenschurz. Die Rippen traten deutlich sichtbar hervor. Sein Körper war ausgemergelt. Sein Kopf wurde von der Dornenkrone nach unten gedrückt, das Kinn lag auf der Brust. Über sein Gesicht liefen Tropfen. Tränen oder Blut, fragte ich mich. Wahrscheinlich beides. Tränen und Blut. Blut und Tränen.
Und wieder starrte ich auf die Uhr, deren Zeiger sich gerade ruckartig bewegt hatte. 13.50 Uhr.
In die Kaustille hinein fing der Vater wieder an zu reden. Ich hörte nicht mehr zu.
Ich hatte meine Mahlzeit beendet. Mich interessierte nur noch die Uhr. Und ich erwartete das Gebet. Das Dankgebet, das endlich das Zeichen für den Aufbruch setzen würde.
Der Vater war bei seinem zweiten Teller angelangt. Wenigstens das. 13.50 Uhr. Doch er redete. Er redete weiter. Ich hörte nicht zu. Ich wollte nichts hören von der Gemeinde und dem Kirchenvorstand und von Beerdigungen und Taufen und Hochzeiten und von alkoholabhängigen Männern, die ihre Frauen prügelten, und von Gottesdienstvertretung und der bevorstehenden Synode. Ich wollte von alldem nichts hören und starrte nur weiter die Uhr an, in der Hoffnung, daß ich endlich würde aufstehen können.
Mathe und Englisch, dachte ich. Mathe und Englisch.
Und ich wollte doch eigentlich um 14.30 Uhr bei Gaby sein. Hoffentlich wartet sie. Hoffentlich schnappt uns keiner den

Tennisplatz weg, sonst müssen wir wieder auf dem Hartplatz spielen.
Endlich: »Wir danken Herr für diese Speise, uns zur Kraft und dir zum Preise. Amen.«

Im Oktober machten wir eine Klassenfahrt nach Paris. Erster Programmpunkt: Verdun.
Der Busfahrer hielt auf einem großen Parkplatz. Wir stiegen aus. Ein grauer, verhangener Himmel. Ringsum Felder. Wiesen. Eine schier unendliche Weite an Feldern und Wiesen erstreckte sich hügelig bis zum Horizont.
»Die Schlachtfelder von Verdun«, sagte irgend jemand.
In schweigenden Grüppchen gingen wir über den Soldatenfriedhof.
Krieg. Warum machten sie Krieg? Schon bei diesem Wort wurde mir schlecht.
»Rechts um. Ganze Kompanie kehrt«, brüllte des Vaters Stimme in meinem Kopf. »Alle Mann stillgestanden. Rühren.«
Wie unter Schlägen zuckte ich zusammen, wenn der Vater während des Mittagessens anläßlich seiner ausführlichen Berichte aus Krieg und Gefangenschaft plötzlich diese Befehle hervorstieß. Brüllend hervorstieß. Plötzlich und unvermittelt. Ganze Kompanien auf den Schlachtfeldern von Verdun.
Skelette, Skeletteile, Schädel aufeinandergetürmt in dem Gebeinhaus, in das wir der Reihe nach einen Blick warfen. Unendlich viele Skelette, Tote, Tote ohne Namen in einer öden Weite, einem scharfen, zerrenden, durchschüttelnden Wind, Gräber, Felder voller Gräber, Kreuze, Skelette.
Im Bus trösteten sich die andern mit ihrem Reiseproviant. Ich rührte nichts an. Ich ließ die endlose Weite der Felder an mir vorbeiziehen, die Alleebäume, die sich hinter uns zu einer einzigen Linie verloren. Ohne daß ich sie hätte benennen können, fühlte ich, wie sie in mir aufstieg: meine alte Angst.

Paris packte mich wie eine große Liebe. Ich tauchte ein in den Strudel der Großstadt, die französischen Stimmen um mich herum streichelten mein Ohr wie ein sanfter Liebhaber. Ich hatte das Empfinden, zu Hause zu sein.
Die Klassenkameraden spazierten in Gruppen durch die Stadt. Ich setzte mich sooft es ging von ihnen ab. Ich wollte allein sein. Allein mit dieser Stadt, deren Atmosphäre mich umfing wie

eine nicht enden wollende Liebkosung, in deren Straßen ich mich treiben lassen konnte, deren Stimmengewirr und deren unaufhörliches Lärmen und Hupen und Wimmeln mich mitrissen, mich mich selbst vergessen ließen, mich alles vergessen ließen.

Es war beinahe wie das Meer.

Tag für Tag, Stunde um Stunde lief ich durch die Straßen des Quartier Latin, stundenlang stand ich in der Rue Mouffetard und schaute den Händlern zu, immer und immer wieder mischte ich mich in das Gewimmel des Marktes, es erschien mir als Inbegriff des Lebendigen.

Ich verstand nicht, daß die anderen am Abend müde Füße hatten. Ich hörte sie stöhnen und klagen, das Pflaster sei ihnen zu hart, die Wege zu weit. Ich hätte immer weiter gehen mögen. Paris machte mich nicht müde, es erweckte mich zu neuem Leben.

Abend für Abend saßen wir auf den Stufen von Sacré Cœur und hörten den Straßenmusikern zu. Immer und immer wieder begeisterte ich mich für die warme Stimme eines Farbigen, der fast nichts anderes sang als »La neige du Kilimandscharo«.

Ich vergaß mich. Ich vergaß sogar meinen Hunger. Manchmal quälte er mich, manchmal fühlte ich dieses gierige Verlangen nach Nahrung, eine innere Leere, den Anflug von Übelkeit, leise Anzeichen von Erschöpfung.

Doch ich vergaß es sogleich. Im selben Augenblick noch vergaß ich es, die Straße hatte mich schon wieder mit sich fortgerissen, ich war einer Stimme gefolgt, die zu einem Marktschreier gehörte, ich war einem Duft gefolgt, der mich zu einer Kastanienrösterei führte, und ich schaute.

Ich schaute dem Pizzabäcker zu auf dem St. Germain-des-Prés, ich schaute den Porträtmalern zu auf Montmartre. Ich schaute die Häuser an, die Fassaden, die Toreingänge, die dunkelgrünen und schwarzen Portale, die Eisengitter vor den Fenstern, die feinverzierten, geschwungenen und die geraden, strengen; die hohen Fenster, die hohen Gebäude, die runden Dächer aus grauem Metall, die spitzwinkeligen Eckhäuser, diese ganze, mir völlig unbekannte, wundervolle Architektur. Ich war hingerissen. Es war schöner als alles, was ich mir je erträumt hatte. Ich hatte nicht gewußt, daß es so etwas gibt. Solche vollendete Schönheit, solche Lebendigkeit in den Straßen, diese Vielfalt von Eindrücken, diese Gleichzeitigkeit von Eindrücken, die auf meine Sinne einstürzten, die meine Augen und meine Ohren gleichermaßen fesselten, die mein ganzes Wesen erfaßten, die mich vollständig und ungeteilt ausfüllten, die mir nicht den geringsten Raum ließen für meine Grübeleien, die alle Gedanken an mich selbst überflüssig machten, die einfach nur wundervoll waren, faszinierend, beglückend.

In der Früh, beim Frühstück, erfüllte mich Stolz. Das im Sommer noch innerlich verfluchte Baguette war jetzt genau das richtige für mich. Jetzt hörte ich die anderen schimpfen, ich hörte sie all das aussprechen, was ich in Langrune immer nur gedacht und weswegen ich mich geschämt hatte. Man werde von diesem Frühstück nicht satt, sagten sie, das sei nichts, das sei ja für den hohlen Zahn.
»Doch«, sagte ich mit überlegenem Lächeln, »das ist wohl was, mir jedenfalls reicht es«, und ich verzehrte mit zur Schau gestelltem Genuß mein Stück Baguette. Ich konnte gar keine größeren Mengen mehr essen.
Ich hatte es geschafft. Ich hatte mich in eine Französin verwandelt. Ich fühlte den Hunger nicht mehr.
Ein Stück Baguette in der Früh reichte mir. Und mittags, wenn wir alle miteinander in die Mensa gingen, knabberte ich beiläufig und desinteressiert an einigen Häppchen herum. Ich hatte aufgehört, mit dem Bauch zu essen. Ich aß nur noch aus Gesellschaft, aus Konvention, aus Gewohnheit, aus Langeweile.
Die andern kauften sich Crêpes am Abend, sie aßen ständig irgend etwas, so schien es mir, hatten unentwegt Appetit, knabberten, tranken, schleckten Eis, holten sich Pommes frites.
Mir reichte das wenige, das ich noch aß. Ich fühlte mich frei. Mein Wille hatte gesiegt, ich war ganz Geist geworden. Ich lauschte der Musik. Ich schaute von den Stufen aus weit über die Stadt. Ich genoß die Dunkelheit, die Lichter. Am liebsten wäre ich den ganzen Weg durch die Nacht von Sacré Cœur bis zu unserem Hotel hinter dem Pantheon zu Fuß gelaufen, man mußte mich dazu überreden, mit den anderen zusammen, die Metro zu benutzen.
Paris erlebte ich wie einen Rausch. Ich war verliebt. Ich vergaß alles. Wie niemals zuvor hatte ich mich verliebt. Mit all meinen Sinnen. In eine Stadt.

Aus Paris zurückgekehrt, war ich endgültig für mein bisheriges Leben verloren. Ich fing an, alles zu hassen. Mein Zimmer, die Eltern, die Wohnung, das Gemeindehaus, den Schulweg, die

Schule, den Sportplatz, die Turnhalle, den Tischtennisraum, die samstägigen Klubparties im Keller des Gemeindehauses, die Gottesdienste.

Der jeden Montagnachmittag mit seinem alles durchdringenden sentimentalen, meist falschen Gesang in mein Zimmer einfallende Altenklub erschien mir plötzlich als der Inbegriff jeglicher Zumutung. Ich hielt mir die Ohren zu, ich versuchte, mich auf meine Hausaufgaben zu konzentrieren, ich schmierte die Aufgaben hin, ich flüchtete.

Raus hier, dachte ich, raus hier, raus, raus, raus, bevor ich wahnsinnig werde. Und ich lief durch die Straßen. Durch die langen, öden Zingelsbacher Straßen. Durch die Neubaugebiete. Weiße, pastellfarbene, an der Seite gelegentlich mit einfachen Zeichnungen verzierte, langweilige Wohnblocks. Rechteckige Kästen, quadratische Kästen und die ihrer Form wegen so bezeichneten Ypsilon-Bauten, die mir längst nicht so originell vorkamen wie dem Vater, den die vielen Neubauten ringsum regelmäßig in Entzücken versetzten.

Schon bei ihrer Hochzeitsreise soll er, so die Mutter, angesichts der überall im Lande zu beobachtenden Bautätigkeit ständig in Begeisterung ausgebrochen sein, statt für sie, so die Mutter enttäuscht, habe er nur Augen für die Neubauten gehabt, während der Bahnfahrt habe er unablässig zum Fenster hinausgeschaut und ausgerufen: »Es geht aufwärts, es wird wieder gebaut.«

Zingelsbach war mir zuwider. Es war genauso kahl und neu und farblos und nichtssagend wie mein Zimmer und die Möbel vom Schreiner Trapp.

Mechanisch ging ich meinen Beschäftigungen nach. Schule. Sport. Klavierunterricht. Nachhilfeschüler.

Ich verstand immer weniger, wie es mir all die Jahre hindurch möglich gewesen war, dieses Leben zu ertragen. Alles atmete dieselbe entsetzliche Leere aus, diese kalte Aufgeräumtheit, die mich bereits am ersten Abend nach meiner Rückkehr aus Frankreich aus den tiefen Höhlungen der Fächer der Trappschen Maßmöbel abweisend angeglotzt hatte.

Die ordentliche Kälte, die mich umgab, fing an, mich in die Verzweiflung zu treiben. Alles war neu. Das Gemeindehaus, die Schule, alle Häuser ringsum. Alle Straßen.

Da, wo früher ausgedehnte Felder und Obstgärten gewesen waren, die ich nachmittags mit meinen zahlreichen Spielgefährten aus der Alfred-Flachs-Straße durchstreift hatte, da, wo wir

Zwetschen geklaut hatten im Herbst und Kartoffeln und Zukkerrüben, die wir mit den Kartoffeln zusammen im Feuer zu rösten versuchten, weil wir glaubten, so würde Zucker entstehen, da, wo wir kreischend dem Feldschütz davongerannt waren, der fluchend hinter uns herstolperte, weil er einen von uns beim Klauen erwischt hatte, da, wo Bärbel in eine große Glasscherbe getreten war auf dem Heimweg vom Schwimmbad, weil wir es alle vorzogen, barfuß über die Felder zu laufen, mit den Sandalen in der Hand, da gab es jetzt nur noch Neubauten.
Triste, langweilige Neubauten, die man für die vielen Hinzugezogenen errichtet hatte, die in der großen Zingelsbacher Fabrik arbeiteten, die mehr als die Hälfte der Bevölkerung beschäftigte. Die wenigsten stammten aus der näheren Umgebung, die meisten kamen aus anderen Regionen. Es gab viele Flüchtlinge unter ihnen, die es in Zingelsbach schnell zu etwas gebracht hatten. Sie verdienten gut und bauten sich am Feierabend und an den Wochenenden in Eigenarbeit ihre einfallslosen Einfamilienhäuser.
Ich verließ das Haus gewohnheitsgemäß um 7.50 Uhr. Ich ging durch die hintere Tür in den Garten hinaus. Ich ging über den Plattenweg, der an Kriegels Rasen vorbeiführte, zu dem sogenannten Fahrradschuppen, einem garagenähnlichen kahlen Raum, der mit einem Schuppen nicht die geringste Ähnlichkeit hatte, wie ich fand, eines Morgens, als mir bewußt wurde, wie kahl und kalt und häßlich dieser überall verwendete nackte Beton war, der mir aus dem Fahrradschuppen ebenso entgegenstarrte wie aus dem Keller, in dem wir Tischtennis spielten und in dem die Parties des Jugendklubs stattfanden.
Auch in der Kirche, die ich noch gelegentlich sonntags aufsuchte, fand ich nichts anderes vor als den vom Vater und seinem Architekten gepriesenen Götzen Beton. Trost fand ich dort keinen mehr.
Der liebe Gott der Kindergottesdienste war lange gestorben, das merkte ich an jenen Sonntagen, als ich ihn suchte, während der Vater auf der Kanzel stand und Liebe und Vertrauen predigte.
Ich fand keinen Gott mehr. Ich hörte ihn nicht, ich fühlte ihn nicht, ich sah nur noch diesen Beton um mich herum, diesen kalten, entsetzlich häßlichen Beton.
»Was hast du denn?« fragte Gaby, als ich sie wie immer um 7.55 Uhr abholte.

»Nichts«, sagte ich.
»Du bist so komisch in letzter Zeit«, sagte sie.
»Man wird doch wohl noch mal komisch sein dürfen«, sagte ich darauf und schwieg.
Ich hätte ihr nicht erklären können, was in mir vorging. Mein Leben war mir unerträglich geworden. Ich hielt es einfach nicht mehr aus.

Wie eine Schnecke kroch die Zeit durch die Vormittage in der Schule. Täglich verlangsamte sie ihr unerträgliches Gekrieche. Ich schaute auf die Uhr. 9.15 Uhr. Es kam mir so vor, als säße ich schon seit Tagen an diesem Platz, hinten in der Bank, rechts und links in den hufeisenförmig aufgestellten Bänken die andern, vorne die Tafel, der Lehrer, rechts an der Wand noch eine Tafel, links die großen Fenster, dahinter der Schulhof.
9.15 Uhr. Die zweite Stunde hatte gerade angefangen.
Unvorstellbar, daß ich einst gern zur Schule gegangen war. Daß ich gern gelernt hatte, daß der mich jetzt nur noch langweilende Unterrichtsstoff früher mein Interesse gefunden hatte, daß es mir wichtig gewesen war, gute Noten zu schreiben.
»Du bist meine gute Krott«, pflegte der Vater zu sagen und mir über das Haar zu streichen, wenn es Zeugnisse gegeben hatte und ich wie immer fast nur Zweien und Einsen hatte. Manchmal war auch eine Drei darunter. In Geographie zum Beispiel oder in Gemeinschaftskunde. Doch niemals eine Vier. Das hätte ich als unverzeihliche Schande empfunden. Eine Vier in einem Zeugnis. Niemals.
Zweimal hatte ich in Klassenarbeiten eine Vier geschrieben. Eine in Deutsch und eine in Englisch. Das war in der Sexta gewesen. Wir waren gerade in das neue Gemeindehaus umgezogen, und ich hatte mich noch nicht an den neuen Unterrichtsstil des Gymnasiums gewöhnt, dessen Atmosphäre sich von der der Volksschule grundsätzlich unterschied und die mich zusätzlich zu den einschneidenden Veränderungen infolge des Umzugs, der den Verlust all meiner Spielgefährten und meiner beiden Freundinnen bedeutete, zutiefst verunsicherte, ja eigentlich verstörte.
Auf einmal war alles, was in den letzten vier Jahren mein Leben ausgemacht hatte, verschwunden gewesen. Der gutmütige, wenn auch gelegentlich jähzornige alte Klassenlehrer, der

gemütliche Schlendrian in der Volksschule, in der ich ohne mich je anzustrengen bei den Besten gewesen war. Die schwatzend mit Spielen unter der Bank verbrachten Schulstunden, das gelegentliche In-der-Ecke-stehen-Müssen, weil wir zu laut gewesen waren, unser Lachen und Herumalbern in den Pausen, unsere Streitereien.
Der gemeinsame Schulweg mit Bärbel und Hanne, die ich abwechselnd zu meinen Lieblingsfreundinnen ernannte, der Spielplatz im Eichgrund, auf dem wir auf dem Nachhauseweg lange herumtrödelten.
Die Bäckerei, in der es für zehn Pfennig eine besonders große Portion Sahne gab, der Kiosk, der irgendwann bunte Schokoladentaler einführte, deren Silberpapierverpackung mit Märchenmotiven wir sofort zu sammeln begannen, bis wir so viele davon hatten, daß sie uninteressant wurden, doch da lagen auch schon diese verheißungsvollen Wundertüten aus.
Die Nachmittage, draußen, mit den andern Kindern aus den Wohnblocks, unsere Räuber-und-Gendarm-Spiele, unser Verstecken und Nachlaufen, unsere Murmelspiel-Wettkämpfe, bei denen ich mehr als einmal alle Glasklicker verspielte und nur noch eine Handvoll einfacher Tonklicker übrigbehielt.
Die großen Jungen, die mich immer in den Schwitzkasten nahmen und die mir im Herbst so viel Hagebuttensamen in den Nacken rieben, daß ich am Abend vor lauter Juckreiz nicht mehr aus der Badewanne herauskam.
Unsere verbotenen Ausflüge in die halbfertigen Neubauten, in denen wir herumkletterten und wo ich die Mutprobe bestand, vom ersten Stock aus auf die großen Sand- und Kieshaufen hinunterzuspringen.
Die Bewässerungsanlagen, die ich mit meinem Freund Bernd anlegte, wenn es geregnet hatte und wir die großen Pfützen mit Kanälen verbanden, Brücken bauend und Staudämme.
Die Schneeballschlachten im Winter und die Unterwasserschlachten im Sommer, wenn die Jungen mich so lange im tiefen Becken auf den Grund drückten, daß ich glaubte, ersticken zu müssen.
Meine Heimlichkeiten am Abend mit Bärbel, deren Zimmer genau unter unserem Kinderzimmer lag und mit der ich gelegentlich, wenn wir eigentlich schon schlafen sollten, kleine Gegenstände austauschte, die wir in einem an einer Schnur befestigten Körbchen herauf- und herunterzogen.
All das hatte es von einem Tag zum andern nicht mehr gegeben.

Wir waren umgezogen. Ich hatte die Schule gewechselt. Ich ging jetzt auf das Gymnasium. Bärbel ging in die Realschule. Hanne blieb auf der Volksschule.
Im Gemeindehaus gab es keine anderen Kinder, außer Dieter, dem Sohn von Kriegels, mit dem ich jedoch nie etwas anfangen konnte.
Ich war zehn Jahre alt, es war der fünfte Umzug in meinem Leben. Wieder hatte ich eine Welt verloren. Ich war verstört.

»Man sagt nicht ›kriegen‹«, sagte die Deutschlehrerin streng, wenn ich wieder einmal nicht daran gedacht hatte, daß es ›bekommen‹ heißt.
»Du als Pfarrerstochter«, fuhr sie fort, »solltest wirklich nicht diesen ordinären Dialekt sprechen. Du redest ja wie ein Gassenmädchen, Helene. Du solltest dich schämen.« Mit hochrotem Kopf saß ich in der Bank und hätte am liebsten losgeheult. Alles, was ich sagte, war verkehrt, ich wußte überhaupt nicht mehr, wie ich mich noch ausdrücken sollte. Nie hatte jemand an meiner Sprache etwas auszusetzen gehabt, doch jetzt, seit ich im Gymnasium war, mäkelte man ständig an mir herum. Warum sollte ich denn plötzlich nicht mehr so reden wie zuvor? In der Volksschule hatten alle so geredet, auch die Lehrer. Warum war unser Dialekt ordinär? Ich schämte mich zwar, doch ich verstand nicht, weshalb ich mich zu schämen hatte. Aus dem Tonfall und dem Gesichtsausdruck der Deutschlehrerin war deutlich zu erkennen gewesen, daß ich mich ganz schlimm danebenbenommen haben mußte. Also schämte ich mich. Doch warum durfte man nicht mehr ›kriegen‹ sagen? Warum war ›bekommen‹ schöner?
Auch andere Worte, die wir vorher gelernt hatten, trafen auf die entschiedene Mißbilligung der Deutschlehrerin. Es hieß jetzt nicht mehr ›Tu-Wort‹ und ›Haupt-Wort‹, sondern ›Verb‹ und ›Substantiv‹. Und die Gegenwart hieß auf einmal ›Präsens‹ und die Zukunft ›Futur‹.
Nach zwei Monaten schrieben wir die erste Grammatikarbeit, und ich schrieb meine erste Vier. Ich schämte mich.
Erst nach Tagen wagte ich es, zu Hause davon zu erzählen. Die Mutter half mir schließlich, mich mit den neuen Ausdrücken vertraut zu machen. Nach einem halben Jahr schrieb ich in einer Grammatikarbeit eine Eins. Ich war jetzt imstande, einen Satz wie »ich würde geschlagen worden sein« korrekt als einen Satz im Passiv, Konditional, Futur II, 1. Person Singular zu klassifizieren.

Die Deutschlehrerin betrachtete mich fortan als ihre Lieblingsschülerin. Und ich tat alles, um sie nicht zu enttäuschen. Vor Deutscharbeiten schreckte ich nachts mehrmals hoch, schaltete das Licht an, holte das Deutschheft aus dem Schulranzen heraus, setzte mich an die Resopalplatte und wiederholte: attributive Ergänzung, Indefinitivpronomen, Konsekutivsatz.
In der Quinta lernten wir Schillers Taucher auswendig. Nach einer verzweifelten Nacht, in der ich mir das Gedicht unzählige Male aufgesagt hatte, gelang es mir am andern Tag unter Zittern und Herzklopfen, alle Strophen des langen Gedichts ohne Steckenbleiben aufzusagen.
Alle andern durften sich nach zwei oder drei Strophen wieder an ihren Platz setzen, von mir wollte sie das ganze Gedicht hören. Anschließend trug sie eine Eins in ihren Kalender ein.
Einmal bestrafte sie mich mit einem sogenannten Ordnungsstrich, einem Vermerk in ihrem Kalender in der Rubrik »Ordnung«. Sie verteilte Ordnungs-, Fleiß-, Betragens- und Aufmerksamkeitsstriche. Drei solcher Striche führten zu einem Eintrag ins Klassenbuch, einem sogenannten Tadel. Ein Tadel war mit einer Eins im Zeugnis unvereinbar.
Ich hatte mein Heft zu Hause liegenlassen, und sie sagte: »Es tut mir sehr leid für dich, Helene, aber ich muß dir einen Ordnungsstrich geben.«
Ich wußte kaum, wie ich diese Schande ertragen sollte, und ich erzählte zu Hause nichts davon.
Als ich einige Monate später wieder mein Heft zu Hause vergessen hatte, fiel mir dies kurz vor der Schule ein. Es war zwei Minuten nach acht. Um zehn nach acht fing der Unterricht an.
Von Angst gepackt, radelte ich in Blitzesgeschwindigkeit nach Hause zurück. Ich ließ mein Fahrrad ohne Rücksicht auf Kirchendiener, Gemeindeschwester und sonstige eventuell daran Anstoß nehmende Personen auf den Rasen fallen, rannte die Treppe hinauf, schloß die Wohnungstür auf, stürzte durch das Eßzimmer an der verblüfften Mutter vorbei durch den hinteren Flur in mein Zimmer, riß das Heft aus dem Fach, stürzte wieder hinaus, sprang auf das Fahrrad und raste wie wild durch die Anlagen, durch die Unterführung, die Alfred-Flachs-Straße entlang bis zur Max-Planck-Schule, wo ich das Fahrrad im Keller verstaute und durch die langen Flure zum Klassenzimmer lief.
Ich kam vier Minuten zu spät. Die Deutschlehrerin zog tadelnd

die Augenbrauen in die Höhe und schaute mich mit dem ihr eigenen sauertöpfischen, mißbilligenden, mich in Grund und Boden vernichtenden Gesichtsausdruck an. Außer Atem, mit einer vom Fahrtwind schmerzenden, fast heiseren Stimme stammelte ich eine Entschuldigung. Sie akzeptierte wohlwollend und gab mir keinen Strich.

»Du bist meine gute Krott«, pflegte der Vater zu sagen, nachdem er mein Zeugnis studiert hatte.
Wenn es Zeugnisse gegeben hatte, ging ich immer direkt nach der Schule zum Vater, der mich in seiner Amtsstube erwartete. Ich klopfte an die Tür, wartete, bis er »herein« rief, und betrat dann den mit dunklen Möbeln eingerichteten Arbeitsraum des Vaters, der von einem schweren Schreibtisch und zwei bis unter die Decke reichenden Bücherregalen beherrscht wurde und der mir immer sehr viel Respekt einflößte.
Manchmal mußte ich auch eine Weile warten, bis der Vater seine Besucher verabschiedet hatte. In diesen Fällen stand ich recht verloren in dem kleinen Wartezimmer herum und starrte mit meinem Zeugnis in der Hand die geschlossene Tür an.
Der Vater las das Zeugnis langsam und aufmerksam durch, schaute schließlich hoch, schaute mich an, nannte mich »seine gute Krott« und strich mir anerkennend über das Haar. Dann sagte er noch, jedesmal sagte er das: »Aber das Wichtigste ist, daß du im Sport tüchtig bist. Man muß auch seinen Körper erziehen, nicht nur seinen Geist.«
Dann rechnete er aus, wieviel Geld ich für die Noten bekam. Für eine Eins gab es fünfzig Pfennig, für eine Zwei zwanzig. Es war ein Betrag, über den man keine Rechenschaft abzulegen brauchte.
Für alle andern Geldbeträge, die man vom Vater bekam, mußte man die Verwendung nachweisen.
Ich war acht Jahre alt gewesen, als ich das erste Taschengeld bekommen hatte. Fünfzig Pfennig pro Woche. Gleichzeitig gab mir der Vater ein Heft, in dem ich meine Ausgaben notieren sollte. Die Ausgaben und die Einnahmen, damit ich lernte, mit Geld umzugehen, wie er sagte.
Auf die linke Seite des Heftes wurde in Großbuchstaben das Wort ›Einnahmen‹ geschrieben. Darunter war mit einem Lineal ein sauberer Querstrich zu ziehen. An den linken Rand wurde das Wort ›Datum‹ geschrieben. In die Mitte das Wort ›Herkunft‹ und rechts das Wort ›Betrag‹. Unter diesen drei Worten

war wieder ein Querstrich zu ziehen. Dann wurden durch zwei Längsstriche die drei Rubriken voneinander getrennt. Auf die rechte Heftseite wurde oben in Großbuchstaben das Wort ›Ausgaben‹ geschrieben. Darunter war mit dem Lineal ein Querstrich zu ziehen. Dann folgten die drei Worte ›Datum‹, ›Zweck‹, ›Betrag‹. Darunter kamen wieder ein Querstrich und die beiden Längsstriche für die drei Rubriken.
Jeden Freitag nach dem Mittagessen mußte ich dem Vater das Heft zeigen.
Er überprüfte, ob ich alle Ausgaben sorgfältig aufgeschrieben hatte und ob der übriggebliebene Betrag mit den im Heft vermerkten Ausgaben übereinstimmte.
Dann gab er mir die fünfzig Pfennig für die nächste Woche.
Daraufhin schrieb ich auf die linke Heftseite in die Rubrik ›Einnahmen‹ das Wort ›Taschengeld‹. Links trug ich das Datum ein und rechts den Betrag: 0,50 DM.
Ich gab meine fünfzig Pfennig nie ganz aus. Ich sparte. Meistens gab ich nur zwei oder drei Groschen aus. Einen Groschen für Schulsachen und ein oder zwei Groschen für Süßigkeiten. Hatte ich irgend etwas gekauft, trug ich die Ausgabe auf der rechten Seite des Taschengeldhefts ein.
Zuerst notierte ich das Datum, und dann schrieb ich unter ›Zweck‹: »1 Lakritzstange«. In der Rubrik ›Betrag‹ notierte ich: 0,05 DM. So verfuhr ich mit allem, was ich kaufte: »1 Schulheft« – 0,10 DM, »1 Radiergummi« – 0,15 DM, »1 Portion Sahne« – 0,10 DM, »1 Wundertüte« – 0,10 DM.
Bei den Wundertüten schämte ich mich immer, weil der Vater gesagt hatte: »Was ist denn das für ein Quatsch.«
Am besten schmeckten die Süßigkeiten, die ich nicht vom Taschengeld gekauft hatte und über die ich nicht in dem Taschengeldheft Bericht erstatten mußte. Das waren die kleinen Beträge, die ich von der Mutter bekam, von Zeit zu Zeit. Ein Groschen als Belohnung für Milchholen oder auch direkt fünf Pfennig für Lakritz. Und manchmal durfte man einfach den Rest behalten, der beim Einkaufen übrigblieb, das waren dann gleich zwanzig oder dreißig Pfennig auf einmal.
War die rechte Seite des Hefts vollgeschrieben, so mußte man die Ausgaben addieren und einen sogenannten Übertrag machen. Auf den neuen Heftseiten, die wieder genauso anzulegen waren wie die vorherigen, mußte in die Rubrik ›Einnahmen‹ das Wort ›Übertrag‹ geschrieben werden, es handelte sich um den Differenzbetrag, der sich aus den Einnahmen und Ausga-

ben der letzten beiden Seiten ergeben hatte. Also schrieb ich: ›Übertrag‹ – 1,05 DM. Ganz links das Datum. Dann stimmte die Buchführung wieder.

Als ich ins Gymnasium kam, wurde das Taschengeld zum ersten Mal erhöht. Auf eine Mark. In der Quarta gab es zwei Mark. Später drei und schließlich in der Oberstufe fünf Mark pro Woche.

Stefan bekam der Gerechtigkeit wegen dasselbe Taschengeld wie ich. Mit acht Jahren die ersten fünfzig Pfennig und so weiter. Auch er sollte ein Ausgabenheft führen, doch bei ihm klappte es nicht. Nach einiger Zeit gab der Vater auf.

Der Junge komme ohnehin nicht mit dem Geld aus, es habe keinen Sinn, ihm da etwas beibringen zu wollen, die Mutter verwöhne ihn viel zu sehr, der Junge sei hoffnungslos verweichlicht, so die wütende Rede des Vaters angesichts des zwar angefangenen, aber nicht korrekt weitergeführten Ausgabenheftes seines Sohnes.

Tatsächlich reichte bei dem Bruder das Geld nie, und die Mutter steckte ihm auf sein Quengeln hin immer wieder etwas zu. Für Matchbox-Autos und Fix-und-Foxi-Heftchen, für Süßigkeiten.

Mir, der »guten Krott«, wurde das Sparen so zur zweiten Natur, daß ich bald nicht einmal mehr imstande war, meine Schokoladenostereier und andere Süßigkeiten aufzuessen, die folglich wochenlang auf der Resopalplatte herumlagen und fleckig wurden. Der Bruder aß sie schließlich auf, bei mir wären sie nur vergammelt.

Irgendwann im Laufe des langsam fortschreitenden Herbstes fand ich meinen Retter. In einer Apotheke war mir der Satz in die Augen gesprungen: »Garantiert keine Verstopfung mehr.« Darunter der Name »Sennesblättertee«.

Statt der Tabletten, deretwegen ich die Apotheke aufgesucht hatte, kaufte ich mir eine Tüte von diesem vielversprechenden Tee. Vielleicht hilft der, dachte ich und bereitete mir sogleich eine Portion davon zu.

In den zurückliegenden Wochen hatte ich täglich meine Ration an Abführmitteln vergrößert. Ich hatte alle gängigen Mittel ausprobiert, Dragees, Körner, Früchtewürfel. Nichts half, um den seit Monaten trägen Darm anzutreiben. Ich war und blieb verstopft. Ich mußte mit dem unerträglichen Völlegefühl leben, mit dem aufgeblähten Bauch, ich mußte die dicke Spinne ertra-

gen, die mich von innen heraus vergiftete, es gab kein Entrinnen vor diesem Untier.
Täglich wurde es schlimmer. Ich aß immer weniger, doch das Völlegefühl wurde stärker und stärker. Ich wußte nicht, wie ich mir noch helfen sollte. Selbst fünf oder sechs starke Dragees lösten noch nicht einmal ein Bauchgrimmen aus. Und auch die anfangs mit zuverlässiger Sicherheit wirkenden Zäpfchen riefen nicht mehr die geringste Reaktion hervor. Mein Darm verweigerte seine Tätigkeit. Ich war verzweifelt.
Der Sennesblättertee half. Zwar beseitigte auch er nicht die Verstopfung, doch er befreite mich von einem Moment zum andern von dem Völlegefühl. Der Sennesblättertee, so fühlte ich, sobald ich den ersten halben Liter davon hinuntergeschluckt hatte, war imstande, der dicken fetten Spinne den Garaus zu machen. Er würde sie töten.
Was das Hungern nicht bewirkte, was den Abführtabletten nicht gelang, der Sennesblättertee würde es schaffen. Ich überwand meinen Ekel vor der abscheulich schmeckenden Flüssigkeit und stürzte mehrmals täglich mehrere Tassen davon in einem Zug hinunter.
Die auf der Verpackung genannten Anweisungen mißachtend, ließ ich ihn nicht zehn bis zwanzig Minuten, sondern einige Stunden lang ziehen, damit er seine ätzende, beißende Wirkung voll entfaltete. Am abscheulichsten schmeckte der Tee, den ich morgens auf nüchternen Magen trank. Ich hatte ihn die ganze Nacht hindurch auf den Blättern stehenlassen, und er hatte sich in einen tiefschwarzen, bitteren Sud verwandelt, der in dem Kännchen, in dem ich ihn zubereitete, häßliche Ränder hinterließ, die man nur mit Mühe beseitigen konnte.
Dieses scheußlich schmeckende schwarze Gebräu wurde zu meinem Retter. Es half mir, die langen Vormittage in der Schule zu überstehen.
Der Tee verursachte solche Schmerzen, daß ich die dicke Spinne nicht mehr fühlte. Er vertrieb sie und setzte an ihre Stelle krampfartige, alles zusammenziehende ätzende Schmerzen. Diese Schmerzen wurden zu meiner Rettung.
Sie befreiten mich von dem Völlegefühl, sie erlösten mich von dem Gefühl, »zu dick« zu sein. Sie nahmen mir die Verzweiflung. Sie zogen den Magen zusammen und verkrampften den Darm. Wie eine spitze Kralle hakten sie sich in den Eingeweiden fest, preßten diese zusammen, rissen sie wieder auseinan-

der, gruben sich immer tiefer ein. Sie vernichteten das Untier. Eines Tages hatte ich nicht mehr das Gefühl, zu dick zu sein. Die Spinne war verschwunden. Der Druck, der auf mir gelastet hatte, war weg.
Zuerst verschwand die Spinne aus dem Bauch und aus den Eingeweiden, dann verschwand sie aus den übrigen Körperzellen. Nach und nach vertrieb der Sennesblättertee die Spinngewebe auch aus den tieferen Hautschichten.
Die Haut schrumpelte. Ich wurde jeden Tag dünner. Ich mußte mir neue Hosen kaufen. Eine Woche später mußte ich die neue Hose enger machen, nach ein paar Wochen brauchte ich wieder eine neue Hose. Ich kaufte sie mir von dem Geld, das ich mit Nachhilfestunden verdiente.
Nachhilfestunden waren das einzige, was mir noch Spaß machte. Ich mochte diese Art von Kontakt. Ich erklärte gern etwas, ich konnte gut erklären. Die Schüler verbesserten ihre Leistungen, nachdem sie bei mir gewesen waren. Ich freute mich darüber.
Doch auch von ihnen entfernte ich mich innerlich immer mehr. Die Nachhilfeschüler, die gerade zwei oder drei Jahre jünger waren als ich, kamen mir unglaublich jung vor. Ich fühlte mich jeden Tag älter werden, manchmal fühlte ich mich wie eine Greisin, die mit allem abgeschlossen hat und die das Leben nur noch aus Gewohnheit an sich vorbeiziehen läßt. Im Innern längst tot, den äußeren Tod erwartend, nicht einmal mehr herbeisehnend.
Doch ich war nicht tot. Ich hatte meinen Schmerz. Er begleitete mich überallhin. Ich war nicht tot, und ich war nicht allein. Der Sennesblättertee, mein Retter, hatte mir diesen Schmerz geschenkt, der mir unaufhörlich zu Bewußtsein brachte, daß ich lebte.
Ich lebte, während ich nur noch mechanisch meinen Verrichtungen nachging, ich lebte, ich spürte es in meinen Eingeweiden, sie zogen sich zusammen, stechend, beißend, krampfartig, und sie bewiesen mir, die ich da desinteressiert und unkonzentriert in meiner Bank saß und den Stimmen der andern keine Beachtung zu schenken vermochte, daß ich lebte. Ich lebte in meinem Schmerz. Ich verlangte danach, wie ich niemals zuvor nach irgend etwas verlangt hatte. Der Schmerz in meinen Eingeweiden war meine erste Droge. Eine anderen unbekannte Droge, ein heimlicher, unsichtbarer Verbündeter. Endlich hatte ich etwas gefunden, das nur mir gehörte. Niemand außer

mir wußte von diesem Schmerz. Mein Schmerz gehörte mir ganz allein.

Wie aus weiter Ferne beobachtete ich meine neben mir sitzenden Klassenkameraden. Wie aus großer Distanz hörte ich ihre Stimmen.
Zerstreut beantwortete ich die Fragen der Lehrer. Verwundert fragte ich mich, was ich wohl gerade geantwortet haben könnte.
Durch unendliche Distanzen von ihnen getrennt, ging ich neben meinen Klassenkameraden durch die langen Flure. Gewohnheitsmäßig stellte ich mich zu ihnen in den Pausen. Angestrengt und abwesend starrte ich sie an, als wären sie Wesen von einem anderen Stern.
Sie redeten, sie lachten, sie stritten sich, sie machten Pläne für den Nachmittag, für den Abend. Es war mir unbegreiflich, wie man sich für diese Dinge interessieren konnte.
Von Tag zu Tag wurde die Distanz zwischen uns größer. Von Tag zu Tag verstand ich weniger von dem, was sie bewegte. Mit jedem Tag, mit jeder Stunde erschienen mir ihr Verhalten sonderbarer, ihre Interessen seltsamer, ihr Denken oberflächlicher und ihre Reden verlogener. Ich haßte sie. Ich verachtete sie. Sie waren mir allesamt zuwider.
Angeekelt starrte ich Gaby an, die sich gerade ein mit Schokolade überzogenes Cremetörtchen in den Mund steckte. Voller Entsetzen erinnerte ich mich an eine Helene, die an Samstagnachmittagen den noch warmen Streuselkuchen anzuschneiden pflegte, Stück für Stück davon mümmelnd, genüßlich, hungrig, eine halbe Kanne Milchkaffee dazu trinkend.
Wie in einem vor langer Zeit gesehenen Film lief eine Helene an meinem inneren Auge vorüber, die sich genauso verhalten hatte wie alle anderen auch.
Eine jugendliche Helene, die mit einem Jungen in einem Hauseingang herumgeknutscht hatte, die sich an Radausflügen beteiligt hatte, die auf Parties gegangen war, die mit Bruder und Freundin Tischtenniswettkämpfe ausgetragen hatte, der es wichtig gewesen war, zu gewinnen, die sich geärgert hatte, wenn sie verlor.
Angewidert wandte ich mich von der Cremetörtchen essenden Freundin ab. Mit ihr und dieser anderen Helene wollte ich nichts mehr zu tun haben.
Aggressiv und unfreundlich wies ich jeden zurück, der sich mir

zu nähern versuchte. Mit scharfen Worten bezeichnete ich alles, was sie taten, als lächerlich.
Unverhohlen zeigte ich ihnen meine Verachtung.
Ihre Sorgen erschienen mir banal.
Ihre Gespräche ödeten mich an.
Ihre bloße Anwesenheit war mir unerträglich.
Das Mensch-Sein überhaupt war mir verhaßt.
Das ganze Leben war mir zuwider.
Alles Körperliche ekelte mich an.
Einen Menschen essen zu sehen war widerlich.
Selber zu essen war gräßlich.
Einen Körper zu haben war abscheulich.
Die Körper der anderen waren ekelerregend.
Alles Lebendige war verachtenswert.
Stimmen. Lachen. Weinen.
Alles widerwärtige, scheußliche Äußerungen von Körperlichkeit. Unkontrollierte, unbezwungene Äußerungen von Leben. Unbeherrschte Lebendigkeit.
Ich haßte und verachtete alles Lebendige.
Ich haßte und verachtete das Leben.
Ich haßte und verachtete jegliche Äußerung von Gefühlen.
Ich haßte und verachtete jedes Sichgehenlassen, jede Freude, jeden Genuß.
Das einzige, das vor meinem Denken Bestand hatte, war der Wille. Die Überwindung jeglichen Fühlens. Die Überwindung allen Wünschens. Die Überwindung des Körpers. Die Überwindung des Hungers.
Das einzige, das ich gelten ließ, waren Wille und Überwindung.
Das einzige, das ich mir gönnte, war mein Schmerz.

Ich wog 42 kg und fand mich zu dick. Jeden Morgen stellte ich mich auf die Waage und kontrollierte mein Gewicht. Jeden Morgen betastete ich meine immer deutlicher hervortretenden Rippen und Hüftknochen. Mit Genugtuung registrierte ich, daß die Hose schon wieder zu weit war.
Während ich den Sennesblättertee in mich hineinkippte, legte ich die Tagesration fest, die ich mir zugestehen würde. Jeden Tag etwas weniger als am Tag zuvor.
Ich steigerte meine Hungerkünste täglich. Es fiel mir immer leichter, nichts zu essen. Es fiel mir immer schwerer, überhaupt etwas zu essen.

Jeder Bissen verursachte Ekel.
Jede Scheibe Brot lag wie ein Klumpen im Magen.
Jeder Apfel verursachte noch Stunden später Gewissensbisse.
Jedes Stück Schokolade machte mich zum Verbrecher.
Stagnierte der Zeiger auf der Waage, war ich verzweifelt. Ich erwartete, daß ich jeden Tag dünner wurde.
Ich durfte nicht länger so viel wiegen.
Ich mußte abnehmen.
So konnte es nicht weitergehen.
Dankbar registrierte ich das erste Zerren in meinen Eingeweiden, während ich das Fahrrad aus dem Schuppen holte. Welches Glück, daß ich nicht wieder vergessen hatte, den Tee rechtzeitig aufzusetzen.
Schrecklich, jener Vormittag in der Schule, als ich mir morgens noch schnell einen Tee überbrüht hatte, der natürlich nach den lächerlichen zehn Minuten, die ich ihn stehenlassen konnte, nicht die geringste Wirkung entfaltete.
Schrecklich, dieser Vormittag in der Schule ohne meinen Schmerz.
Schrecklich, diese Unruhe, diese Nervosität, dieses plötzliche, unerhörte Hungergefühl.

An einem naßkalten, nebligtrüben Abend im November 1968 bestieg ich gegen 21 Uhr mein Fahrrad, um vom Training in der Turngemeinde nach Hause zu fahren. An der Kreuzung Alfred-Flachs-Straße mußte ich links einbiegen. Ich ordnete mich ein und wartete ein vorbeifahrendes Fahrzeug ab. Den rechten Fuß auf dem Pedal, den linken auf dem Asphalt, stand ich ein paar Sekunden in der Dunkelheit, als mich eine Ohnmacht übermannte.
Die Lichter der Straßenlaternen verschwammen vor meinen Augen, das Hupen eines Autos wurde zu einem kreischenden Wirbel in meinem Kopf, meine Hände lösten sich vom Lenkrad, ich taumelte und riß mein Fahrrad mit zu Boden. Wie lange ich da gelegen hatte, wußte ich nicht, ein paar Sekunden vielleicht, vielleicht ein paar Minuten. Ein Gefühl der Erschöpfung, verbunden mit dem Empfinden von Seligkeit erfüllte mich. Um nichts in der Welt wäre ich bereit gewesen, diese Glückseligkeit, diese Verzückung, dieses Freisein von jeglicher Verantwortung, das schwerelose Fallen und das wundervolle In-der-Tiefe-gehalten-Werden wieder aufzugeben.

Da packte mich eine Hand an der Schulter und rüttelte mich wach. Ich sei ganz knapp einem Unfall entgangen, hörte ich eine mir unbekannte Stimme sagen. Ich könne mich doch nicht einfach mitten auf der Kreuzung fallen lassen. Was denn mit mir los sei?
Unwillig schaute ich in das Gesicht eines älteren Mannes, widerwillig bemühte ich mich darum, den Worten dieses Menschen, der mich aus meiner Seligkeit herausgerissen hatte, zu folgen. Plötzlich aber wurde ich wach. Ich hatte das Wort Arzt vernommen. Ob man einen Arzt rufen solle, hatte er gefragt.
»Nein, nein«, sagte ich erschrocken und richtete mich entschlossen auf. »Nein, nein, ich brauche keinen Arzt. Das war nur ein kurzer Schwächeanfall. Das ist nichts weiter, ich habe mich heute abend beim Training übernommen.«
Seinen zweifelnden, besorgten Blick entschieden ignorierend, hob ich mein Fahrrad auf, schaute nach, ob das Licht noch funktionierte, sagte ein höfliches Dankeschön und fuhr davon.
Der Heimweg erschien mir endlos lang. Ich zitterte. Es war kalt. Ich fror. Und ich war, wie ich mir widerwillig eingestehen mußte, erschrocken.
Bei der Unterführung, die die Bahnlinie unterquerte, nahm ich noch einmal alle Kraft zusammen. Nie habe ich diese Unterführung bei Dunkelheit anders als in einem wahnsinnigen Tempo hinter mich gebracht. Ich raste, mit höchster Anstrengung strampelnd, auf der einen Seite hinunter. Dann gönnte ich mir eine kleine Atempause, nutzte den Schwung aus, der mich fast den halben Weg wieder hinauftrieb, und strampelte noch einmal mit aller Kraft.
Ich hatte es geschafft. Ich war wieder auf einer hell erleuchteten Straße, mir konnte nichts mehr passieren. Ich fuhr langsamer, um meine Kräfte zu schonen, denn ich hatte eine weitere Strecke vor mir, die ich nur rasend hinter mich bringen konnte. Ich mußte noch die dunkle Anlage durchqueren, an den schwarzen Gebüschen vorbei. Doch hier war meine Angst geringer als in der Unterführung.
Unterführungen haben mir immer, ohne daß ich gewußt hätte weshalb, eine geradezu panisch zu nennende Angst eingeflößt.
Ein knappes guten Abend murmelnd, ging ich an der im Eßzimmer versammelten Familie vorbei in den hinteren Flur, verstaute meine Sportsachen, ging ins Bad, wusch mich, wich mei-

nem mir aus dem Spiegel entgegenschauenden bleichen, ängstlichen Gesicht aus und setzte mich dann zu der fernsehenden Familie.
»Du mußt aber noch was essen, Helene«, sagte die Mutter, »du hast den ganzen Tag wieder fast nichts gegessen.«
»Ich habe mir heute mittag ein paar Teilchen gekauft«, log ich. »Ich habe jetzt keinen Hunger. Ich würde nur gern ein Glas Milch trinken.«
Noch immer leicht zitternd nahm ich die Milch zu mir. Die einzige Nahrung seit dem Mittagessen, zu dem ich noch immer erscheinen mußte, obwohl ich doch gar nichts essen wollte und nur stumm dasaß und in den Kartoffeln herumstocherte.
Heute mittag habe ich nur eine einzige Kartoffel gegessen, dachte ich voller Stolz, während ich mit zittrigen Händen das Glas zum Mund führte, alles andere habe ich standhaft verweigert. Ich freute mich darauf, am anderen Morgen auf der Waage zu sehen, daß ich wieder abgenommen hatte.
Einen Moment lang blitzte die Szene auf der Kreuzung in meinen Gedanken auf. Doch ich schob diese Erinnerung sogleich beiseite. Eine kleine Ohnmacht. Was war das schon. Es war ja nichts passiert.
Ein Glück nur, daß dieser besorgte Mann nicht auf den Gedanken gekommen war, den Eltern davon Mitteilung zu machen. Das hätte mir gerade noch gefehlt. Dann wäre ich den ganzen Abend nicht mehr in Ruhe gelassen worden.
»Du mußt unbedingt noch was essen«, hätte die Mutter unaufhörlich gesagt. »Du mußt noch was essen, das liegt alles nur daran, daß du fast nichts mehr ißt.«

Verzweifelt und erschöpft stand ich auf dem kleinen Podest, das der Freizeitleiter in der Jugendherberge für die sogenannte Siegerehrung aufgebaut hatte. Wie in den Jahren zuvor war ich mit dem Jugendklub in die Skifreizeit gefahren.
Angestrengt und verkrampft bemühte ich mich darum, die Helene zu spielen, die die anderen kannten. Jene sportliche Helene, der keine Skiwanderung zu lang, kein Schneetreiben zu dicht gewesen war, um nicht mit Begeisterung vorneweg zu marschieren, niemals erschöpft, wie es schien, voller Energien.
Gelangweilt und angewidert schleppte ich die Skier den Berg hinauf, frierend fuhr ich den Hang hinunter. Ich verstand nicht mehr, wie man an diesem kalten Krampf Gefallen finden konnte.

Ich sei ein richtiger Miesepeter geworden, sagte Gaby ein ums andere Mal. Mit mir könne man überhaupt nichts mehr anfangen.
Mühsam unterdrückte ich die Tränen, während der Fahrtwind mir eisig ins Gesicht blies. Ich konnte nicht mehr. Ich wollte nicht mehr. Trotz doppelter Handschuhe eiskalte Hände. Trotz doppelter Socken eiskalte Füße.
Mit steifen Fingern löste ich mittags die Schnürsenkel der Skischuhe in dem dreckigen, nassen Kellerraum der Jugendherberge, wankte die Treppen hinauf in den Schlafsaal, ließ mich auf das Bett fallen. Wenigstens zwei Stunden lang nicht dieses Zentnergewicht an den Füßen spüren, diese schweren Schuhe, diese schweren Skier, die ich nur noch mit äußerster Anstrengung und Willenskraft hochheben konnte, wenigstens zwei Stunden lang nicht frieren.
Jetzt stand ich da auf diesem Podest, um einen zweiten oder dritten Preis entgegenzunehmen.
Die beiden anderen neben mir strahlten. Ich zwang mein Gesicht zu einem Grinsen.
Es tat mir weh. Mir schien, ich verzerrte es zu einer häßlichen Fratze.
Wie konnte ich mich selbst so verraten, wie konnte ich jetzt so tun, als freute ich mich, während ich doch nur unter Überwindung eines immensen Widerwillens überhaupt diesen Preis erzielt hatte. Wie konnte ich mich zu diesem Grinsen zwingen, wo ich doch dieses ganze Skifahren und diese ganze Skifreizeit und diese ganzen anderen und diese ganze Jugendherberge, die ganze Gaby und den ganzen Minke und überhaupt alles, alles, alles haßte.
Wie konnte ich jetzt hier auf diesem lächerlichen Podest stehen und aus der Hand dieses lächerlichen Freizeitleiters mit seinem lächerlichen Anorak und seinen dämlichen Knickerbockern und seinen dämlichen wikingerbootähnlichen Skiern einen solchen dämlichen Preis entgegennehmen und dazu noch in dieser Weise falsch grinsen.
Wer war ich eigentlich, daß ich mir dieses ganze widerwärtige Leben noch länger antat?

Lange vor den anderen zog ich mich in den Schlafsaal zurück und legte mich ins Bett.
In der oberen Etage eines zweistöckigen Jugendherbergsbettes dachte ich, während ich mich frierend und zitternd unter der

Decke zusammenrollte, zum ersten Mal in meinem Leben an den Tod.
Der kaum beheizte, muffelige, trostlose Raum, die fahle Deckenbeleuchtung, das mich in fetten Lettern anspringende Wort ›Fußende‹ auf der häßlichen braunen Decke, die kahlen Wände und die farblos-schmuddeligen Spinde, die Unordnung auf dem Fußboden, die überall herumliegenden und vor sich hinstinkenden feuchten Klamotten, die Stille in dem langen Flur, meine mir plötzlich zu Bewußtsein kommende Einsamkeit und Verlorenheit ließen mich traurig und sehnsüchtig an mein Ende denken.
Hatte ich eben noch voller Haß und Verachtung auf die anderen herabgeblickt, hatte ich eben noch ihre Freuden und Vergnügungen lächerlich gefunden, hatte ich eben noch ihre Fröhlichkeit als verlogen angesehen und mich verachtet, weil ich mich darum bemüht hatte, es ihnen gleichzutun, so ergriff mich jetzt, da ich allein in diesem Raum lag und mir unter der Bettdecke die kalten Füße massierte, nur noch ein von Hoffnungslosigkeit durchdrungener Neid und ein erbärmliches inneres Elend.
Von meiner selbstherrlichen Fassade der Stärke und Überlegenheit war nichts, aber auch gar nichts mehr übriggeblieben. Auf einmal fühlte ich mich nicht mehr besser als die anderen, ihre Fröhlichkeit und ihre Gesundheit erschienen mir plötzlich nicht mehr verachtenswert, sondern ich fühlte, daß ich krank war, sehr krank, und ich erkannte, daß ich mich gefährlich weit von ihnen entfernt hatte, so weit, daß es nie mehr eine Möglichkeit geben würde, zu ihnen zurückzukehren.
Zusammengekrümmt überließ ich mich dem Elend meiner wahren Verfassung.
In plötzlich erwachter Angst betrachtete ich meinen ausgemergelten Körper, meine kalten, knochigen Hände, das harte, ekkige Skelett. Ich tastete nach meinem schwachen Puls, ich nahm das ganze Ausmaß meiner Schwäche wahr.
In einem plötzlich aufblitzenden Impuls der Selbsterhaltung kramte ich eine Tüte mit Lakritz aus dem Koffer, die mir die Mutter mit freundlichen Worten zugesteckt hatte. Ich kaute auf ein oder zwei Stückchen herum, doch ich brachte sie nur würgend herunter.
Ich konnte nicht mehr essen. Alles in mir war verkrampft.
Hunger, schrien mein Körper und meine Seele. Hunger, ging es immer wieder durch meinen Kopf, während ich den Schlaf suchte. Ich habe solchen entsetzlichen Hunger. Doch ich kann

nicht mehr essen, dachte ich verzweifelt. Ich habe entsetzlichen Hunger, doch ich kann nicht mehr essen. Ich werde sterben, dachte ich schließlich, ich werde sehr bald sterben.
Und ich umklammerte meine knochigen Knie mit den Händen und suchte im Innern meiner kalten Körperhöhle nach Trost. Dies war der Moment, den ich in den langen Monaten des Hungerns herbeigesehnt hatte. Es gab keine Spinne mehr. Das Tier war tot. Der Haß war verstummt. Die Verachtung besiegt.
Ich werde sterben, dachte ich, ich werde endlich sterben, und ich werde nie mehr hungrig sein. Und während ich langsam, mich der Sehnsucht überlassend, nie mehr aufzuwachen, einschlief, fühlte ich die Kälte aus der Seele verschwinden. Ich vergaß meine Einsamkeit. Ein lange nicht gekanntes Gefühl inneren Friedens heilte die Zerrissenheit.
Endlich war ich bei mir. Ich war angelangt am heimlichen Ziel meines Strebens. Ich war versöhnt. Ich war bereit für den Tod.

»Aufstehen, du Tröte«, sagte Gaby freundlich-vorwurfsvoll, »oder willst du den ganzen Tag im Bett liegenbleiben?«
Tatsächlich wäre mir das am liebsten gewesen. Ich ertappte mich bei dem Wunsch, krank zu sein, dachte an einen von der Mutter gereichten heißen Tee, ließ einen Teller Haferschleimsuppe an meinem inneren Auge vorbeiziehen, auf dem ein kleines Stückchen Butter schwamm.
Doch dann packte mich wieder die Willenskraft. Ich sprang aus dem Bett, zog mich an und bemühte mich darum, ein sportliches Mädchen zu sein, das sich von nichts unterkriegen läßt.
Am Nachmittag stand eine Skiwanderung auf dem Programm. Ich zwang mich dazu, mitzugehen. Ich fürchtete Gabys hämische Bemerkungen. Ich wollte mir nicht schon wieder sagen lassen, daß ich zu nichts zu gebrauchen sei.
Neidisch warf ich einen Blick in den Aufenthaltsraum, bevor wir loszogen. Ich hätte mich viel lieber zu den anderen gesetzt und mich ausgeruht. Doch ich durfte nicht zu denen gehören, die schlappmachten. Ich war kein Weichling.
Also zwang ich meine kalten Füße wieder in die noch feuchten Skistiefel hinein, holte die Handschuhe vom Ofen und zog mit Minke und einer kleinen Schar Unentwegter los.
Hinter mir Gabys fröhliche Stimme, mit der sie von Zeit zu Zeit die Schönheit des Nachmittags kommentierte. Vor mir Minke, der die Spur zog.

Ich kämpfte gegen die Schwäche. Den Blick auf den vor mir gehenden schlabberigen Anorak gerichtet, verzweifelt versuchend, den weit ausholenden, forschen Bewegungen zu folgen, kämpfte ich gegen den immer stärker werdenden Wunsch, mich einfach fallen zu lassen. Stunde um Stunde trottete ich so hinter Minke her.
Stunde um Stunde der tiefe Schnee, die verschneiten Bäume, die Stille des Waldes, dem ich nichts, nicht das Geringste abzugewinnen vermochte.
Stunde um Stunde der Anblick der mir verhaßten braunen Knickerbocker, die genauso widerlich waren wie die, die der Vater auf Wanderungen zu tragen pflegte und deren Anblick nichts als Ekel in mir hervorrief, von frühester Kindheit an.
Ich wollte nicht mehr durch diesen Schnee stapfen. Ich wollte nicht mehr durch den Wald stapfen. Ich wollte überhaupt nicht mehr durch irgendwelche Wälder stapfen. Ich wollte mich nicht mehr anstrengen.
Und ich wollte nicht mehr so tun müssen, als bereiteten mir Wanderungen und das vom Vater und von Minke gleichermaßen geschätzte Naturburschengehabe auch nur das geringste Vergnügen.
Ich wollte nur noch sterben und mich fallen lassen und immer tiefer fallen und sinken und im Schnee versinken und nie mehr aufstehen.
Etwas Scharfes, Brennendes floß meinen Hals hinunter und riß mich aus der Seligkeit einer Ohnmacht.

In den ersten Januartagen führte mich die Mutter zum Arzt. Ich ließ es ohne Widerrede geschehen. Von meiner selbstherrlichen Größe war nichts mehr übriggeblieben.
Ich hatte dem Tod in die Augen gesehen. Ich hatte mich elend gefühlt. Ich hatte gefroren. Ich hatte mich danach gesehnt, zu sterben und nie mehr aufzustehen.
Minke hatte den Eltern von meiner Ohnmacht erzählt. Ich haßte ihn wegen dieses Verrats. Schlimm genug, daß die anderen meinen Schwächeanfall miterlebt hatten, schlimm genug, daß sie gesehen hatten, daß ich mich kaum noch auf den Beinen halten konnte, schlimm genug, daß man mir hatte Rum einflößen müssen, damit ich nicht einfach liegenblieb im Schnee. Doch daß die Eltern jetzt auch noch davon erfuhren, das war zuviel. Sie waren die Letzten, die es hätten wissen dürfen.
Stumm und verzweifelt ging ich neben der Mutter her. Sie

wußte jetzt alles. Ich war ihr ausgeliefert. Sie würde mich zum Essen zwingen. Sie würde mich zwingen, zu essen und zu leben und so zu werden wie sie.
Ich haßte sie. Doch ich konnte ihr nicht widersprechen, als sie sagte, sie ginge jetzt mit mir zum Arzt.
Was hätte ich sagen sollen. Ich konnte ja nicht mehr behaupten, ich sei gesund, mir fehle nichts, ich könne alles genausogut wie zuvor, es mache mir überhaupt nichts aus, daß ich abgemagert sei, im übrigen sei ich auch nicht halb so dünn wie sie behaupte.
Keines meiner Lügengebäude konnte ich mehr aufrechterhalten. Die Wahrheit war ans Licht gekommen. Man hatte mich schwach erlebt. Ich war vor den anderen in Ohnmacht gefallen. Minke hatte es den Eltern erzählt, ich war verloren.
»Zieh dich aus«, sagte der Arzt und deutete auf eine Liege. »Zieh dich aus, und leg dich dort hin!«
Zögernd und widerstrebend kam ich der Aufforderung nach. Von der ersten Sekunde an war der Arzt mir verhaßt. Ein wohlgenährter Mann in den Vierzigern. Ein braungebranntes Gesicht. Feiste Wangen. Zwischen Hals und Kinn wölbte sich ein Doppelkinn hervor. Wohlwollend und herablassend grinste er mich an.
Langsam löste ich die Schnürsenkel meiner Clerks. Langsam zog ich meinen Pullover über den Kopf. Einen Moment lang blieb ich in Cordhosen und Unterhemd vor den beiden stehen. Ich schämte mich.
Der Arzt und die Mutter wechselten unaufhörlich komplizenhafte Blicke. Ich haßte sie.
Ich wußte, daß sie mich zwingen würden, wieder zu essen.
Ich wußte, daß sie mir ihren Willen aufzwingen würden.
Ich wußte, daß sie mich zwingen würden, dick zu werden.
Ich wußte, daß sie mich zwingen würden, widerlich und fies zu werden, genauso widerlich und fies wie sie selbst.
Ich wußte, es gab kein Entrinnen.
Meine Scham überwindend, zog ich das Unterhemd und die Cordhose aus und legte mich, fast nackt, nur mit dem Schlüpfer bekleidet, auf die Liege.
Der Arzt beugte sich mit gewichtiger Miene über mich und betastete meinen Körper. Er tastete über meine völlig eingeschrumpelten Brüste. Er betastete meine herausstehenden Rippen, die herausragenden Beckenknochen.
»So kriegst du nie einen Mann«, sagte er.

Und, als hätte er meine geheime Genugtuung erraten: »Aber wir kriegen das wieder hin. Du wirst sehen, wir schaffen das schon.«

Nackt, stumm, wehrlos den Blicken preisgegeben, fühlte ich nichts als abgrundtiefen Haß.
Ich haßte das feiste Gesicht, das sich über mich beugte, die fetten Finger, die an mir herumfummelten.
Und ich haßte diese Person, die neben ihm stand, aufdringliche Blicke in mich hineinbohrend und von Zeit zu Zeit bornierte Achs und Wenns ausstoßend und den verlogenen Kummer einer angeblich liebevoll-besorgten, ob einer solchen unmöglichen Tochter jedoch verzweifelnden Mutter in das ihr zugetane Gesicht des Arztes hineinjammernd.
Mehr als alles in der Welt haßte ich sie.
Mehr als alles in der Welt haßte ich mich, die ich da nackt und stumm unter ihren Augen lag.
Mehr als alles in der Welt fürchtete ich die vereinte Macht, die mich zwingen würde, wieder zu essen. Sie würden mich zwingen zu essen, sie würden mich mir wegnehmen, sie würden mir alles zunichte machen.
Heißhunger verursachende Spritzen wolle er mir verabreichen, so der Arzt zur Mutter. Diese würden mir auf Monate hinaus die Fähigkeit nehmen, zu hungern. Man werde sehen, die Spritzen brächten auch den größten Widerstand zum Erliegen. Man werde sehen, ich würde um Essen gekrochen kommen, man werde sehen, einen solchen Appetit wie nach den Spritzen habe man bei mir noch nie erlebt.
Ich hörte kaum noch zu. Ich verkroch mich. Ich floh in meine innere Welt und schwor mir, mich zu retten.
Sie kriegen mich nicht, sagte ich mir ein ums andere Mal. Sie kriegen mich nicht. Sie werden mich zwingen, zu essen, sie werden mich zwingen, dick zu sein. Sie werden mich zwingen, mit einem dicken, fetten, widerlichen Körper herumzulaufen, sie werden mich in die Verzweiflung hineintreiben, sie werden mich wieder ganz tief in meine Verzweiflung hineintreiben, doch sie kriegen mich nicht.
Nie, schwor ich mir, nie, nie, nie will ich die werden, die ich werden soll, nie werden sie ihr Ziel erreichen, niemals.

»Du hast ein starkes Herz«, sagte der Arzt nach einem EKG, »es ist alles in Ordnung.«

Mir war es gleich. Das einzige, das mich interessierte, war die Aussicht, wieder essen zu müssen. Den ganzen Weg über hatte die Mutter davon gesprochen. »Es muß doch eine Möglichkeit geben, dich zum Essen zu zwingen«, hatte sie gesagt.
Und kaum hatten wir das Sprechzimmer des Arztes betreten, hatte sie wieder davon angefangen.
»Wir müssen sie notfalls zum Essen zwingen«, hatte sie gesagt, und der Arzt hatte ihr daraufhin die Heißhunger verursachenden Spritzen angepriesen. Die beiden verstanden sich ausgezeichnet.
»39 kg«, sagte der Arzt vorwurfsvoll, nachdem er mich auf die Waage gezwungen hatte.
Jetzt kannten sie auch dieses Geheimnis.
Ob ich mich denn schön fände, fragte er, auf mein Skelett deutend.
Wahrscheinlich würde ich nie Kinder bekommen können, sagte er, nachdem er eine Nebennierenentzündung diagnostiziert hatte, und er nahm der Mutter das Versprechen ab, den Sennesblättertee zu beseitigen, denn dieses Teufelszeug, so er, sei an allem schuld.
Sie nehmen mir alles, dachte ich verzweifelt, als ich neben der erleichterten Mutter die Apotheke betrat und den zufriedenen Gesichtsausdruck wahrnahm, mit dem sie der Apothekerin die Rezepte reichte.
Sie haben sich alle gegen mich verbündet, dachte ich, als die Apothekerin der Mutter nach einem sachkundig-wissenden Blick auf mich die Dosierung der einzelnen Medikamente erklärte.
Sie haben alle nichts anderes im Sinn, als meinen Willen zu brechen und mich zu zerstören.

»Du wirst sehen, das tut bald nicht mehr weh«, sagte der Arzt, als er mir die erste Heißhunger verursachende Spritze in meinen eingeschrumpelten Hintern drückte, so daß es auf den Knochen knirschte.
»Du wirst sehen, du wirst bald so viel Hunger haben, daß du schon in Kürze wieder ganz rosig und knackig aussiehst.« Und er verschwand durch eine der beiden Türen der Kammer.
Tag für Tag wiederholte sich nun die gleiche Zeremonie. Ich fuhr nach der Schule zu dem Arzt, die Sprechstundenhilfe schickte mich in einen kahlen, höchstens drei Quadratmeter großen, lediglich mit einem Hocker möblierten Raum, in dem

ich ausgezogen auf ihn warten sollte. Ich legte meine Cordhose auf den Hocker und wartete in Unterhosen auf die Spritze.
Es sei zwecklos, nicht zu kommen, hatte der Arzt am Tag der Untersuchung gesagt. Er werde meinen Eltern in einem solchen Fall sofort Mitteilung machen. Es sei besser für uns alle, wenn ich mich fügte.
Tag für Tag wurde ich dicker. Die Spritzen verursachten einen derartigen Hunger, daß ich Unmengen von Essen verschlang.
Tag für Tag geriet ich tiefer in meine alte Verzweiflung hinein. Jeden Tag dachte ich daran, mich umzubringen. Der täglich dicker werdende Körper war mir verhaßt. Ich ertrug ihn nicht. Ich ertrug mich nicht.
Und ich ertrug das Leben nicht, das sie mir aufzwangen. Ich ertrug den Arzt nicht, der mich mit seinen Spritzen vergewaltigte. Ich ertrug die Familie nicht, die mich anglotzte, während der Heißhunger mich vor ihren Augen in ein wildes Tier verwandelte.
Nach einem Vierteljahr hatte ich fünfzehn Kilo zugenommen. Zufrieden kniff mir der Arzt in den nun wieder runden Po, den ich ihm entblößt in der Kammer entgegenstrecken mußte, und sagte: »Jetzt ist ja wieder ordentlich was an dir dran.«

Zweites Kapitel

»Einen Augenblick noch bitte«, sagte die Sekretärin, »der Herr Doktor kommt gleich«, und sie wies mir einen Sessel zu, auf dem ich Platz nehmen sollte.
Zögernd stand ich noch einen Moment lang herum und entschloß mich dann unter ihren fragenden Augen, auf der Kante der angebotenen Sitzgelegenheit Platz zu nehmen.
Zufrieden wandte sie sich wieder ihrer Arbeit zu. Von ihr brauchte ich nichts zu befürchten. Sie beachtete mich gar nicht mehr.
Mißtrauisch schaute ich mich um. Es sah aus wie in einem ganz normalen Büro. Ein Schreibtisch, ein Aktenschrank, Blumen vor dem Fenster, Bilder an den Wänden. Links von meinem Platz eine mit Leder bespannte Tür.
Meine Spannung wuchs. Mein Herz klopfte im Hals. Ich schaute die Tür an, ich fühlte Angst in mir aufsteigen, ich fühlte mich starr werden.
Das ist bestimmt Absicht, daß sie einen so lange warten lassen, dachte ich. Sie wollen die Leute weichkochen. Man soll vor ihnen zittern, man soll sie um Hilfe anflehen, dann machen sie einen fertig.
Verstohlen schaute ich auf die Uhr. Die Sekretärin sollte nicht merken, wie nervös ich war. Es war vier Minuten vor elf. Ich war zu früh. Die Sekretärin tippte und beachtete mich nicht.
Wenn ich ganz leise aufstünde, könnte ich unbemerkte entkommen. Ein paar Schritte nur trennten mich von der Eingangstür. Ein paar schnelle Schritte über den Flur zum Aufzug. Weg wäre ich.
Wäre ich doch bloß gar nicht erst gekommen. Wäre ich doch bloß auf der Gaugasse wieder umgedreht. Warum habe ich denn nicht in der Anlage wieder kehrtgemacht oder wenigstens auf dem großen Parkplatz vor dem Hochhaus? Oder im Aufzug? Ich hätte doch direkt wieder hinunterfahren können.
Oder als ich ›herein‹ hörte, draußen im Flur, da hätte ich doch auch noch umkehren können. Statt dessen saß ich hier und starrte die Tür an. Was eigentlich wollte ich hier?
Die Stimme, dachte ich wie elektrisiert, die Stimme. Den ganzen Weg über habe ich seine Stimme gehört.

»Donnerstag, 11 Uhr«, hatte er gesagt. »Kommen Sie am Donnerstag um 11 Uhr.«
Die Stimme war es gewesen, die mich daran gehindert hatte, umzukehren. Die Stimme hatte mich die Gaugasse hinaufgetrieben. Die Stimme hatte mir verboten, auf dem Parkplatz umzudrehen. Sie hatte mir befohlen, den Aufzug zu betreten und in den siebten Stock hinaufzufahren. Sie hatte mir befohlen, anzuklopfen und einzutreten. Sie verbot mir jetzt, aufzustehen und hinauszulaufen, wegzulaufen, wegzurennen, zu fliehen.
Dieser Mann wollte mich in seine Gewalt bringen. Er hatte mich am Telefon hypnotisiert. Ich war ihm ausgeliefert.
Ausgeliefert, dachte ich voller Verzweiflung und voller Haß. Ich bin ihm ausgeliefert. Ich will weg, doch ich kann nicht weg. Ich kann mich nicht von der Stelle rühren. Ich muß darauf warten, daß sich die mit Leder überzogene Tür öffnet, ich muß darauf warten, daß er mich hereinruft, ich muß es geschehen lassen, daß er mich fertigmacht.

Ich reichte dem Psychoanalytiker meine blaugefrorene Hand. Ob ich keine Handschuhe hätte, wollte er wissen. Warum ich denn in so einem dünnen Wildlederjäckchen herumliefe bei diesen Temperaturen.
»Ich friere nicht«, sagte ich trotzig, »außerdem ist das meine Sache.«
»Ihr werdet schon sehen, was ihr davon habt, wenn mir die Hände abfrieren«, sagte er mit ironisch-verschmitztem Lächeln.
Ich schwieg.
Norberts Wildlederjacke, die mir viel zu groß war und die an mir herumschlotterte, war das einzige, das ich noch anziehen wollte. Meine Parka, die ich immer beim Trampen angehabt hatte, konnte ich nicht mehr sehen. Und der dunkelblaue Wintermantel, den der Vater mir irgendwann gekauft hatte, war mir zuwider.
Handschuhe zu tragen, lehnte ich ab. Um Gottes willen keinen Schal. Keine Mütze. Ich war ja schließlich kein Weichling.
Warum ich denn so dünn sei, wollte er wissen. Ob ich denn nicht richtig äße?
»Doch«, sagte ich und wurde rot, »ich esse viel.«
Und ich dachte voller Scham an meinen letzten Freßanfall.
»Ich esse sogar sehr viel«, sagte ich, »zu viel.«

»Ich gehe spazieren«, hatte ich zu Norbert gesagt.
»Ja«, sagte er, »okay.«
Schon seit dem frühen Morgen war diese Unruhe in mir gewesen. Jetzt konnte ich sie nicht mehr unterdrücken. Ich mußte hinaus.
»Ich gehe spazieren«, sagte ich und wußte doch, daß es gelogen war.
Draußen wurde es bereits dunkel. Ein Nachmittag im Januar. Vielleicht kann ich es ja noch verhindern, dachte ich, während ich raschen Schrittes Richtung Kaiserstraße ging. Vielleicht komme ich darum herum, wenn ich einen ganz langen Spaziergang mache.
Ich erreichte die Kaiserstraße, ohne der Versuchung, eine der auf dem Weg liegenden Bäckereien zu betreten, erlegen zu sein. Die Kaiserstraße war ungefährlich. Keine Bäckereien, keine Süßwarenläden.
Gefährlich war nur der Kiosk Ecke Hindenburgallee. Doch ich widerstand der Versuchung und wechselte nicht die Straßenseite.
An der Christuskirche vorbei kam ich zur Uferpromenade. Schon wieder ein Kiosk. Mit dem hatte ich nicht gerechnet. Ohne lange zu überlegen, kramte ich vierzig Pfennig aus dem Portemonnaie und verlangte eine Packung Treets. »Bitte sehr«, sagte eine freundliche Frauenstimme aus dem Innern des Häuschens in mein beschämtes Gesicht. Offensichtlich, so schien es mir plötzlich, war es gar nicht so verwerflich, eine Packung Treets zu kaufen. Ich steckte die Tüte in die Seitentasche meiner Parka und ging zum Fluß hinunter.
Ich wollte noch etwas warten. Ich wußte nur zu gut, wie es weitergehen würde, und ich war froh, mich noch unter Kontrolle zu haben.
Noch nicht, sagte ich mir, während meine rechte Hand bereits an der Verpackung der Treets herumzerrte.
Noch nicht. Erst unten am Wasser.
Ich verlangsamte meinen Schritt absichtlich. Das Flußufer lag verlassen da. Mittlerweile war es dunkel geworden.
Das Wasser dampfte. Es war kalt.
Mit dem Rücken zur Uferpromenade setzte ich mich auf einen Steinpfosten und schaute in die gelegentlich von einigen Schiffen aufgehellte Dunkelheit des Flusses.
Einige Augenblicke gelang es mir, die Süßigkeiten in meiner Jackentasche zu vergessen.

Da brach das Tier hervor. Ich riß die Packung auf, leerte den Inhalt auf die Hand. Mit letzter Willenskraft zwang ich mich dazu, nur eine Schokoladennuß in den Mund zu stecken, dann erst die zweite, die dritte, die vierte. Ich versuchte, weiter auf den Fluß zu schauen, sprang verzweifelt von dem Pfosten auf, versuchte mir durch Laufen zu helfen, dachte kurz daran, die Nüsse einfach wegzuwerfen und schob sie dann mit einer einzigen brutalen Bewegung in meinen Mund.
Noch während ich auf der Schokoladen-Nuß-Masse herumkaute, dachte ich daran, mich zu erbrechen, alles auszuspukken, nie mehr etwas zu essen, zu hungern, bloß endlich wieder zu hungern, doch es war schon zu spät. Das Tier war geweckt, es würde sich nicht mehr bremsen lassen. Ich wußte es, und ich fürchtete mich davor. Mehr als vor irgend etwas sonst.
Mit großen, weitausholenden Schritten ging ich am Flußufer entlang in Richtung Innenstadt.
Wie ein riesiger weit geöffneter Rachen schrie das Tier aus dem Innern meines Bauches nach mehr. Eine alles andere ausschaltende Gier zwang mich, in die nächste Bäckerei zu gehen.
»Eine Tafel Schokolade«, sagte ich zu der rundlichen Bäckersfrau.
»Was darf's denn sein?« fragte sie. »Vollmilch, Vollmilch-Nuß, Mokka, Zartbitter, Bitter?«
»Geben Sie mir bittere Schokolade«, sagte ich.
»Eine Tafel Bitter-Schokolade, 1,30 DM bitte«, sagte sie, und ich ertrug es kaum, unter diesen freundlichen Augen zu stehen, die mir guten Appetit wünschten und mich mit einem herzlichen »Wiedersehen« in die Dunkelheit entließen.
Ich war ein Tier! Ich hatte kein Recht darauf, wie ein Mensch behandelt zu werden. Ich war ein Monstrum! Ein schreckliches, gieriges Monstrum, das jetzt das Papier von der Schokolade riß und auf beiden Backen kauend, Ekel und Abscheu mit Gier mischend, auf das nächste Kaufhaus zusteuerte, um dort gleich zwei Marzipanbrote zu erstehen.
Und dies, das wußte ich, war noch nicht das Ende.

»Ich bring' mich um«, sagte ich zu Norbert, der mich hilflos und fassungslos ansah. »Ich bring' mich um. Ich halte das nicht mehr aus.«
Norbert saß auf der Matratze. Ich saß ihm gegenüber auf dem Sitzkissen. Zwischen uns der dunkelblaue Teppich.
»Ich bring' mich um«, sagte ich wieder und wieder, während ich

vor Scham nicht wußte, wo ich hinschauen sollte. Es war das erste Mal seit langem, daß ich einen Zeugen hatte. Ich ertrug keinen Zeugen. Niemand sollte wissen, was für ein Tier ich war.

All die Jahre hindurch hatte ich es immer verbergen können. Nach den Heißhungeranfällen hatte ich immer ein Versteck gefunden.

Ich hatte mich auf der Wäschetruhe hinter dem Kleiderschrank im elterlichen Schlafzimmer zusammengekrümmt, als wir noch im Gemeindehaus wohnten und man vom Dachgarten aus in mein Zimmer hineinsehen konnte.

Ich hatte die Tür hinter mir zugeknallt im Schneckenweg, wo ich die Glastür zu meinem Zimmer gegen den Protest der Mutter mit einem Vorhang verhängt hatte, damit mich keiner sah.

Ich hatte mich unter die Bettdecke verkrochen in meiner Gonsenheimer Mansarde, wo mich keiner in meinen verzweifelten Selbstmordwünschen störte, ganze Wochenenden lang.

Ich hatte die Tür abgeschlossen in der Annabergstraße, und selbst in Budenheim war es mir immer gelungen, irgendein gerade nicht benutztes Zimmer oder wenigstens eine Ecke zu finden, wo ich allein sein konnte, nachdem das Tier wieder gewütet hatte.

Allein mit mir und dem dicken Bauch und der Verzweiflung und den Gedanken an den Selbstmord.

Zum ersten Mal seit damals ein Zeuge.

Der erste Zeuge seit der Familie, die gesehen hatte, wie ich gierig, mit beiden Händen in die heiße Schüssel greifend, Reis in mich hineingestopft hatte nach den Heißhunger verursachenden Spritzen, mit denen sie mich ins Leben zurückzwangen, dem ich gerade durch mein konsequentes Hungern entkommen zu sein glaubte. Die mitleidlos zugeschaut hatte, als ich stehend, fast ohne zu kauen, acht Frikadellen in meinen gierigen Bauch hineingeschlungen hatte, in dieses riesige, schmerzende Loch, das täglich unglaubliche Mengen an Nahrung verlangte und das mich dicker und dicker werden ließ, Tag für Tag.

Der erste Zeuge seit der Mutter, die stumm und aufmerksam neben mir saß, als ich den ganzen Geburtstagskuchen allein aufaß an meinem siebzehnten Geburtstag, an dem niemand zu Besuch kam.

Aber wer würde denn auch ein Tier besuchen kommen, hatte

ich mich gefragt, als ich am Abend meinen dicken Bauch durch die Felder geschleppt hatte, den Weg an den Bahngleisen entlang, wo ich früher so oft mit Gaby spazierengegangen war und wo Fietje, mein Dackel, durch meine Schuld den Tod gefunden hatte. Ich könnte es ihr nachmachen, dachte ich in meiner Verzweiflung und meiner Einsamkeit. Ich könnte wie sie auf die Gleise laufen und mich überfahren lassen. Aber davor hatte ich dann doch zuviel Angst.

Über Jahre hinweg diese Heißhungeranfälle.
Über Jahre hinweg, die Unmöglichkeit, mit anderen Menschen zu essen.
Über Jahre hinweg die Notwendigkeit, jede Einladung zum Essen abzulehnen, weil ich es nicht mehr verstand, zu essen wie sie, weil ich ein Tier war, weil ich nichts anderes konnte als hungern oder fressen.
Über Jahre hinweg das Versteckspiel.
Über Jahre hinweg das Lügen.
Über Jahre hinweg das Anstarren der anderen, die wie Menschen essen konnten.
Über Jahre hinweg das heimliche Fressen.
Über Jahre hinweg die Angst, daß es entdeckt werden könnte.
Seit Jahren auf einmal wieder ein Zeuge.
Ein Zeuge, dem ich das Tier zeigen mußte, dem ich nicht unter die Augen treten konnte, ohne ihm meinen Anfall zu gestehen. Den ich nicht vor mir sitzen sehen konnte, ohne ihm zu sagen, daß ich ein Monster war, daß ich ein widerliches, gieriges Monster war, das sich nicht beherrschen konnte, daß ich schon lange aufgehört hatte, ein Mensch zu sein, daß es besser gewesen wäre, sie hätten mich sterben lassen damals, statt mich durch diese Spritzen ins Leben zurückzuzwingen.
Daß ich mich umbringen würde, weil ich das alles nicht mehr aushielt.

»Wie alt sind Sie eigentlich, Fräulein Merz?« fragte der Analytiker in einem wohlwollend-freundlichen Ton, der mich beinahe mein Mißtrauen vergessen ließ.
»Zwanzig«, sagte ich, »nächsten Monat werde ich zwanzig.«
»Und Sie leben nicht mehr bei Ihren Eltern?«
»Nein«, sagte ich, »ich bin direkt nach dem Abitur ausgezogen. Ich habe es zu Hause nicht mehr ausgehalten. Ich wollte schon

früher ausziehen, doch der Vater hat es mir verboten. Er hat gesagt, ich müsse erst mein Abitur machen, vorher komme das nicht in Frage. Aber ich bin fast jedes Wochenende von zu Hause weggelaufen, weil ich es nicht mehr ausgehalten habe.«
Der Analytiker sah mich fragend an. »Und wo haben Sie gelebt, nachdem Sie von zu Hause weggegangen waren?« fragte er schließlich.
»Ach«, sagte ich ausweichend, »das war verschieden. Unterwegs halt, bei Leuten, in Wohngemeinschaften und so. Und nachher dann in verschiedenen Zimmern.«

»Und was sagen deine Eltern dazu, daß du so ganz allein unterwegs bist?« fragte Ernsts Mutter kopfschüttelnd, während sie das Bett im Gästezimmer für mich herrichtete.
»Die wissen das«, sagte ich. »Sie haben mir ja selber geholfen, das Pensionszimmer zu besorgen.«
»Die wissen das?« fragte sie noch immer kopfschüttelnd. »Aber du bist doch mit deinen siebzehn Jahren fast noch ein Kind.«
»Ich muß zu mir selbst finden«, sagte ich, »ich wollte allein sein, damit ich wieder zu mir selbst finde. Und das haben meine Eltern verstanden.«
Nach vierzehn Tagen Bergeinsamkeit hatte ich Ernst kennengelernt.
»Was willst du denn so allein in den Bergen, Dirndl?« hatte er gefragt, und ich hatte mich dazu überreden lassen, mit zu ihm und seiner Mutter zu ziehen. Zu zweit sei das Bergsteigen doch viel schöner, hatte er gesagt, und er hatte mir einen Gletscher zeigen wollen ganz in der Nähe seines Dorfes.

Ich war gerade im Begriff, einzuschlafen, als ich durch ein Geräusch an der Tür hochschreckte. Ich richtete mich im Bett auf, durch die halb geöffnete Tür fiel vom Flur her ein Streifen Licht ins Zimmer.
In diesem Lichtstreifen sah ich Ernst stehen. Er trug ein knielanges, weißes Nachthemd, das über dem erigierten Penis abstand.
Noch bevor er sich meinem Bett nähern konnte, schrie ich auf. Ein gellender durchdringender Schrei.
Mit aufgelöstem Haar erschien seine Mutter. Sie schimpfte mit ihrem Sohn und verlangte von ihm, er solle mich in Ruhe lassen. Zu mir sagte sie, ich sei ein komisches Mädchen.

Ich wußte nicht, warum ich so geschrien hatte. Der Schrei war wie von selbst aus meinem Innern gekommen. Aus einer panischen inneren Angst.
Ein Mann in einem Nachthemd mit einem erigierten Penis. Ich saß noch stundenlang im Bett und zitterte.
»Eine neurotische, hysterische Ziege«, nannte mich Ernst am anderen Tag, als er mich nach Salzburg zum Bahnhof fuhr. Mit dieser Ziege wollte er ganz offensichtlich nichts mehr zu tun haben.

»Du hast es noch nie gemacht, nicht wahr?« fragte Pierre, dessen Hände meinen Körper berührten wie die Saiten eines Instruments.
»Nein«, sagte ich nur.
Ich überließ es ihm, was er tun wollte. Vom ersten Augenblick an hatte ich mich ihm überlassen. Seit er sich an unseren Tisch gesetzt hatte im Keller des sogenannten Brüderhauses, wo ich den Abend verbrachte, schweigend, in Gedanken versunken.
»Du bist ein komisches Mädchen«, hatte einer zu mir gesagt, »du sitzt hier herum, du redest nichts, du rauchst nicht, du hältst dich schon seit Stunden an einer Cola fest. Mit dir kann man wirklich nichts anfangen.«
Und ich hatte mich geschämt, ich fand es ja selbst komisch, daß ich da herumsaß als einziges Mädchen unter lauter jungen Männern. Doch was hätte ich machen sollen. Ich hielt es doch zu Hause nicht mehr aus.

»Wo willst du denn hin?« hatte der Vater gefragt, dessen dunkelgrauer VW plötzlich hinter mir gehalten hatte, als ich, den Feldweg verlassend, in die Straße eingebogen war, die zur Autobahnauffahrt führte.
»Irgendwohin«, sagte ich, »irgendwohin. Es ist mir ganz egal wohin. Ich will nur weg.«
»Aber du kannst doch nicht einfach so weggehen«, sagte er streng und befahl mir, in seinen Wagen einzusteigen, mich neben ihn auf den Beifahrersitz zu setzen und mir seine Argumente anzuhören.
»Du hast doch gar kein Geld«, sagte er, »wie stellst du dir denn das vor?«
»Ich kann ja Geld verdienen«, erwiderte ich. »Außerdem ist mir das auch egal. Ich muß weg. Alles andere ist mir egal.«

Ich war fest entschlossen, mich nicht zur Umkehr bewegen zu lassen. Ich mußte weg. Egal wie. Egal wohin. Ich hielt es zu Hause nicht mehr aus.
»Ich gehe kaputt«, sagte ich zu dem unaufhörlich auf mich einredenden Vater. »Ich gehe kaputt. Ich halte das nicht mehr aus. Ich halte das einfach nicht mehr aus.«
Man solle es doch noch einmal versuchen miteinander, so der Vater in wohlwollend-freundlichem Ton, ich solle doch auch ein bißchen an die Mutter denken. Ich solle doch auch ein bißchen an ihn denken, was er denn den Leuten sagen solle in der Gemeinde?
Und an mich selbst, an mich selbst solle ich doch auch denken. An meine Zukunft solle ich denken. Ich solle doch wenigstens noch mein Abitur machen. Wenigstens bis zum Abitur solle ich mich noch zusammennehmen, danach könne ich in Gottes Namen gehen.
»Sei doch ein bißchen vernünftig, Helene«, sagte er in beschwörendem Tonfall. »Sei doch ein kleines bißchen vernünftig. Ich weiß ja, daß du es schwer hast, doch ein kleines bißchen Vernunft solltest du schon aufbringen. Wenigstens bis zum Abitur.«
Ich versprach ihm schließlich, am Montagmorgen pünktlich zum Schulbesuch zurück zu sein und das Abitur noch zu machen.
Daraufhin ließ er mich ziehen.

Gegen halb zwölf Uhr war ich aus der Schule nach Hause gekommen. Den ganzen Morgen schon hatte ich gefühlt, daß das Tier wieder unruhig wurde.
Ich fürchtete mich vor diesem erneuten Heißhungeranfall.
Ich fürchtete mich davor, wieder alles verfügbare Essen in mich hineinschlingen zu müssen, und ich fürchtete mich davor, anschließend in meinem Zimmer vor dem Spiegel zu stehen, mit meinen Fäusten auf meinen dicken Bauch einzuschlagen, meine Fingernägel tief in die Haut einzugraben, mir weh zu tun, mir die Haare zu raufen, mir die Kopfhaut aufzukratzen, wie eine Besessene Kniebeugen zu machen, gymnastische Übungen, wieder an den Spiegel zu treten, mich abscheulich zu finden, mich zu hassen, mich abgrundtief zu hassen und loszustürzen, hinauszurennen, durch die Felder zu laufen, an den Wiesen am Fluß entlangzulaufen und mich auf die Brücke zu stellen und hinunterzuschauen und darüber nachzudenken, daß ich

springen sollte, und wieder nicht springen zu können, obwohl der verhaßte Bauch wie ein Mühlstein an mir hing und ich sofort tot gewesen wäre, davon war ich überzeugt.
Ich fürchtete mich vor einem solchen Nachmittag mehr als vor irgend etwas sonst. Alles wäre mir lieber gewesen. Der Tod wäre mir am allerliebsten gewesen, doch sie hatten mich ja nicht sterben lassen im Jahr zuvor, und ich war nicht imstande, mich auf eine andere Weise umzubringen.
Ich ging direkt in mein Zimmer und versuchte, mich auf die Hausaufgaben zu konzentrieren. Doch das Tier war bereits erwacht und verlangte immer gieriger nach Befriedigung. Es gelang mir noch, meine Mathematikaufgaben fertigzustellen und mit der englischen Übersetzung anzufangen. Dann war es mit der Konzentration vorbei. Das Tier wurde stärker als mein Wille, es trieb mich in die Küche.
In einer Stunde gebe es Essen, sagte die Mutter.
Ich antwortete ihr nicht, ich schaute sie nicht an. Ich schämte mich vor ihr.
Schon wieder würde sie einen meiner Heißhungeranfälle miterleben. Schon wieder würde sie daneben stehen und zuschauen, wie ich fressen würde, schon wieder würde sie mich anstarren, schon wieder unternahm sie nichts.
In Wirklichkeit, so dachte ich erbittert, in Wirklichkeit ist sie doch froh, daß ein Monstrum aus mir geworden ist, ein gieriges, verfressenes Tier, ein Unmensch.
Voller Verzweiflung befriedigte ich das Tier in meinem Bauch am Kühlschrank. Den Blicken der Mutter in meinem Rücken ausgesetzt, stopfte ich wahllos Rollmöpse und Milch und Marmeladenbrote in mich hinein, gierig, hastig, angewidert.
Plötzlich, mittendrin, noch kauend, stürzte ich hinaus. Ich ließ alles stehen und liegen, was ich benutzt hatte. Ich räumte den Teller nicht weg, das Glas nicht, das Messer nicht, ich knallte die Kühlschranktür zu, ich knallte die Küchentür hinter mir zu, ich ging in mein Zimmer, suchte nach dem kleinen Rucksack, fand ihn im Flur in einem der Wandschränke, stopfte einige Sachen hinein, einen Pullover, Wäsche, ein Buch, kramte nach Geld, fand zwanzig oder dreißig Mark und verließ, ohne ein Wort zu sagen, türenknallend die Wohnung.
Im Hof des Gemeindezentrums begegnete mir der Vater.
Wo ich denn hinwolle, fragte er und nötigte mich in seine Amtsstube, auf daß ich ihm Rechenschaft ablegte über meine Ziele.

»Ich will weg«, sagte ich. »Ich halte das alles nicht mehr aus.« Immer wieder in sein wohlwollendes, scheinbar um Verständnis bemühtes Pfarrergesicht hinein diesen einen Satz: »Ich halte das alles nicht mehr aus.«
Und dann, wie von selbst, ohne daß ich es wollte, ein Aufschrei aus meinem Innern, den ich sofort zurücknehmen wollte, kaum daß er mir über die Lippen gekommen war.
Doch es war gesagt, und der Vater erwiderte nichts darauf. Er entgegnete überhaupt nichts mehr, er ließ mich ziehen und holte mich erst kurz vor der Autobahnauffahrt wieder ein. Den ganzen Weg über hatte ich diesen Aufschrei im Ohr. Ich schämte mich meiner Unbeherrschtheit wegen, und doch war es die Wahrheit gewesen, hatte mir gutgetan.
»Laß mich in Ruhe!« hatte ich geschrien. »Laß mich endlich in Ruhe, du Heuchler!«
Und dann, noch einmal: »Ja, das bist du, ein Heuchler bist du. Ein Heuchler, ein ganz gemeiner Heuchler!«

Der rothaarige Gitarrenspieler wunderte sich nicht wenig, als ich am späten Samstagnachmittag unverhofft vor seiner Tür stand. Schließlich kannten wir noch nicht einmal die Namen voneinander. Doch er erinnerte sich an mich und an Gaby und an die Jugendgruppe, an Diakon Minke, an unseren sogenannten diakonischen Einsatz und den gemeinsam verbrachten Abend, und er bat mich freundlich herein zu einer Tasse Tee.
Ob ich jetzt in den Anstalten der Diakonie arbeite, wollte er wissen.
»Nein«, sagte ich, »ich bin von zu Hause weggelaufen. Ich halte es da einfach nicht mehr aus.«
Und ich fragte ihn, ob ich nicht irgendwo im Brüderhaus übernachten könne.
Er besorgte mir einen Schlüssel zu einem Zimmer, das während des Wochenendes nicht benutzt wurde.
»Hier«, sagte er, »das Zimmer ist im zweiten Stock. Ich zeig's dir nachher. Da kannst du pennen.«

Doch dann fragte mich Pierre, ob ich die Nacht mit ihm verbringen wolle, und ich zögerte nicht eine Sekunde mit der Antwort.
Seit er sich zu uns gesetzt hatte, seit sich unsere Blicke begegnet waren, seit er mich zum Tanzen aufgefordert hatte, seit er mich berührt hatte, seit er mich geküßt hatte, seit er sich zu mir her-

abgebeugt hatte, um mir etwas ins Ohr zu flüstern, seit diesen wundervollen Augen, seit diesen großen sehnigen Händen, unter deren Berührung ich wie elektrisiert zusammenzuckte, seit dieser dunklen warmen Stimme, seit diesem großen schlanken Körper, seit dieser innigen Nähe, die ich zwischen uns fühlte, seit seiner schwarzen Haut und seinen krausen Haaren war ich eingetaucht in einen Traum von nie gekannter Schönheit.

Von der ersten Sekunde unserer Begegnung an überließ ich mich diesem Traum. Ich kümmerte mich um nichts anderes mehr. Ich kümmerte mich nicht um die anderen, ich kümmerte mich nicht darum, daß wir das einzige Paar waren, das tanzte. Ich kümmerte mich nicht um Blicke und mögliche Gedanken. Ich kümmerte mich um nichts, ich hatte nichts anderes im Sinn als ihn, ich war in einem Traum, ich wollte, daß er nie aufhörte, dieser Traum, ich wollte, daß wir ewig so weitertanzten, engumschlungen, innig umschlungen, in völligem Einvernehmen, in inniger Übereinstimmung, gerade so als würden wir uns schon ewig kennen, als gäbe es nichts zwischen uns, nichts Trennendes, keine Fragen, keine Bedenken, keine Wenns, keine Abers. Ich folgte ihm ohne zu zögern in das Dachgeschoß hinauf. Mein Herz klopfte, ich fühlte, wie ich zitterte, als ich die Treppenstufen hinaufstieg, neben ihm, seit Stunden das erste Mal aus seinen Armen gelöst.

Noch nie hatte ich mit einem Mann die Nacht verbracht. Wie in einem Traum trat ich in die winzige Dachkammer ein, die ich noch nie gesehen hatte und die mir doch im selben Moment bekannt vorkam. Bekannt wie ein immer wieder geträumtes Bild, wie ein immer wieder ersehnter Moment, der Augenblick, als er das Licht löschte und sich mir zuwandte, das blitzende Weiß in seinem dunklen Gesicht, seine Liebkosungen, die Berührungen seiner Hände.

Noch nie hatte mich ein Mensch so berührt wie Pierre.

»Ich kann es nicht tun«, sagte er schließlich. »Ich kann es nicht tun. Du bist noch ein richtiges Kind. Es ist unmöglich.«

Und dann sagte er noch irgend etwas von Blut und Schmerzen und daß er mir nicht weh tun könne. Das sei eine brutale Angelegenheit, das sei nichts für ihn.

Und er fuhr fort, mich zu streicheln, und wir schliefen irgendwann engumschlungen ein.

Er saß schon an seinem Schreibtisch, als ich aufwachte. Er sagte mir, daß er gleich weg müsse, da er Sonntagsdienst habe, und erklärte mir, wo ich mir einen Tee kochen könne.
Dann wurde seine Stimme plötzlich sehr ernst, beinahe böse. Er sagte mir, ich sei unglaublich leichtsinnig. Naiv und leichtsinnig. Verantwortungslos. Einfach von zu Hause wegzulaufen und mit einem wildfremden Mann ins Bett zu gehen. Was ich denn gemacht hätte, wenn er mich vergewaltigt hätte? Brutal vergewaltigt hätte?
»Du bist dermaßen hingebungsvoll«, sagte er, »ich hätte heute nacht alles mit dir machen können.«
Seine Worte machten mir Angst. Ich schämte mich. Doch was sollte ich machen. Ich hielt es doch zu Hause nicht mehr aus.
Ich rollte mich noch ein Weilchen in seinem Bett zusammen, versuchte den Traum der Nacht festzuhalten, seine Küsse und die elektrisierenden Berührungen seiner Hände.
Dann stand ich auf und ging in die Küche hinunter, um Teewasser aufzusetzen.

Ich saß in meiner Bank und starrte die Tafel an. Was hatte der Mathe-Lehrer da gerade erklärt? Hoffentlich kam ich nicht dran. Ich verstand überhaupt nichts heute morgen.
Aus den Augenwinkeln beobachtete ich meine Klassenkameraden. Ob sie mir irgend etwas ansahen?
Ich wollte nicht, daß mir irgend jemand etwas ansah. Niemand sollte etwas davon wissen. Sie würden es mir doch nur wegnehmen.
Doch wer war ich, die ich da in dieser Bank saß und versuchte, Integralfunktionen nachzuvollziehen. Wer war ich?
War ich wirklich diese Oberprimanerin, die in einem halben Jahr ihr Abitur machen sollte? War ich wirklich diese gute Schülerin, die immer nur Einsen und Zweien schrieb, ganz selten nur eine Drei?
War ich wirklich diese Helene, die jetzt an die Tafel gerufen wurde, um die Aufgabe anzuschreiben, die sie gerade richtig aus ihrem Heft vorgelesen hatte?
Oder war ich diese andere Helene, die vorgestern nacht mit Pierre in diesen Traum eingetaucht war?
Ich darf die beiden Welten nicht durcheinanderbringen, dachte ich verzweifelt, ich muß sie ganz strikt voneinander trennen, sonst werde ich verrückt.

»Was hast du denn?« fragte Dippel verärgert. »Hast du auf einmal keine Lust mehr, oder was ist los?«
»Ich habe Angst«, sagte ich, »ich habe solche Angst. Ich weiß auch nicht wieso.«
»Hast du es denn noch nie gemacht?« fragte er.
Ich antwortete ihm nicht. Ich kauerte auf dem Boden und zitterte. Es schüttelte mich von innen heraus.
Angst. Panische Angst. Eine mir unerklärliche panische Angst. Ich konnte nichts dagegen tun.
»Du tust ja gerade so, als wollte ich dich vergewaltigen«, sagte Dippel halb verärgert, halb besorgt. »Ich verstehe das nicht. Gerade noch haben wir friedlich miteinander geschmust. Und dann so was. Es hat dir doch auch Spaß gemacht, oder? Das Schmusen meine ich.«
Seine Stimme klang immer noch recht verärgert.
»Ja«, sagte ich kleinlaut.
»Na also«, sagte er, »was stellst du dich denn dann so an. Ich tu dir doch nichts. Ich bin doch kein brutaler Typ oder so was.«
Und er rollte sich frustriert auf die Seite.
Ich hockte immer noch auf dem Boden und zitterte. Ich verstand mich nicht. Ich verstand nicht, weshalb ich diese Angst hatte.
»Weißt du was«, sagte Dippel da, »ich will dir mal was sagen. Du bist ganz schön neurotisch. Hysterisch. Ja. Hysterisch. Das bist du.«
Da war es wieder. Ich war eine neurotische, hysterische Ziege.
»Willst du etwa die ganze Nacht auf dem Boden sitzen bleiben?« fragte Dippel schließlich.
Seiner Stimme konnte ich entnehmen, daß er sich beruhigt hatte. Er forderte mich auf, mich wieder zu ihm ins Bett zu legen, er werde mich nicht mehr anrühren. Die Lust sei ihm ohnehin gründlich vergangen.
Ich legte mich in Jeans neben ihn.
Er hielt sein Versprechen.
»Du bist ein komisches Mädchen«, murmelte er vor dem Einschlafen. »So ein komisches Mädchen wie du ist mir noch nie begegnet.«

»Du bist ein komisches Mädchen«, sagte Hans, als ich eines Sonntags in der Früh bei ihm klingelte und ihm erzählte, daß ich die Nacht in der Bahnhofsmission verbracht hatte.

»Also so was, das habe ich ja noch nie gehört. Du haust einfach kurzentschlossen zu Hause ab, setzt dich in die Bahn, fährst nach Stuttgart, überlegst dir, daß es zu spät ist, um jemanden zu besuchen und pennst dann auf der Bahnhofsmission unter einem Tannenbaum zwischen lauter Alkoholikern und heruntergekommenen alten Männern.«

»Ja«, sagte ich und schämte mich, während ich mir die blaugefrorenen Hände an dem Kaffee wärmte, den er mir angeboten hatte.

Ich war froh, daß ich ihn überhaupt angetroffen hatte. Sonst hätte ich den langen Weg bis zur Bushaltestelle direkt wieder zurücklaufen müssen, in dieser scheußlichen Januarkälte an diesem noch nicht erwachten Sonntagmorgen, in diesem gottverlassenen Stuttgarter Vorort. In dieser zugeschneiten, eisigen Einfamilienhaustrostlosigkeit, die man noch nicht einmal einem Spatz zugemutet hätte. Ich jedenfalls hatte keinen gesehen. Und sogar der Busfahrer hatte mich bedauernd angesehen, als er mich an der zugigen Endhaltestelle aussteigen ließ und mir erklärte, wie weit die Straße weglag, in der Hans wohnte.

Doch Hans hatte mir sofort geöffnet, hatte mir zugehört, hatte mir einen Kaffee gekocht und schlug jetzt vor, einfach noch ein bißchen zu schlafen, er sei noch müde und habe keine Lust, schon in der kalten Bude herumzusitzen.

»Du bist unglaublich leichtsinnig«, sagte er einige Stunden später, nachdem wir eng aneinandergekuschelt noch ein bißchen geschlafen hatten.

»Du kennst mich doch kaum«, sagte er vorwurfsvoll und besorgt, »was machst du denn, wenn du mal an den Falschen gerätst. Du bist doch ein willkommenes Opfer für jeden Triebtäter.«

Ich wurde rot und schämte mich.

Als er erfuhr, daß ich vorhatte, zurückzutrampen, weil ich kein Geld mehr hatte, verbot er mir das Trampen schlichtweg. Er sagte, es sei lebensgefährlich bei meiner Naivität und Vertrauensseligkeit. Er kaufte mir eine Fahrkarte nach Zingelsbach und blieb auf dem Bahnsteig stehen, bis der Zug abfuhr.

»Nein, nein«, sagte ich zum wiederholten Male, »das ist sehr nett von Ihnen, wirklich, doch es ist nicht nötig. Vielen Dank, aber von Kassel aus komme ich sehr gut mit dem Bus weiter.«

»Ich fahre dich zu deinem Freund«, sagte der Lastwagenfahrer zum soundsovielten Mal. »Ich bringe nur vorher noch den Lastwagen in das Depot, dann fahre ich dich nach Geisenbach zu deinem Freund.«
»In Wernig wohnt er«, sagte ich, »das ist in der Nähe von Geisenbach. Doch ich komme sehr gut mit dem Bus dort hin. Das habe ich schon oft gemacht.«
Das war gelogen, aber ich wollte, daß er mich in Kassel absetzte.
Diesen Mann lebend hinter mich zu bringen, war mein einziger Gedanke. Er steuerte alles, meine Lügen, meine kühle, höfliche Sachlichkeit, mit der ich mich an der monotonen Endlosdebatte über die Fahrtroute beteiligte, und meine fast übersinnlich zu nennende Aufmerksamkeit, mit der ich den Lastwagenfahrer aus den Augenwinkeln heraus studierte.
Er darf auf keinen Fall merken, daß ich Angst habe, dachte ich immer wieder und verbot mir jedes Hängenlassen meiner Schultern, jedes nervöse Herumfummeln meiner Hände. Kerzengerade, in vollendeter Haltung, ließ ich mich auf eine sinnlose Konversation ein mit einem Mann, der, das fühlte ich, mein Mörder sein konnte.
Er darf auf keinen Fall merken, daß du Angst hast, hämmerte mir eine innere Stimme ein, die die Verantwortung für das Geschehen übernommen hatte. Er darf unter keinen Umständen spüren, daß du Angst hast. Sonst bist du verloren.
»Die Kleine will nach Wernig«, hatte der blonde Lastwagenfahrer, der mich auf der Strecke von Berlin zur Grenze mit zudringlichen Angeboten belästigt hatte, zu seinem Kollegen gesagt. »Sie hat dort einen Freund. Du kannst sie doch bestimmt mitnehmen.«
»Natürlich«, hatte der Kollege gesagt, »natürlich nehme ich sie mit.« Und er hatte mich mit einem hinterhältig-lauernden Blick gemustert.
Vom ersten Augenblick an hatte ich gewußt, was auf mich zukommen würde. Vom ersten Augenblick an war diese Angst in mir gewesen. Diese wilde Angst, die zu bändigen ich meine gesamte Willenskraft aufbringen mußte, sonst hätte ich losgeschrien, losgeheult, wie eine Irre hätte ich losschreien mögen, brüllen, toben, um diesem Gefängnis zu entrinnen, diesem grauenhaften Gefängnis hoch über der Straße, wo ich in einem sinnlosen Dialog meine seelischen Kräfte an der Entschlossenheit eines mutmaßlichen Triebtäters maß.

»Ich hätte weglaufen sollen«, hämmerte es im Innern meines Kopfes, während ich mich dieser ausgesuchten Höflichkeit befleißigte, die ihm meine Arglosigkeit vortäuschen sollte. Ich hätte weglaufen sollen. Ich hätte um keinen Preis der Welt in diesen Wagen einsteigen dürfen. Ich hätte schreiend weglaufen sollen, ich hätte einen Aufruhr verursachen sollen auf dem Parkplatz, wenn die beiden Männer versucht hätten, mich in ihre Gewalt zu bringen. Ich hätte niemals mit diesem Menschen mitfahren dürfen. Warum bin ich denn nicht weggelaufen, ich wußte doch, mit wem ich es zu tun hatte, ich wußte es doch sofort, mit einem Blick hatte ich es doch erfaßt: Dieser Mann, dieser Mann mit der untersetzten Gestalt, der niedrigen Stirn, den unsteten Blicken, den schmierigen, nach hinten gekämmten dunklen Haaren, dieser Mann kann mein Mörder sein.
Schwitzend vor Angst warf ich einen verstohlenen Blick auf die Uhr. Doch der Lastwagenfahrer beäugte mich genauso aufmerksam wie ich ihn.
»Wir schaffen das noch gut«, sagte er in einem Ton, der eiskalte Schauer über meinen naßgeschwitzten Rücken jagte. »Du wirst sehen. Wir schaffen das noch gut.«
Ich verbot mir, daran zu denken, was geschehen konnte. Ich wußte, daß ich dann die Beherrschung verlieren würde.
»Ach«, sagte ich leichthin, als ich das Ortsschild las, »da ist ja Kassel.«
Und ein paar Straßen später behauptete ich: »Da vorn die Straße, die kenne ich, von dort aus ist es nicht mehr weit bis zum Bahnhof. Setzen Sie mich doch da vorn an der Ampel ab.«
»Ich fahre dich zu deinem Freund«, sagte er in einem Ton, der mich verstummen ließ.
Einen Moment lang dachte ich daran, die Tür aufzureißen und mich einfach hinausfallen zu lassen. Besser verletzt oder tot als weiter diesem Mann ausgeliefert, dachte ich. Doch ich war nicht imstande, diesen Gedanken in die Tat umzusetzen. Eine Macht, die stärker war als ich selbst, zwang mich, den Kampf mit diesem Mann bis zum Ende durchzustehen.
Niemand wird wissen, wie es gewesen ist, dachte ich verzweifelt, während ich mich mit dem Gedanken vertraut zu machen versuchte, daß ich nur noch wenige Stunden zu leben hatte. Niemand wird es wissen, er wird mich in aller Heimlichkeit umbringen, es wird keinen Zeugen geben, er wird ungescho-

ren davonkommen. Und ich habe keine Möglichkeit, meinem Schicksal zu entrinnen, ich muß mich fügen. Ich bin das Opfer. Er ist der Mörder.
Er lenkte den Lastwagen in das Depot. Ein weitläufiges, unübersichtliches Gelände, Lastwagen, Baracken, ein großer Hof, über den einige Männer liefen, eine kleine Kneipe, aus der Licht drang. Er grüßte den einen oder anderen Kollegen.
Ich schaute mich verstohlen um. Doch wohin hätte ich fliehen sollen? Wäre ich über den Hof gelaufen, hätte er mich bestimmt in irgendeiner dunklen Ecke geschnappt. Er hätte meine Angst gekannt, sofort seine Hemmungen verloren und mich in eine der Baracken geschleift, er hätte mich vergewaltigt und anschließend umgebracht.
Ich durfte ihm nicht zeigen, daß ich Angst hatte. Wenn ich wegliefe, dann müßte ich wissen, daß er mich nicht würde einholen können. Auf diesem unübersichtlichen Gelände, das er zudem viel besser kannte als ich, hatte ich keinerlei Chance.
Die einzige Möglichkeit, vielleicht, das Hoftor. Ich schaute mich um. Wir befanden uns etwa in der Mitte des Hofes. Gut dreißig Schritte trennten mich von dem Tor, durch das wir gekommen waren. Doch hinter dem Tor die dunkle Landstraße. Wie weit kam ich da?
Er brauchte doch nur seinen PKW zu holen, den er irgendwo auf dem Gelände stehen hatte, wie er mir wiederholt versichert hatte, und mir nachzufahren. Wo konnte ich mich vor ihm verstecken? Und ich kannte mich doch auch in dieser Gegend nicht aus. Wohin sollte ich laufen? Und wieder hätte er gewußt, daß ich Angst hatte.
Ich durfte es nicht riskieren. Es war zu gefährlich. Er durfte nicht wissen, daß ich Angst hatte. Wußte er es erst, so war es um mich geschehen. Hemmungslos würde er über mich herfallen. Hemmungslos. Ich durfte nicht weglaufen. Ich mußte weiter neben ihm hergehen. Ich mußte höflich bleiben und sachlich und kühl, das war meine einzige Chance.
»Komm mit«, sagte er in unfreundlichem Ton.
Er führte mich in eine der Baracken hinein, einen langen Gang hinunter. Am Ende des Ganges lag ein Umkleideraum. Es war niemand anwesend.
Er deutete auf eine Tür und sagte barsch: »Hier ist die Dusche. Mach dich frisch.« Und er verschwand selbst in der benachbarten Duschkabine.
Kurze Zeit später hörte ich Wasser rauschen. Das erleichterte

mich etwas. Ich stellte ebenfalls das Wasser an und tat so, als duschte ich auch.
Ich wußte nicht, was ich tun sollte. Ich war davon überzeugt, nie mehr in meinem Leben aus dieser Baracke herauszukommen. Meine Angst war mittlerweile so groß, daß sie mich in eine Art Schockzustand versetzt hatte, der mich überwach neben ihm hergehen ließ und der mich jetzt überwach auf die Geräusche aus der Nachbarkabine achten ließ. Ich hörte ihn sich einseifen, ich hörte ihn sich abtrocknen, ich hörte ihn die Kabine verlassen, sich ankleiden. Ich stellte gleichfalls das Wasser ab, wartete eine Weile, um eine Ankleidezeit zu simulieren, und trat dann ebenfalls aus der Kabine hervor.
Er stand in der Mitte des Raumes, rauchend, breitbeinig, und schaute mich an.
Seine Augen erschienen mir drohend, hinterhältig, böse.
Ich erwiderte seinen Blick. Ich sah ihm gerade in die Augen. Ich hatte keine Angst mehr. Ich hatte mich damit abgefunden, daß dieser Raum in dieser Baracke die letzte Station meines Lebens sein sollte.
Ich prägte mir alles genau ein. Die hellgrauen Wandschränke. Die Holzbank. Die schmuddeligen kahlen Wände. Das fahle Licht. Die verräucherte Luft. Den abgestandenen Mief von Männerklamotten und Schweißfüßen.
Ich war von abgrundtiefem Ekel erfüllt. Ich erwiderte den Blick dieses Mannes. Ich sah seine lauernde Brutalität, ich sah, wie er darauf wartete, daß ich ihm ein Zeichen geben würde, damit er seine Hemmungen verlieren könnte. Er wartete auf ein Zeichen von mir, während er mir den Zigarettenrauch ins Gesicht blies, breitbeinig vor mir stehend, ein paar Zentimeter kleiner als ich, häßlich, von gedrungener Gestalt, den lauernden Blick auf mich gerichtet.
Feige stand er da, einen Angstausbruch erwartend, Tränen, Schreie, ein hilfloses kleines Mädchen, an dem er sich vergreifen könnte.
»Gehen wir«, sagte er schließlich nach einer Zeitspanne, die ich unmöglich hätte beziffern können.
»Fahren Sie mich jetzt zu meinem Freund?« fragte ich, während ich durch meinen Schockzustand geschützt scheinbar gleichgültig neben ihm herging.
»Erst essen wir was«, sagte er, wieder in diesen Ton verfallend, dem ich nicht zu widersprechen vermochte.
»Ich habe keinen Hunger«, sagte ich, als wir in der kleinen,

schmuddeligen Kneipe saßen, und ich unter den vieldeutigen Blicken einer älteren, ungepflegten Wasserstoffblondine am liebsten in den Boden versunken wäre vor Scham.
»Das ißt du jetzt«, sagte er, in scharfem Ton auf das Mettbrötchen deutend, das er mir gegen meinen ausdrücklichen Willen bestellt hatte.
Ich schaute das Mettbrötchen an und ekelte mich.
»Iß«, sagte er streng.
Ich würgte schließlich einen Bissen hinunter. Es war widerlich. Ich mußte mich zwingen, es nicht gleich wieder auszuspucken. Ich fühlte Brechreiz in mir aufsteigen. Doch ich gab ihm nicht nach, ich durfte ihm nicht nachgeben, es würde mich verraten, es würde ihm zeigen, daß ich Angst hatte.
Auf gar keinen Fall durfte ich jetzt hinauslaufen auf die Toilette und mich erbrechen. Ich hätte zu wimmern angefangen, ich hätte mich elend gefühlt, ich hätte mich über das Waschbecken fallen lassen und geweint, so wie früher, wenn ich mich übergeben hatte und die Mutter mir den Kopf hielt. Ich mußte immer gleichzeitig weinen, wenn ich mich erbrechen mußte, das konnte ich mir nicht erlauben, es durfte einfach nicht sein.
Ich nahm einen Schluck Cola und schob das Mettbrötchen mit einer definitiven Handbewegung von mir weg.
Er sagte nichts dazu, aß mit sichtbarem Appetit, jedoch mit zunehmend nervöserer Hast seine Bockwurst und seinen Kartoffelsalat, kippte ein Glas Bier hinunter, stand dann mit einer heftigen Bewegung vom Tisch auf, ging an die Theke, zahlte und forderte mich auf, mitzukommen, das angebissene Mettbrötchen und das fast volle Glas Cola keines weiteren Wortes mehr würdigend.
»Ich fahre dich jetzt zu deinem Freund«, sagte er unfreundlich und führte mich über den dunklen Hof zu einem PKW-Parkplatz.
»Steig ein«, sagte er und deutete auf einen PKW. »Steig ein, los.«
Ich schaute mich ein letztes Mal verstohlen um. Zwischen uns lag die Distanz des Wagens. Er an der linken Tür. Ich an der rechten. Doch wo hätte ich hinlaufen sollen. Etwa zurück zu der Blondine in der kleinen Kneipe, die wir gerade verlassen hatten? Sie sah nicht so aus, als würde sie mir beistehen wollen. Vermutlich hätte sie mich nur ausgelacht, vielleicht hätte sie sich sogar einen Spaß daraus gemacht, zuzusehen.
Nein, zu ihr konnte ich nicht flüchten.

Und sonst? Das riesige Gelände war noch gespenstischer geworden, menschenleer lag es da in der mittlerweile finsteren Nacht. Keine Lichter, keine Stimmen. Überall Dunkelheit und die bedrohlichen Umrisse der Baracke, der ich gerade entkommen war.
Ich stieg ein. Ich setzte mich auf den Beifahrersitz, nahm wieder meine vollendete Haltung ein, rührte mich nicht, kämpfte mit der Angst, die wieder stärker wurde, bekämpfte erfolgreich alle in mir aufkommenden Gefühle, nahm mein Schicksal an.
Er fuhr los.
Ich fühlte ihn neben mir. Der PKW erschien mir winzig, in dem Lastwagen hatte eine geradezu riesige Distanz zwischen uns gelegen.
Ich verbot mir alle Gedanken an das, was geschehen könnte. Ich wollte zu meinem Freund. Sonst nichts.
Er folgte einem Wegweiser nach Geisenbach.
»Wenigstens hält er die Richtung ein«, dachte ich aufatmend. »Wenigstens stimmt die Richtung.«
Auf einem Parkplatz hielt er an.
»Steig aus«, sagte er.
»Ich will nicht«, sagte ich.
»Steig aus«, sagte er, »ich will dich jetzt endlich haben.«
»Ich will nicht«, sagte ich wieder und rührte mich nicht von der Stelle.
»Steig aus«, sagte er ein drittes Mal.
Seine Stimme klang drohend. Ich rechnete damit, daß er im nächsten Moment über mich herfallen würde. Ich nahm all meinen Mut zusammen und schaute ihm gerade in die Augen.
»Sie haben mir versprochen, mich zu meinem Freund zu fahren«, sagte ich fest. Ich legte meine ganze Kraft in diesen Satz.
Er schaute mich einen Augenblick lang zornig an. Ich erwiderte diesen Blick und zwang mich dazu, nicht mit der Wimper zu zucken.
Ohne ein weiteres Wort zu sagen, ließ er den Wagen wieder an und fuhr weiter. Starr vor Spannung saß ich auf dem Beifahrersitz. Ich konnte mir nicht vorstellen, was jetzt geschehen würde.
Nach einigen Kilometern erschien das Ortsschild von Geisenbach. Er hielt direkt neben dem Schild und sagte: »Hau ab, du gemeines Biest.«
Dann fuhr er mit quietschenden Reifen davon.

Ich war frei.
Benommen, fast schlafwandlerisch ging ich die Hauptstraße des mir völlig unbekannten Ortes entlang. Es war mitten in der Nacht. Vielleicht ein oder zwei Uhr. Nichts rührte sich in dem schlafenden Ort. Kein Mensch zu sehen. Keine Katze. Kein Hund.
Nur der Umriß meines Schattens auf der schwachbeleuchteten Straße. Das Echo meiner Schritte. Die in meinem Hals klopfende Angst. Meine noch immer überwache Aufmerksamkeit, meine unruhig umherwandernden Blicke, das verkrampfte Starren in Toreinfahrten, an denen ich vorüberging. Die quälende Vorstellung, er würde zurückkommen, irgendwo auf mich warten, einen Moment der Unaufmerksamkeit und Schwäche ausnutzen, doch noch über mich herfallen.
Auf dem Boden einer Telefonzelle brach ich zusammen. In der Dorfmitte hatte ich sie entdeckt. Ein kleiner, Geborgenheit verheißender Raum, auf den ich mit schwindenden Kräften zusteuerte.
Zögernd, vorsichtig die Tür im Auge behaltend, noch immer mit den Augen die Dunkelheit abtastend, erlaubte ich meinen Gefühlen, die Starre zu durchbrechen. Leise wimmernd zeigte sich ein erstes Zittern der lang unterdrückten Angst.
Mich allmählich sicherer fühlend, langsam begreifend, daß er wirklich weg war, daß ich wirklich überlebt hatte, daß ich wirklich heil war, daß ich nicht umgebracht worden war, daß ich nicht vergewaltigt worden war, daß ich wirklich da hockte und in die Nacht hinausschaute, erlaubte ich der Angst, sich zu zeigen.
Ungläubig betastete ich meinen Körper. Ich strich mir über die Stirn. Ich berührte meine langen Haare. Ich streichelte mein Gesicht.
Ich ließ die Haare ins Gesicht fallen, ich krümmte meinen Körper unter den Armen zusammen, ich rollte mich ganz zusammen. Ich gab mein Mißtrauen auf. Ich gab die Starre auf. Ich ließ die Panik aus mir herausbrechen. Nachdem ich ein letztes Mal in die Dunkelheit hinausgespäht hatte, zog ich meine Parka aus, schob sie zwischen Kopf und Tür, bedeckte mein Gesicht mit einem Teil des Futters und begann zu schluchzen.
Ich konnte nicht mehr.
Zusammengekrümmt auf dem dreckigen Boden einer zugigen Telefonzelle kauernd, überließ ich mich einem schmerzhaften,

meinen Körper und meine Seele durchschüttelnden hemmungslosen Weinen.
»Du hast ja einen Schock«, sagte Gerhard, als ich gegen sechs Uhr vor seiner Tür stand, zitternd, schweigend, verstört. Gegen Morgen, als es dämmerte, hatte ich mein Nachtasyl verlassen. Ich wollte nicht, daß irgend jemand mich so sähe, schluchzend, jämmerlich, erbärmlich, zusammengekrümmt auf dem Boden einer Telefonzelle.
Ich hatte mich an die Landstraße gestellt. Zum letzten Mal in meinem Leben hatte ich mich allein an eine Landstraße gestellt, um zu Gerhard zu gelangen. Ich nahm das Risiko auf mich.
Ein Familienvater, der zur Arbeit fuhr, setzte mich am Hoftor von Wernig ab.
Ich hätte durchaus von Geisenbach aus zu Fuß gehen können, doch ich konnte den Gedanken nicht überwinden, daß er noch immer auf mich lauerte, auf jenem Parkplatz meines wundersamen Überlebens.
»Du hast ja einen Schock«, sagte Gerhard noch einmal. »Was ist denn passiert? Bist du vergewaltigt worden, oder was ist los?«
Ich war nicht imstande, meine Geschichte in zusammenhängenden Sätzen zu erzählen. Ich stammelte etwas von einem Lastwagenfahrer, einem Parkplatz, einer Telefonzelle.
Gerhard fragte nicht weiter nach. Er stellte mir sein Bett zur Verfügung und legte sich selbst noch zwei Stunden auf den Fußboden.
Dann ging er zur Arbeit. Zwischendurch schaute er immer mal wieder nach mir, kochte Tee, ließ mich den Tag verschlafen, ließ mich tief in seinen Kissen versinken, ließ mich selig Zwiesprache halten mit meinem Schutzengel, dem ich versprach, seine Dienste nie mehr auf diese Weise herauszufordern.
Ich hielt meinen Schwur.

Was denn auf einmal mit mir los sei, fragte Gerhard ärgerlich, während ich mich zitternd aus seinen Armen löste und in einen Winkel des Zelts verkroch.
Ich konnte es ihm nicht erklären. Ich verstand mich selbst nicht. Ich fühlte nur wieder diese unüberwindbare Angst, jene panisch zu nennende Angst, die irgendwo aus meinem Innern hervorbrach und die ich nicht unter Kontrolle zu bringen vermochte.
Zum ersten Mal seit wir uns kannten, hatten wir Lust auf einander gehabt.
Hand in Hand waren wir von einem langen Spaziergang zu einem

Leuchtturm zurückgekehrt. Hand in Hand hatten wir dem Spiel der Wellen zugeschaut, hatten uns gegen den starken Wind auf der Deichmauer angestemmt, wie ein Vater hatte er mich über einen Stacheldrahtzaun gehoben, hatte er mir seinen Pullover gegeben, als es kalt wurde auf dem Rückweg.
Ich genoß diesen Nordseeaufenthalt mit Gerhard. Ich genoß die langen Spaziergänge über die Deiche. Der frische Wind, die kräftige Luft und die Gegenwart des Meeres drängten die vergangenen Wochen und Monate in den Hintergrund.
Seit den Spritzen, seit den Heißhungeranfällen sehnte ich mich unablässig nach Ruhe. Spätestens nach dem Abitur hatte ich sie zu finden gehofft. Ich hatte sie mir von einer Studentenbude in Marburg erhofft, die man mir fest versprochen hatte und die dann im letzten Moment doch nicht frei gewesen war.
Ich hatte sie schließlich nach dem chaotischen Berlinaufenthalt und der sich daran anschließenden letzten Trampfahrt in Hamburg zu finden gehofft, wo eine Tante mir freundlicherweise ein Zimmer vermietete.
Seit eineinhalb Jahren immer wieder der verzweifelte Wunsch nach Ruhe, nach Umkehr, nach einem Neubeginn, die verzweifelte Sehnsucht nach einem Ort, an dem ich es aushalten könnte, die verzweifelte Suche nach mir selbst.

Wir hatten einen ganzen langen Abend Zeit und überstürzten nichts. Schmusend, Tee trinkend und redend lagerten wir auf den Matratzen. Schließlich war es dunkel geworden.
Das Zelt war angefüllt von unserer Wärme, unseren Zärtlichkeiten. Ich tauchte mit Gerhard ein in eine glücklichere Welt.
Irgendwann sagte er: »Komm, wir ziehen uns aus und legen uns unter die Decke. Du hast doch auch Lust, oder?«
Ohne zu wissen warum, zögerte ich.
»Hast du Angst, ich will dir ein Kind anhängen?« fragte er. »Die brauchst du nicht zu haben. Ich habe Präservative dabei. Immer übrigens, für alle Fälle.«
Ich weiß nicht, was genau die Panik auslöste. Vielleicht war es das Stichwort ›Kind‹. Ich fing an zu zittern. Derselbe Mann, den ich gerade noch begehrt hatte, machte mir auf einmal Angst. Ich krümmte mich zusammen. Es war etwas geschehen, worauf ich keinen Einfluß hatte.
Gerhard war sauer. Er glaubte, ich spielte Theater. Er verstehe das nicht, sagte er, er habe doch gespürt, daß ich Lust gehabt habe. Sonst hätte er das doch gar nicht vorgeschlagen. Ob ich

ihm denn unterstelle, er wolle mir weh tun? Er sei nicht brutal. Er verspreche mir, vorsichtig zu sein. Warum ich denn plötzlich kein Vertrauen mehr zu ihm hätte. Gerade hätten wir doch noch miteinander geschmust. Ich sei doch gerade noch voller Hingabe gewesen. Was denn um Himmels willen mit mir los sei?
Ich stammelte etwas von Angst, konnte aber nichts erklären, ich verstand ja selber nichts, ich brachte kaum einen Ton heraus, ich war völlig durcheinander.
Zitternd verließ ich schließlich das Zelt und taumelte zum Waschhäuschen.
Mechanisch ließ ich kaltes Wasser über mein Gesicht und meine Hände laufen. Ich schaute mich im Spiegel an. Ein fremdes Gesicht. Ich kannte mich nicht.
Ich weiß nicht, wie lange ich da gestanden habe. Der Steinfußboden war kalt. Durch die unverglasten Fensterhöhlungen drang kalte Nachtluft herein. Ich fror. Ich zitterte.
Doch es verlangte mich nach kaltem Wasser. Ich stellte mich unter die Dusche. Das kalte Wasser, unter dem ich wohl zehn oder zwanzig Minuten gestanden habe, brachte mich wieder zu mir.
Zitternd und frierend wankte ich ins Zelt zurück. Meine Lippen, so Gerhard, waren blau angelaufen.
»Du hast bestimmt ein Trauma«, sagte er, nachdem er mir einen dicken Pullover übergezogen und mir einen heißen Tee gereicht hatte. »Du hast bestimmt ein Trauma. Anders kann man sich das nicht erklären.«
Ob ich denn als Kind einmal etwas Fieses erlebt hätte, wollte er wissen, ob ich denn irgendwann einmal vergewaltigt worden sei?
Ich konnte mich an nichts Derartiges erinnern und verneinte.
Irgend etwas müsse ich aber erlebt haben, insistierte er, eine andere Erklärung sei nicht möglich. Das sei wirklich nicht normal gewesen, was sich da gerade abgespielt habe, mitten aus der Zärtlichkeit heraus eine solche Angst. Dieser abrupte Wechsel. So etwas habe er noch nie erlebt.
»Ich verstehe das selber alles nicht«, sagte ich nur und schämte mich. Schon wieder hatte ich mich komisch benommen. Ich war unmöglich.
Leichtsinnig sei ich, so Gerhard, der anfing mir Vorwürfe zu machen wie Pierre und Hans. Ich sei irrsinnig leichtsinnig. Mit einem solchen Trauma könne man doch nicht mit einem alles in

allem doch recht fremden Mann verreisen. Es wäre doch ein leichtes für ihn gewesen, mich mit Gewalt zu nehmen. Bei meiner ohnehin schon vorhandenen Verstörung könne mich doch eine Vergewaltigung endgültig aus der Bahn werfen.
Ob ich mich denn gar nicht um mich selber kümmern würde?
Ich hörte ihm zu, ich vernahm seine Worte, doch es gelang mir nicht, aus alldem klug zu werden.
Ich verstand nicht, worum es ging. Ich verstand nicht, wovor ich mich fürchtete.
Ich saß ganz gemütlich mit Gerhard im Zelt. Die Angst war vorbei. Von einer Vergewaltigung wußte ich nichts.
Und diese andere Helene, die gerade noch in panischer Angst zitternd auf dem kalten Fußboden des Waschhäuschens gestanden hatte, die dieses Spiegelbild angestarrt hatte, diese entsetzten Augen, diese nackte, gräßliche Angst, die war mir ohnehin unbegreiflich. Sie war seltsam. Sie war verrückt. Ja, wahrscheinlich war sie verrückt.
Doch mit mir, mit mir hatte sie nichts zu tun.

Entschlossenen Schrittes, meine Unsicherheit vor mir selbst verbergend, ging ich die Gonsenheimer Hauptstraße hinauf. Der Kommilitone und ich hatten uns für 16 Uhr verabredet. Er bewohnte ein Apartment im Souterrain eines Mehrfamilienhauses, eine sogenannte sturmfreie Bude, wie er mir versichert hatte. In der Bibliothek des philosophischen Seminars waren wir miteinander ins Gespräch gekommen.
Inmitten fleißig lernender Studenten, umgeben von hohen, bis unter die Decke reichenden Bücherregalen, hatten wir uns darüber verständigt, daß wir »es« noch nie gemacht hätten.
Um diesem von uns beiden als schändlich empfundenen Zustand ein Ende zu bereiten, verabredeten wir uns für den nächsten Tag in seinem Apartment.
In langen Stunden verzweifelten Grübelns, in einem nicht enden wollenden, immer dunkler werdenden Winter, in meinem mir zur Hölle geratenden ersten eigenen Zimmer, während meines ersten Semesters an der Universität, war ich zu der Überzeugung gelangt, daß meine unerklärliche Angst und die daraus resultierende sexuelle Verweigerung an meinem entsetzlichen, mir immer unerträglicher erscheinenden Zustand schuld sein müsse.
Ständig konfrontierten mich Kommilitonen mit ihrer Über-

zeugung, wonach die Befreiung der Sexualität die entscheidende Voraussetzung sei für die Befreiung des Individuums überhaupt und daß die – ihnen wie mir – verhaßte bürgerliche Gesellschaft sich ihre Herrschaft dadurch sichere, daß sie die Individuen an der freien Entfaltung ihrer Sexualität hindere.
Um mich herum lasen alle Wilhelm Reich, und ich fing an zu glauben, daß meine Verzweiflung und mein ganzes Unglücklichsein aus meiner bürgerlichen Sozialisation resultierten, insbesondere daraus, daß man mich in der puritanischen Umgebung eines Pfarrhauses an der Entfaltung meiner Lust gehindert und mir somit eine neurotische Angst vor allem Sexuellen eingepflanzt habe.
Endlich hatte ich so eine plausible Erklärung für meine Ängste, die ich als gänzlich unberechtigt, als neurotisch und darüber hinaus reaktionär bei nächster Gelegenheit zu überwinden trachtete.
Ich klingelte zur vereinbarten Zeit bei dem Kommilitonen. Er öffnete mir sofort.
Ich war fest entschlossen, es dieses Mal ohne Probleme hinter mich zu bringen. Ich hatte von meiner ganzen Zickigkeit genug.
Ich wollte nicht mehr neurotisch sein.
Ich wollte nicht mehr hysterisch sein.
Ich wollte nicht mehr verzweifelt sein.
Und ich wollte mich von niemandem mehr als neurotisch und hysterisch und komisch und verstört bezeichnen lassen.
Und von einem Trauma wollte ich auch nichts mehr hören.
Ich wollte endlich so sein wie die anderen.
Ich wollte keine Heißhungeranfälle mehr haben.
Ich wollte nicht länger stundenlang ziellos und sinnlos durch irgendwelche Straßen laufen müssen.
Ich wollte nicht mehr an Selbstmord denken müssen.
Ich wollte nicht länger dumpf vor mich hinbrüten und über Dinge grübeln, die ich ohnehin nicht verstand.
Ich wollte endlich so sein wie die anderen.
Und die anderen, das entnahm ich ihren Gesprächen, die anderen machten es.
Sie fanden Gefallen daran. Sie hatten keine Angst.
Sie waren nicht neurotisch. Sie waren nicht verrückt.
So ist das also, dachte ich enttäuscht, als wir uns nach einem Spaziergang durch den Gonsenheimer Wald mit einem Händedruck voneinander verabschiedet hatten. Diese lächerliche, bil-

lige Angelegenheit hat mich die ganze Zeit über in diese Panik versetzt!
Ich war wirklich verrückt. Wie konnte man vor so etwas Angst haben?
Lächerlich.
Es war nichts. Es war überhaupt nichts. Nichts Schreckliches. Nichts Schönes.
Ich verstand nicht, was alle anderen daran fanden. Ich verstand nicht, wie es mir hatte Angst machen können. Ich verstand nicht, daß es diese befreiende Wirkung haben sollte, von der die Reich-Anhänger schwärmten.
Verlegen hatten wir uns angesehen, nachdem wir geduscht hatten und dann plötzlich nackt voreinander standen in seinem hochmodernen Badezimmer, in seinem Luxusapartment. Dann waren wir in sein Zimmer gegangen und hatten es hinter uns gebracht.
Der Kommilitone war sehr schüchtern und ging vorsichtig zu Werk. Er behandelte mich wie ein rohes Ei. Es tat mir nicht im geringsten weh. Kein Blut. Keine Schmerzen. Nichts.
Es war nicht brutal, wie Pierre gesagt hatte. Es tat nicht weh, es machte mir keine Angst, es war nicht schlimm, es war nicht schön.
Es war nichts.
Für mich war es einfach nur nichts.

»Leg dich hin«, sagte Kurt unvermittelt, »ich will mit dir pennen.«
Ich schaute ihn entgeistert an.
»Du spinnst wohl«, sagte ich, »wie kommst du denn auf so was?«
Sein plötzliches Ansinnen brachte mich beinah aus der Fassung. Gerade hatte ich gedacht, er wollte gehen, er hatte schon seine Bücher zugeklappt und war von seinem Stuhl aufgestanden, und ich war im Begriff gewesen, ihn zur Tür zu geleiten.
Wir hatten sehr gut zusammen arbeiten können, dem sogenannten Kleinen Strafrechtsschein, dem unsere Bemühungen galten, stand nichts mehr im Wege. Ich war sehr zufrieden gewesen mit diesem Nachmittag.
Und jetzt dies.
»Ich will mit dir pennen«, wiederholte er fordernd und entschlossen und baute sich breitbeinig vor mir auf.
»Ich will nicht«, sagte ich und schaute ihn mir an, diesen gro-

ßen, plumpen Körper, der in diesem Augenblick recht brutal wirkte.
»Stell dich nicht so an«, sagte er grob, »los, zieh dich aus, leg dich auf den Boden.«
Ich gehorchte.
Was ist schon dabei, dachte ich, mich vor mir selbst entschuldigend, mit Joachim hast du es ja auch gemacht. Es ist zwar nicht schön, aber du stirbst nicht davon.
Als er schließlich weg war, packte mich der Ekel auf mich selbst in lange nicht gekanntem Ausmaß.
Ich wusch mich. Ich verließ das Haus. Ich rannte durch die Straßen.
Hungern, dachte ich schließlich und fand einen gewissen Trost bei diesem Gedanken.
Hungern. Hungern. Hungern.

»Sie haben mir am Telefon gesagt, daß Sie mit einem Freund zusammenleben, Fräulein Merz«, sagte der Analytiker und ließ wieder seinen durchdringenden Blick auf mir ruhen. »Wie lange kennen Sie denn Ihren Freund schon?«
»Wir haben uns im Sommer letzten Jahres in einer Wohngemeinschaft kennengelernt. Im November sind wir zusammengezogen.«
»Und wo leben Sie?«
»In einem Haus in der Altstadt. Es ist für den Abbruch vorgesehen und wird billig an Studenten vermietet.«
Das interessierte ihn. Er wollte genau wissen, wie wir da lebten, wie alt der Freund sei, was er mache.
Mein Mißtrauen wurde wieder wach. Alle hatten etwas gegen Norbert. Jetzt auch noch der Analytiker.
»Er ist ein Jahr älter als ich«, sagte ich abweisend. »Er geht aufs Kolleg, um das Abitur nachzumachen. Er hat Schriftsetzer gelernt.«
Der Analytiker schien meinen feindseligen Tonfall bemerkt zu haben und sagte freundlich, als wollte er einem schwierigen Kind etwas erklären: »Verstehen Sie, Fräulein Merz, ich muß wissen, wie Sie konkret leben, wenn ich mit Ihnen arbeiten soll. Sie müssen sich klarmachen, eine Psychoanalyse ist keine ganz harmlose Angelegenheit. Man braucht da, na, sagen wir, eine gewisse Stabilität, einen gewissen Rückhalt, sonst kann schnell etwas schiefgehen.«
Ich nickte und faßte wieder Vertrauen.

»Na gut«, sagte ich und zwang mich zu einer ausführlichen Schilderung. »Ich lebe mit meinem Freund in einem Zimmer. Das Zimmer ist 11 m^2 groß. In dem Raum stehen ein Schreibtisch, ein Schränkchen für Klamotten, ein Stuhl, ein Sitzkissen. In der Mitte liegt ein blauer Teppich. Zum Essen legen wir ein Tablett auf den Boden. Wir schlafen auf einer Matratze.«
»Sie müssen ein eigenes Zimmer haben«, sagte er. »Ein eigenes Zimmer und ein eigenes Bett.«
»Wir haben kein Geld«, sagte ich, »das Zimmer kostet 27,50 DM, das können wir gerade aufbringen.«
»Sie müssen ein eigenes Zimmer haben«, sagte er nochmals eindringlich. »Ich kann erst mit Ihnen arbeiten, wenn Sie ein eigenes Zimmer haben und ein eigenes Bett.«

Eppichmauergasse, Mainzer Altstadt. Ein abbruchreifes Haus, Studenten zur vorübergehenden Nutzung überlassen.
Zwanzig Studenten, drei Stockwerke, drei Küchen, zwei Bäder. Ein zugiger langer Flur, der in die meist offenstehende Garage mündete. Ein großer, an einer Seite als Waschraum ausgebauter, lagerähnlicher Raum, in den irgend jemand eine Tischtennisplatte stellte, eine verstaubte Treppe, die in die ehemaligen Laborräume hinaufführte, der Luxus einer eigenen Toilette, die ich himmelblau anstrich, ein 11 m^2 großes Zimmer direkt neben dem Eingang.
Blick auf die Einfahrt einer Tiefgarage. Das hektische Vorüberhasten einkaufender Menschen. Sonntags das Geläut der Domglocken. Grölende alkoholisierte Zugbesucher, die an Fastnacht so dicht an dem beinahe bis zum Boden reichenden Fenster vorbeidrängten, daß man glaubte, sie berühren zu können.
Ein Leben ohne Distanz, ohne Rückzugsmöglichkeit.
Fast öffentlich unsere Umarmungen auf der Matratze in der Ecke neben der kalten Wand zur Toreinfahrt. Nebenan Ahmed, die nächtlichen Schreie seiner Freundin, der es nicht gelang, sich von ihm zu trennen, obwohl sie für ihn und seine Freunde beinahe alles bezahlen mußte, Kneipenbesuche, Eßgelage in Restaurants, und die obendrein noch geprügelt wurde. Die Blutspur im Flur nach einer politische Abrechnung genannten Messerstecherei.
Im zweiten Stock ein Gemeinschaftsraum mit Fernseher, vierzehntägige Hausversammlungen. Strebsame, eingebildete Studenten, die geringschätzig auf Norbert herabsahen und sich nur

mit Mühe davon überzeugen ließen, daß er ihnen nichts wegnahm, wenn ich meinen Raum mit ihm teilte.
Im ersten Stock eine Kleinfamilie. Er Student, sie ehemalige Photolaborantin, jetzt Hausfrau, Mutter eines eineinhalbjährigen Sohnes, Matz, ein dickes, häßliches Kind, Gestalt gewordene Freudlosigkeit, sprechendes Sinnbild seiner auf eineinhalb Zimmer reduzierten stummen Mutter, die so verunsichert war, daß sie es meist nicht wagte, ihren Mann in den Fernsehraum zu begleiten und sich den herablassenden Blicken auszusetzen.
Hausfrau und Mutter, gerade die weiblichen Hausbewohner schenkten ihr noch weniger Beachtung als dem sein Abitur nachholenden Schriftsetzer.

Langsam und nachdenklich, fast verstört, ging ich durch die verschneiten Anlagen zurück.
Am liebsten hätte ich mich einfach irgendwo fallen lassen, hätte mich unter einem Baum ausgestreckt, mich von der Sonne wärmen lassen und mit geschlossenen Augen versucht, ganz ruhig über alles nachzudenken. Doch das ging nicht. Es war Winter. Alles war zugeschneit, ein scharfer Wind blies mir ins Gesicht.
Also ging ich weiter. Ganz langsam ging ich weiter.
Der Analytiker hatte mir Angst gemacht. Angst um mich selbst.
»Auch das noch«, hatte er gesagt, als er davon gehört hatte, daß wir gelegentlich Haschisch rauchten. »Auch das noch.« Und es hatte so geklungen, als ob es ohnehin schon viel zuviel wäre.
Seltsamerweise hatte er es gar nicht vorwurfsvoll gesagt, eher besorgt, fast traurig. Vielleicht dachte er, ich sei nicht mehr zu retten, überlegte ich, während ich langsam, meine kalten Finger massierend, die Gaugasse hinunterging, vielleicht glaubte er ja, es wäre alles schon zu spät.
Wenigstens zu Mittag essen könnte ich heute, dachte ich schließlich, als ich an der Stephanskirche vorbeigekommen war und mich einer Bäckerei näherte.
Ausnahmsweise einmal ein kleines Mittagessen mit ein paar Mohnstangen und ein bißchen Quark, das könnte ich mir doch heute eigentlich erlauben.
Und ich betrat kurz entschlossen, meine inneren Gebote mißachtend, die Bäckerei.

Als ich nach Hause kam, lag Norbert noch im Bett. Auf dem dunkelblauen, einst vom Vater gepriesenen Teppich lagen verstreut seine Sachen herum.
Ich legte die Tüte mit den Mohnstangen und den Brötchen auf den Schreibtisch. Einen Moment lang dachte ich daran, mich in die Küche zu setzen, doch dann fiel mir Trude ein, die es wieder nicht würde lassen können, ihren neugierigen Kopf hereinzustrecken und mich mit ihrem vor Gesundheit strotzenden Spott in Verlegenheit zu bringen.
»Eßt doch mal was Vernünftiges«, würde sie wieder sagen, »nicht immer nur Quarkbrötchen oder Rührei.«
Die Küche kam also nicht in Frage. Doch in dem nach Schlaf riechenden, ungelüfteten Zimmer wollte ich erst recht nicht essen.
Unschlüssig überlegte ich, ob ich wieder hinausgehen sollte, ich könnte spazierengehen, ich könnte wie sonst durch die Altstadt laufen, hin und her und her und hin, um die Zeit totzuschlagen, so wie ich es schon oft gemacht hatte, während ich darauf wartete, daß Norbert aufstand. Doch ich fror auch ohnedies schon zu sehr. Ich hatte keine Lust, schon wieder in die Kälte hinauszugehen.
Also zog ich mich aus und legte mich zu Norbert unter die Decke. Ich kuschelte mich an ihn, er erschrak, als ihn meine kalten Hände berührten.
»Du bist ja total durchgefroren«, sagte er, »es muß ja saukalt sein da draußen.«
»Ja«, sagte ich, »das ist es auch.«
»Wie war's denn?« fragte er schließlich, »erzähl doch mal, du wirkst ja richtig bedrückt.«
»Ach«, sagte ich und kuschelte mich enger an ihn, »er nimmt mich nicht.«
»Warum?« fragte er. »Hast du ihm auch alles richtig erzählt?«
»Ja«, sagte ich, »er nimmt mich nicht, weil ich kein eigenes Zimmer habe und weil ich mit dir auf einer Matratze schlafe.«
»Das hätte ich mir denken können«, sagte Norbert. »Jetzt bin ich womöglich wieder an allem schuld.«
Schweigend schmiegte ich mich an seinen schlafträgen Körper. Ich lasse ihn mir nicht wegnehmen, dachte ich entschlossen, ich lasse ihn mir auf keinen Fall wegnehmen.
Doch ich spürte noch immer diese Angst, diese neue, vorher nicht gekannte Angst um mich selbst, die mich hatte zögern

lassen, zurückzukehren, und die den Gedanken hatte aufblitzen lassen, daß er recht haben könnte, der kluge große Mann mit den aufmerksamen Augen. Vielleicht wäre es wirklich besser, ein eigenes Zimmer zu haben und ein eigenes Bett.
Doch dann fühlte ich Norberts Wärme und die wundervolle Geborgenheit, und während ich mich langsam in seiner Umarmung verlor, ahnte ich nur noch, daß ich eine Chance vergab, indem ich mich für das gemeinsame Bett entschied – gegen die Analyse.

Drittes Kapitel

An einem Abend im März 1975, einige Tage nach meinem 23. Geburtstag, verließ ich in Begleitung von Norbert ein Weinlokal in der Bonner Innenstadt. Wir hatten einige Schoppen getrunken, und ich torkelte mehr als daß ich ging in den naßkalten Abend hinaus.

In den vergangenen zweieinhalb Jahren hatte ich, unterbrochen von kurzen Phasen sogenannter Besserungsanstrengungen, mein tägliches Quantum Wein ständig vergrößert, meine tägliche Ration Nahrung ständig verringert.

Es verging kaum ein Tag, an dem ich nicht betrunken ins Bett fiel, Ausfälle des Wahrnehmungs- und folglich des Erinnerungsvermögens häuften sich.

Nachts wachte ich heißhungrig auf, sprang aus dem Bett, warf mir hastig ein paar Klamotten über, verließ die Wohnung, um in die auf der anderen Seite des Hausflurs gelegene Küche zu gelangen, öffnete den Kühlschrank, riß eine 200-g-Packung Schmelzkäse auf, biß gierig in die fette Masse hinein, erwischte mit der linken Hand einen Kanten Brot, stopfte einen Bissen davon in den Mund, biß ein weiteres Mal in die fette Masse, würgte an dem meinen Ekel erregenden Schmier herum, fand die offene Flasche Weißwein, nahm einen kräftigen Schluck des sauren rheinhessischen Haustrunks, spülte das Brot-Fett-Gemisch hinunter, wurde mir schlagartig meines nächtlichen Tuns bewußt, versuchte Schlimmeres zu verhindern, packte den Käse weg, schloß die Kühlschranktür, öffnete die Küchentür, trat in den Hausflur hinaus, steckte den Schlüssel in die Wohnungstür, drehte blitzschnell auf dem Absatz herum, kehrte in die Küche zurück, steckte die andere Hälfte des Käseriegels mit einer einzigen gewaltsamen Bewegung in den Mund, würgte, schluckte, versuchte das abscheuliche Gemisch wieder auszuspucken.

Doch der Versuch, herauszuwürgen, was mich ekelte, mißlang, der ausgehungerte Körper weigerte sich herzugeben, was ihm bereits sicher schien.

Ich ergab mich, spülte mit Wein nach und verkroch mich mit einem Gefühl des Erniedrigtseins ins Bett.

Ich schlief zwei Stunden, dann packte mich der Jammer in allen

Facetten neurotischer Unerbittlichkeit. Dem Irrsinn nahe weckte ich schließlich Norbert.
Ich beichtete ihm meinen nächtlichen Freßanfall, ich beschrieb die widerliche Gier, gegen die ich machtlos sei, ich vernahm verzweifelt seine verärgert und verschlafen vorgetragenen vernünftigen Ausführungen, wonach der Mensch halt essen müsse und der Körper sich hole, was er brauche, notfalls mit Gewalt.
Ob dieser auch von mir nicht zu leugnenden Wahrheit und meiner zu dieser Wahrheit in entsetzlichem Gegensatz stehenden Unfähigkeit, einen mit Nahrung gefüllten Magen zu ertragen und in einem anderen als einem bloß aus Haut und Knochen bestehenden Körper zu leben, geriet ich in eine schier bodenlose Verzweiflung.
Unterstützt durch die enthemmende Wirkung des reichlich genossenen Alkohols, gepeinigt von unerbittlichen gnadenlosen Gewissensattacken, steigerte ich meine Verzweiflung in eine rasende, irrsinnige Wut.
Ich tobte, ich schrie, ich beschimpfte mich meiner Unbeherrschtheit wegen, ich raufte mir die Haare, ich schlug mit den Fäusten auf die Kissen ein, ich weinte über mein Elend, ich ergab mich dem Selbstmitleid, ich ergab mich dem Selbsthaß, ich raste innerlich, ich raste äußerlich, ich drohte alles kurz und klein zu schlagen, ich zertrümmerte eine Vase, ich heulte, ich brüllte, ich brach schließlich wimmernd zusammen.

Auf einem Feld in der Nähe von Langrune, zweihundert Meter vom Strand entfernt, kein offizieller Campingplatz, keine Waschhäuschen, keine Toiletten, aber dennoch anderntags ein Bauer, der abkassierte, war ich dem Glück begegnet. Norbert hatte zum Abendessen eine Flasche Rotwein gekauft. In einem kleinen, am Morgen auf dem Markt erstandenen Aluminiumpfännchen bereiteten wir in zerlassener Butter köstliche Omeletts.
Ich aß und trank mit lange nicht gekannter Lust. Strahlend brach ich das knusprige Baguette, strahlend entdeckte mein durch den Wein sensibilisierter Gaumen den unübertrefflichen Geschmack eines reifen Camemberts.
Wie weggezaubert auf einmal das quälende Klappern der Haßmühle, das unermüdliche Mahlen des Selbstmordgedankens, der Mühlstein jener dumpfen, untragbaren Last.
Ich saß mit Norbert vor dem Zelt. Es war warm. Von den Nach-

barzelten drangen fröhliche Stimmen zu uns herüber. Französische Stimmen.
Wir waren entronnen. Wir hatten den Eppichmauergassenkäfig gegen die Weite des französischen Himmels vertauscht. In der Nähe rauschte das Meer.
Wir hatten Zeit. Wir konnten einige Wochen lang Ferien machen. Wir würden baden, spazierengehen, in der Sonne liegen. Wir hatten uns in dem noch sonnenwarmen Zelt geliebt. Wir waren zwanzig und einundzwanzig Jahre jung.
Wie ein soeben aus der Hölle emporgetauchter Dionysos schwelgte ich in der üppigen Lust eines Sinnenrausches. Das Leben erschien mir plötzlich unbezweifelbar schön. Nie, so glaubte ich, war ich so voller Freude gewesen. Unverständlich, daß ich die ganze Zeit über hatte sterben wollen, unbegreiflich, daß ich seit Monaten wieder alles Bestreben darauf richtete, abzumagern, daß ich unaufhörlich neue Tricks ersann, um dem Hunger zu widerstehen und der unerträglichen Last des Körpers zu entgehen.
Widerlich geradezu, dieses Knochengerüst, dieses spitze Knie, dieses dürre Bein.
Unbegreiflich auf einmal der dem neuerlichen Hungern zugrunde liegende Wunsch, zurückzukehren in jenen Zustand, in dem ich frierend und zusammengekrümmt den Tod herbeigesehnt hatte, in dem ich gefunden zu haben glaubte, was ich meinen Frieden nannte, meine Seligkeit.
Was für ein entsetzlicher Irrweg.
Weshalb suchte ich die Seligkeit im Tod?
Ich hatte sie doch schon im Leben gefunden. Ich hatte sie eben, jetzt, hier, gefunden. Sie steckte in der Sonne und im Meer, sie steckte im Gezirpe der Grillen und im Kofferradio der Nachbarn, sie steckte im Weißbrot und im Camembert, sie steckte in Norberts Lachen, und sie steckte in dem geheimnisvollen dunklen Wein.

Norberts Warnungen in den Wind schlagend, fuhr ich spät am Abend noch einmal in den Ort. Wild entschlossen, mich von niemandem und nichts in meinem Sinnenrausch beeinträchtigen zu lassen, kaufte ich eine weitere Flasche Wein, einen neuen Camembert, ein Glas Marmelade.
Norbert, der wußte, daß einem derart ungehörigen Höhenflug nichts als ein entsetzlicher Absturz folgen konnte, versuchte mich zu bremsen. Morgen sei auch noch ein Tag, vernahm ich

mit wachsender Gleichgültigkeit, es sei besser, nicht alles auf einmal zu wollen, es sei wirklich besser, jetzt schlafen zu gehen.
In einer vagen Ahnung, daß diesem Sinnenfest so bald kein weiteres folgen würde, kostete ich meine Ekstase hemmungslos aus. Frei von der quälenden Gier der Heißhungeranfälle überließ ich mich der plötzlich leichten Lust.
Keinerlei Zwänge trieben mich an. Der alles bewachende innere Aufpasser, den sonst jeder Bissen zu Strafpredigten veranlaßte, war auf wundersame Weise verstummt. Der Wein hatte die falschen Werte vertrieben.
Langsam, genußvoll, lachend, erzählend trank ich noch eine halbe Flasche Wein, aß fast den ganzen Käse auf, löffelte das halbe Glas Marmelade leer. Selig, den Kopf voller Wein, mit einem ungewohnt runden, wohlgefüllten Bauch, schlief ich schließlich ein.
Ich erwachte mit einem entsetzlichen Katzenjammer. Schreckliche Vorwürfe prasselten auf mich nieder.
Ich war ein Tier. Ich war ein Moloch. Ich war ein Untier.
Ich war kein Mensch mehr. Ich würde mich umbringen.
Ich würde mich auf der Stelle umbringen.
Ich mußte mich umbringen, ich hatte gar keine Wahl.
Ich floh den Ort meines Sinnenrausches.
Ich floh das Meer, die Sonne, den Strand.
Ich floh diesen Ort, der meine Schande kannte, es war unmöglich, länger dort zu bleiben, ich mußte zurück.
Norbert versuchte mich zur Vernunft zu bringen.
»Aber wir sind doch gerade erst drei Tage da. Überleg doch mal. Was willst du denn jetzt schon wieder in der Eppichmauergasse? Na ja, gut, du hast vielleicht zuviel getrunken. Und gegessen hast du auch mehr als sonst. Aber was soll's, dann ißt du eben heute nichts, dann gleicht sich das wieder aus. Du bist doch ohnehin viel zu dünn.«
Das hätte er besser nicht gesagt.
»Ich bin zu dick«, jammerte ich, »ich bin viel zu dick. Siehst du denn nicht, wie entsetzlich dick ich bin.«
Und ich deutete voller Abscheu auf meinen mir gänzlich verhaßten Körper, an dem ich plötzlich wieder widerliche Fettmassen entdeckte, die auf keinen Fall zu dulden waren. Dürr wie ich war, steigerte ich mich in die unerträgliche Vorstellung hinein, ein widerliches, vollgefressenes Monster zu sein, das das Recht verloren hatte, auch nur noch eine weitere schöne Stunde zu erleben.

Ich hatte gesündigt. Ich hatte aufs furchtbarste gegen meine inneren Zwänge verstoßen. Ich war eine Frevlerin. Ich mußte mich bestrafen.
Ich mußte uns bestrafen.
Wir fuhren zurück.

»Was stehen Sie da herum, Fräulein Merz, oder meinen Sie vielleicht, ich bezahle Ihnen die fünf Mark pro Stunde fürs Nichtstun?« Gelangweilt saß Frau Jensen hinter ihrer Kasse, die Hände im Schoß, auf Kundschaft wartend. »Stehen Sie nicht da herum, habe ich gesagt, machen Sie sich gefälligst einmal nützlich.«
»Es ist keine Arbeit da«, sagte ich und würgte meinen Ärger über die ungerechte Behandlung hinunter.
Es war schließlich nicht meine Schuld, daß keine Kundschaft da war. Und im übrigen, so dachte ich beleidigt, im übrigen wußte sie doch ganz genau, wie schnell ich bedienen konnte, wenn gegen zehn Uhr die Krankenschwestern und Pfleger aus der nahe gelegenen Uniklinik in den Laden stürmten und voller Ungeduld Brötchen und Mohnstangen und Rosinenschnecken verlangten.
»Glauben Sie nicht, ich würde nicht eine Beschäftigung für Sie finden«, so Frau Jensen, die aus mir unersichtlichen Gründen immer wütender wurde.
Und sie erhob sich von ihrem in der Mitte des kleinen Ladens postierten Kassenthron und ging in den Abstellraum hinter dem Laden, den sie mir am ersten Tag ohne rot zu werden als Frühstücksraum angepriesen hatte und in dem man eingepfercht zwischen Getränkekisten und Lebensmittelkartons in stickigster Luft das im Lohn inbegriffene Frühstück einzunehmen hatte. Bewaffnet mit einer Leiter, einem Eimer und einem Lappen kehrte sie von dort zurück.
»Hier, Fräulein Merz, jetzt machen Sie sich endlich einmal nützlich.« Und sie deutete auf die oberen Regale, die es abzustauben gelte, was mir eigentlich selbst hätte einfallen müssen.
»Was gibt's denn da abzustauben?« fragte ich naiv. »Die sind doch bis unter die Decke vollgestellt mit Dosen.«
»Na und«, erwiderte Frau Jensen spitz, »dann räumen Sie sie eben leer.«

Norbert lag noch im Bett. Nach einer knappen, gemurmelten Begrüßung ging ich in die Küche. Ich kochte Kaffee, packte Brot, Butter, Marmelade und Käse auf ein Tablett und trug alles zusammen zu ihm hinein.
»Ich hab' dir das Frühstück gemacht«, sagte ich, und er strahlte mich dankbar an.
Wenn er erst einmal gefrühstückt hat, dachte ich, wird er wahrscheinlich aufstehen, dann kann ich das Fenster aufreißen und den Tag hineinlassen.
Ich hasse Schlafzimmeratmosphäre am hellichten Tag. Ich hasse diese abgedunkelten Räume, die abgestandene Luft, die muffige Dunkelheit eines zum Schlafen genutzten Raumes.
Fünf Stunden Jensen, und er lag noch im Bett. Auch der Vormittagsjob befreite mich nicht von dem mir seit Monaten verhaßten täglichen Ärgernis.
Neben der Matratze, auf dem Boden, der volle Aschenbecher, die Rotweinflasche, die beiden benutzten Gläser vom Abend zuvor. Achtlos hingeworfen seine Kleidungsstücke, die Jeans, die Socken, die Schuhe.
Stumm hockte ich mich neben ihn auf die Matratze. Lustlos schmierte ich mir ein Brot.
Schuldbewußt schielte ich zu ihm hin. Ich haßte seine Langschläferei. Vom ersten Tag unseres Zusammenlebens an war sie mir verhaßt gewesen.
Unfähig, länger als bis höchstens acht Uhr im Bett auszuharren, ergriff mich täglich aufs neue ein aus Neid und Widerwillen gemischtes, kaum zu unterdrückendes, gegen ihn gerichtetes Gefühl.
Morgen für Morgen trieb es mich aus dem Haus, Morgen für Morgen trieb es mich durch die Straßen der Altstadt. Morgen für Morgen stellte ich, jede halbe Stunde von außen in unser Zimmer hineinspähend, erneut enttäuscht fest, daß sich noch immer nichts geändert hatte.
Unfaßlich, diese unbeirrbare Fähigkeit, auszuschlafen. Unfaßlich, dieser Egoismus, diese Ignoranz.
Einmal muß er doch aber merken, daß mich dieses lange Schlafen stört, dachte ich verzweifelt. Einmal muß es ihm doch auffallen, daß ich Morgen für Morgen diese sinnlosen Runden drehe, einmal muß er doch merken, daß ich Morgen für Morgen unglücklich bin.
Stumm und naiv überließ ich mich der sinnlosen Hoffnung, er würde, während ich ihm mit freundlichen Worten das als Ent-

schädigung für mein dreistes Ihn-aus-dem-Schlaf-Reißen gedachte Frühstück ans Bett servierte, auch nur einmal fragen, was ich denn eigentlich so machte in den langen Stunden, die er in unserem einzigen kleinen Zimmerchen verschlief.
Morgen für Morgen dieselbe Enttäuschung, derselbe unausgesprochene Ärger, derselbe uneingestandene Neid. Staunend stellte ich fest, daß er, der nun schon seit Stunden unser Zimmer blockierte, ohne die leisesten Anzeichen von Gewissensbissen mit unbeeinträchtigtem Appetit zu frühstücken imstande war, wohingegen ich bei weitaus geringfügigerem Stören schon die hundertste Entschuldigung vorgebracht haben würde.
Der morgendliche Schlaf, so er in mein fassungslos-fasziniertes Gesicht hinein, der morgendliche Schlaf sei noch immer der tiefste und der beste.

Nach schließlich beendetem Frühstück kroch ich noch einmal zu ihm ins Bett. Er rauchte seine Zigarette zu Ende und wandte sich dann mir zu.
»Ihr seid ja schon wieder am Vögeln«, sagte Trude, die unverhofft ihren Kopf zur Tür hereinsteckte.
»Na und«, so Norbert wütend, während ich vor Scham nicht wußte, wo ich hinschauen sollte.
Schon wieder am Vögeln.
So kann das nicht weitergehen, Mädle.
Machen Sie sich doch endlich einmal nützlich, Fräulein Merz.
Sei doch vernünftig, Helene. Sei doch ein bißchen vernünftig.
Wenigstens bis zum Abitur solltest du doch vernünftig sein.
Abitur. Studium.
Lernen. Studieren.
Wozu? Es war doch sowieso alles sinnlos.
»Scheißtag«, sagte Norbert, als er endlich aufstand. »Scheißtag mal wieder. Guck dir nur dieses Wetter an, dann weißt du schon Bescheid.«

Ob ich mitkommen wolle in den Blum, fragten Joachim, Hans und Kurt, die eines Abends unverhofft im Fernsehraum standen. Einen ängstlichen, fragenden Blick auf Norbert werfend, der die ihm unbekannten Besucher mißtrauisch musterte, ging ich, sein wortloses Kopfnicken als Zustimmung interpretierend, mit.
Man habe mal nachschauen wollen, wie es mir so gehe, sagten sie auf dem Weg in die Altstadt. Ich hätte ja lange nichts von mir

hören lassen, warum ich sie denn nicht gelegentlich besuchen komme, die Annabergstraße sei doch nicht außerhalb der Welt.
Beschämt schwieg ich. Tatsächlich hatte ich in den vergangenen Monaten jeglichen Kontakt zu meinen früheren Freunden und Bekannten abgebrochen.
Seit einem überstürzten Umzug in eine Kommune in Budenheim hatte ich die Annabergstraßen-Wohngemeinschaft gemieden, und auch Ralf und seinen dicken Freund Olaf, freundliche Kumpane zahlreicher, Pfeifchen rauchend und Musik hörend verbrachter Abende hatte ich seit mehr als einem Jahr nicht gesehen.
Gelegentlich trafen wir uns mit Gaby, einmal besuchte mich ein ehemaliger Mitschüler, einige Male kam Stefan vorbei. Auch Norberts Freund Heinz, der anfangs noch fast täglich bei uns hereingeschaut hatte, kam, je länger unser Zusammenleben dauerte, immer seltener.
Tatsächlich machte das winzige Zimmer Besuch fast unmöglich, tatsächlich mochte ich Norberts Freund nicht, tatsächlich konnte er mit meinen Freunden nichts anfangen.
Gelegentlich gingen wir zu Paul und Inge, die wir in Budenheim kennengelernt hatten, ließen uns schweigsam in der gemütlichen Altbauwohnung nieder, ließen uns leckeren Tee vorsetzen und erfreuten uns am Anblick der verspielten Katzen.
Doch auch die Geduld von Paul und Inge war erschöpfbar. Langweilig und passiv seien wir, sagten sie eines Tages verärgert; schrecklich, die von uns an den Tag gelegte Konsumhaltung. So gehe das nicht weiter, wir kämen einfach daher, hockten stundenlang bei ihnen herum, ließen uns bedienen, ließen uns unterhalten, trügen nicht das geringste selbst zu der Kommunikation bei. Dazu, so beide übereinstimmend, dazu hätten sie nun endlich keine Lust mehr.
Unfähig, diesen stichhaltigen Argumenten etwas entgegenzusetzen, unfähig, das angeprangerte Verhalten zu ändern, stellten wir diese Besuche schließlich ein.

Es roch nach Sauerkraut und Zigaretten. Die viel zu dicke, wenngleich noch recht junge Wirtin bahnte sich einen Weg durch den überfüllten Raum. Wir zwängten uns an einen noch zur Hälfte freien Tisch an der Wand.
»Einen herben Wein bitte«, sagte ich zu Frau Blum, die mir freundlich zunickte.

»Bist du etwa öfter hier?« fragte Joachim.
»Ja«, sagte ich, »in letzter Zeit fast jeden Abend.«
»Und was macht dein Studium?« fragte Kurt. »Warum hast du denn eigentlich mit Jura wieder aufgehört?«
»Keine Lust«, sagte ich knapp.
Und ich dachte an die gemeinsame Vorbereitung auf den sogenannten Kleinen Strafrechtschein, den ich nach jenem Vorfall, den Kurt längst vergessen zu haben schien, sofort abgeschrieben hatte.
»Jura«, hatte ich angewidert gedacht, »Jura. Was soll ich damit«, und ich war von heute auf morgen nicht mehr hingegangen.
»Und was studierst du jetzt?« fragte Joachim.
»Romanistik und Anglistik«, sagte ich schroff.
Ich haßte diese penetrante Fragerei. Jeder interessierte sich für meine Ziele, jeder fragte nach meinen Beweggründen, alle wollten mich ausquetschen, jeder wühlte in meinem Innern herum.
»Und«, fragte Joachim weiter, »gefällt dir das besser?«
»Nein«, sagte ich, »im Grunde ist alles genauso beschissen.«
»Aber Mädle«, sagte Hans, dessen altväterliches Schwäbeln mir plötzlich als Inbegriff jeglicher Zumutung erschien, »aber Mädle, wie soll das denn weitergehen, du mußt doch endlich mal an etwas Interesse haben, du kannst doch nicht ewig so weitermachen, und davon, daß du jeden Abend hier herumsitzt und trinkst, wird es auch nicht besser.«
Mit einer mir selbst verhaßten Mischung aus Verzweiflung und Wut blickte ich ihn an.
Laßt mich doch endlich in Ruhe, sprachen meine Augen, ich weiß doch selbst nicht weiter, warum müßt ihr mich denn immerzu quälen, ich komme doch mit alledem nicht zurecht.
»Ich tue, was ich will«, sagte ich statt dessen patzig. Und ich stand auf und bestellte mir an der Theke einen weiteren herben Wein.

»Sie sind ein sehr interessanter Fall, Fräulein Merz«, sagte der Doktorand abschließend. Ob er mich in eine Pizzeria einladen dürfe, man habe sich eine kleine Belohnung wahrhaftig verdient.
Langsam und umständlich verstaute er seine Unterlagen, packte die Fragebögen zusammen, ordnete seine handschriftlichen Notizen. Verlegen massierte er sich Daumen und Zeige-

finger der rechten Hand. So viel habe er lange nicht mehr mitgeschrieben, sagte er, seit seinen Erstsemesterveranstaltungen nicht.
Ich war selbst erstaunt darüber, wieviel ich zu erzählen hatte. Mein Redefluß war mir geradezu ungehörig erschienen. Verzweifelt und hilfsbedürftig hatte ich mich an die psychotherapeutische Beratungsstelle für Studenten gewandt. Ein Doktorand benötige authentisches Fallmaterial für seine Dissertation, hatte der völlig überlastete Psychotherapeut erklärt, mit ihm könne ich mich einmal unterhalten.
Der Doktorand widmete mir einen langen Nachmittag. Er werde die Daten selbstverständlich vertraulich behandeln, sagte er, sie würden nur in anonymisierter Form verwendet, ob ich damit einverstanden sei?
»Gott sei Dank«, sagte Thea, die mir auf dem Treppenabsatz entgegenkam, »da bist du ja wieder. Wir haben schon gedacht, du hättest dich umgebracht.«
Was man denn mit mir angestellt habe, fragte Norbert, ich sei so lange weggeblieben, man habe gerade überlegt, ob man mich suchen solle.
»Nichts«, sagte ich, »er hat Fragen gestellt, ich habe die Fragen beantwortet. Ich habe sehr viel geredet, er hat alles mitgeschrieben, was ich gesagt habe, er wollte unheimlich viel wissen.«
»Und?« fragte Norbert, »hast du ihm alles gesagt?«
»Ja«, sagte ich, »ich habe alle Fragen ausführlich und wahrheitsgemäß beantwortet.«
»Und«, fragte er weiter, »unternehmen sie denn was?«
»Ich weiß nicht«, sagte ich, »ich bekomme Bescheid.«

»Jetzt nicht«, sagte die dicke Frau Blum, die, Rippchen und Sauerkraut servierend, gerade alle Hände voll zu tun hatte. »Jetzt nicht«, und sie schob den arbeitslosen Schriftsetzer beiseite, der ihr torkelnd in die Arme fallen wollte.
»Du hast wohl schon wieder zuviel getrunken, was?« sagte sie vorwurfsvoll und bat den nächsten erreichbaren Gast, seinen Sitzplatz zu räumen.
Energisch drückte sie Franz auf den Stuhl, augenblicklich fiel sein betrunkener Kopf vornüber.
»Der macht's nicht mehr lange«, sagte Norbert, »der ist bald hinüber.«
»Ein Scheißberuf ist das«, fuhr er fort. »Die Schriftsetzerei ist

ein Scheißberuf. Wenn du das ein paar Jahre machst, bist du kaputt.«
Und er bestellte sich bei der gerade an unserem Tisch vorübergehenden Frau Blum einen weiteren Wein.
»Der hat bestimmt schon eine Fettleber«, so Norbert weiter, »und dürrer wird er auch von Tag zu Tag.«
»Scheißberuf«, sagte er noch ein weiteres Mal. »Scheißberuf. Bringt einen total auf den Hund.«

»Ich muß hier raus«, sagte Norbert aufgeregt, »sonst passiert ein Unglück.«
So schnell es ging, verließen wir spät am Abend die uns von dem zwischenzeitlich nach Berlin übersiedelten hilfsbereiten Gerhard besorgte Wohnung in Berlin-Charlottenburg. Eine fast zur Gänze leergeräumte Neubauwohnung eines sich trennenden, mit Gerhard befreundeten Ehepaares. Sehr komfortabel ausgestattet. Warmwasser. Zentralheizung. Gegensprechanlage.
Auf dem Boden des mutmaßlichen ehemaligen Schlafzimmers ein paar zurückgelassene Matratzen, unser Nachtlager während des spontan unternommenen mehrtägigen Berlinausflugs.
In der Küche noch ein paar vereinzelte Möbel, ein Tisch, ein paar Stühle, Geschirr, ein großes Küchenmesser.
Ein ganzer, langer Tag in Berlin.
Für den Abend eine Verabredung mit meiner früheren Brieffreundin Verena.
Ein aus Langeweile einem Museum abgestatteter Besuch.
Zwischen Museum und Verabredung eine endlose Abfolge toter Stunden.
Ein heillos zerstrittener Spaziergang in einem willkürlich ausgewählten Stadtteil, in öden Straßen.
Ein Aussprache genannter Abstieg in eine gemeinsame, nach Selbstmord schreiende Ausweglosigkeit.
Ein in konventioneller Leere zugebrachter Jazzklubabend.
Schmerzende, kalte Distanz zwischen uns und der zur Dame herangereiften Verena, ihrem sakkogewandeten, zugeknöpften Freund.
Cooler, kastrierter Jazz. Gedämpfte Stimmen.
»Reine Kopfmusik«, so Norbert genervt, »nicht das geringste Feeling. Und so etwas nennt sich Musik.«
In der Nacht schließlich die kahle, fremde Wohnung.

»Miese vibes«, so Norbert stöhnend, während wir uns zur Entspannung – wie wir glaubten – noch ein Pfeifchen anzündeten.
Das spüre man, so Norbert weiter, daß die beiden Ex-Partner sich nicht verstanden hätten. Die bürgerlichen Ehe-Vibes, so er angewidert, verpesteten ja heute noch die Luft.
»Horror«, sagte er schließlich, sich in einer mir unbegreiflichen Panik verlierend, »der reinste Horror ist das hier.«

Verwirrt schaute ich Norbert von der Seite an, während wir eiligst, mehrere Stufen auf einmal nehmend, die Treppen hinunterliefen, hinaus in die Nacht.
Nie zuvor hatte ich ihn so außer sich gesehen.
Was war nur mit ihm los?
Lag es an diesem öden Abend mit Verena?
Lag es an dem Dope?
War er womöglich auf einem Horrortrip?
Lag es etwa an mir, lag es an uns, lag es an dieser entsetzlichen Diskussion am Nachmittag?
»Wir müssen uns trennen«, hatte er ein ums andere Mal gesagt.
»Wir müssen uns trennen. So geht das nicht weiter, wir machen uns gegenseitig kaputt.«
»Warum?« hatte ich ihn fassungslos gefragt. »Warum?«
»Es ist alles sinnlos«, sagte er, ohne weiter auf meine Frage zu achten. »Es ist alles sinnlos. Wenn wir so weitermachen, sind wir bald reif für die Klapsmühle.«
Und dann, zu meinem Entsetzen, der sonst von mir verzweifelt hervorgestoßene Satz: »Ich halte das alles nicht mehr aus. Ich bring' mich um.«
»Aber warum findest du plötzlich alles so sinnlos?« fragte ich so vernünftig, wie es mir möglich war. »Was ist denn bloß mit dir los?«
»Diese Stadt«, sagte er, »diese fürchterliche Stadt. Ich halte diese ganze grauenhafte Stadt nicht aus.« Und er deutete auf die dunkelbraune Ansammlung der auch mich erdrückenden Häuserkästen, die ganze Berliner Kasernenhofhäßlichkeit.
»In dieser Stadt ist alles tot«, sagte er, »nichts als tote Mauern, tote Straßen, tote Menschen.«
»Aber das Schlimmste«, kam es schließlich in dumpfester Hoffnungslosigkeit, »das Schlimmste von allem: Wir sind selber tot. Ich«, auf einmal mit einem verzweifelten Aufschrei, »ich bin selber tot. Ich bin schon lange tot. Ich bin kaputt. Eine lebende Leiche. Mein Leben, das war einmal.«

Das Beste, das einzig Konsequente, so sein schließliches Resümee, die einzige wirkliche Perspektive sei der Selbstmord.
»Ich gehe auf keinen Fall mehr in diese Wohnung zurück«, sagte Norbert, als er schließlich, nach einem mir endlos erscheinenden Schweigemarsch durch das nächtliche Charlottenburg, in einer Kneipe die Sprache wiederfand.
»Das Messer«, stammelte er, »das schreckliche Messer auf dem Küchentisch.«
Immer wieder, so er, schließlich ruhiger, habe er an dieses Messer denken müssen. Schon den ganzen Nachmittag über sei es ihm nicht aus dem Kopf gegangen. Und kaum seien wir in der Wohnung gewesen, sei diese Vorstellung geradezu zwingend geworden. Ob ich es denn nicht auch gesehen hätte?
»Ja«, sagte ich, »natürlich, es lag in der Küche auf dem Tisch.«
Es sei schrecklich gewesen, so Norbert weiter, wäre er auch nur einen Moment länger in der Wohnung geblieben, er hätte uns alle beide umgebracht.

»Jetzt schildern Sie mir doch bitte noch einmal ganz ruhig und präzise Ihre Symptome«, sagte die Ärztin, die uns in dem kleinen Wartezimmer der Uni-Klinik mißtrauisch musterte. »Und sagen Sie mir doch vor allem noch einmal, weshalb Sie glauben, mitten in der Nacht den Bereitschaftsdienst in Anspruch nehmen zu müssen. Schließlich sind wir ja hier kein Hotel.«
Hilflos hatten wir uns zu diesem auch uns selbst recht aussichtslos erscheinenden Schritt entschlossen. Den ganzen Abend hatten wir uns in immer beklemmendere Angstvorstellungen hineingesteigert, der Zeitpunkt des so lange schon herbeigeredeten Selbstmords schien uns bedenklich nahe gerückt zu sein, einer von uns beiden, so schien es, würde möglicherweise noch am selben Abend die Nerven verlieren, und es würde ein Unglück passieren.
»Haben Sie Drogen genommen?« fragte die Ärztin, der es offensichtlich nicht gelang, ihr Mißtrauen abzubauen. »Haben Sie Alkohol getrunken?«
»Ja, schon«, sagten wir, »wir haben Wein getrunken. Aber damit hat das nichts zu tun.«
Und tatsächlich können unsere überwach aufgerissenen, irgendeine imaginäre Gefahr anstarrenden Augen schwerlich einen betrunkenen Eindruck gemacht haben. Die Ärztin ließ denn auch die Alkoholhypothese gleich wieder fallen.

»Sie haben also Angst«, sagte sie, »und Sie glauben, einer von Ihnen beiden würde ausflippen, wie Sie das nennen.«
»Ja«, sagten wir und schauten sie erwartungsvoll an, »so ist es.«
»Dann gehen Sie jetzt mal ganz schön brav nach Hause und legen sich schlafen. Und wenn Sie dann morgen früh noch der Meinung sind, daß Sie fremde Hilfe benötigen, dürfen Sie gern wiederkommen, ich lege meinem Kollegen eine kleine Nachricht hin.«
Und sie schob uns energisch in die Nacht hinaus, die uns plötzlich nicht mehr halb so bedrohlich erschien.

»Ich kann dich ja hinfahren«, sagte ich zu Norbert, der gerade überlegte, wie er täglich von Mainz nach Wiesbaden-Dotzheim gelangen könnte.
»Nein, nein«, wehrte ich ab, als er vorschlug, eine Busverbindung herauszusuchen. »Das kommt überhaupt nicht in Frage. Zur Zeit habe ich ja den Wagen, ich fahre dich hin, und auf dem Rückweg fahre ich dann direkt zur Uni.«
Seine Spätschicht in einem typographischen Betrieb begann um 14.00 Uhr. Meine Seminare um 14.15 Uhr.
Selbstredend nahm ich in Kauf, daß es mir künftig unmöglich gelingen würde, pünktlich zu sein. Nahezu ausgeschlossen, am frühen Nachmittag einen Parkplatz in der Nähe der Uni zu finden. Mindestens zehn Minuten dauerte der Weg über die Saarstraße durch das Unigelände zum Philosophikum. Zwanzig Minuten brauchte ich von Wiesbaden-Dotzheim nach Mainz.
Kurz nach halb drei saß ich schließlich abgehetzt in einer Übung. Nervös schaute ich mich um, die andern schrieben alle, ach ja, natürlich, wir hatten ja heute eine Probe-Klausur. Grundkurs französisch-deutsche Übersetzung. Zwei Klausuren für den Schein. Obligatorische Veranstaltung für alle Studenten der Romanistik.
Mit tadelndem Blick überreichte mir die Dozentin ein hektographiertes Blatt. Ich schaute mit leeren Augen auf den Matrizenabzug. Blaue Schrift auf gelblich-weißem Grund.
Vor meinen Augen die Schnellstraße, die Brücke über den Rhein, die Rheinallee, das Parkhaus, unser Zimmer, unser hektisches Klamottenüberwerfen: »Los, schnell, wir müssen los, der Chef wartet nicht.«
13.45 Uhr. Noch nicht einmal mehr Zeit, sich zu waschen. Ein hastiger, überstürzter Aufbruch nach einer raschen gierigen

Umarmung, die wir uns während der langen Monate von Norberts Wiesbadener Spätschicht zur täglichen hektischen Gewohnheit machten.
Unfähig, auch nur die einfachste Vokabel zu erinnern, unfähig, mich zu konzentrieren, auch nur einen einzigen klaren Gedanken zu fassen, schaute ich mich verwirrt um. Verzweifelt verglich ich mich mit den andern.
Fleißige, über die Blätter geneigte Köpfe, lauter nette junge Leute wie es schien, adrett, wohlerzogen. Dagegen ich, ich, so fuhr es mir messerscharf durch den Kopf, ich war der allerletzte Dreck.
Ergriffen von einem fürchterlichen Ekel auf mich selbst und meine verruchte Ungewaschenheit, verließ ich unter den Augen der erstaunten Dozentin auf Nimmerwiedersehen den mir plötzlich unerträglichen Raum.

»Bringen Sie Ihren Freund ruhig mit«, sagte Frau Timmers, die energisch darauf bestand, uns zu einer kleinen Feier einzuladen. Unfähig, eine Ausrede zu erfinden, nahm ich die Einladung an.
»Muß das sein?« fragte Norbert verärgert, »was soll ich denn da?«
Eine Einladung bei Arbeitskollegen. Sie Sekretärin, er PR-Manager in einem großen Chemiebetrieb.

Nervös am oberen Knopf von Norberts Wildlederjacke herumfingernd, hatte ich in der Eingangshalle des Bürogebäudes auf einen Herrn Chantalier gewartet.
Verlegen hatte ich das verbindliche Lächeln erwidert. Verkrampft versuchte ich, der charmanten Gewandtheit gefällige Sätze zu bieten. Verschämt verschleierte ich die wahren Gründe meiner Exmatrikulation.
Verlogen die Praxisferne der Universität beklagend, unterwarf ich mich einer meiner Einstellung dienlichen bürgerlichen Konversation. Verborgen hinter der schlecht sitzenden Maske höflicher Wohlerzogenheit lauerte nackt die ängstlich verschwiegene Realität.
Fluchtartig pflegte ich die Universität zu verlassen, von Panik ergriffen stürzte ich aus dem Philosophikum heraus, rannte an dem Bibliotheksgebäude vorbei, hastete, ängstlich die Blicke grüßender Kommilitonen meidend, durch den Innenhof, betrat die Bäckerei am Ausgang des Universitätsgebäudes, bewaff-

nete mich mit einer Tüte Gebäck, verbarg diese unter der Parka und rannte den Saarstraßenhügel hinunter in die Stadt.
Ich ertrug keine Professoren, keine Dozenten, keine Studenten. Wie nichts sonst fürchtete ich die neugierigen Fragen nach meinem neuerlichen Studienfachwechsel.
Nein, was ich jetzt machte, gefiel mir auch nicht, mir gefiel überhaupt nichts, mir war alles zuwider. Die englische Phonetik war mir verhaßt. Altfranzösische Konjugationen ödeten mich an. Nichts als sinnlose Silben die Verse eines Chrétien de Troyes. Die Studenten um mich herum Wesen von einem anderen Stern. Unverständlich ihr mitschreibendes Schülergebaren. Weit von mir entfernt ihr Lachen, ihre Worte, ihre unkomplizierte, aufreizende Alltäglichkeit.
Unerklärlich meine zentnerschwere, unsichtbare Last.
Ich schleppte das Monster in die Uni hinein. Ich schleppte das Monster rennend aus der Uni hinaus.
Unerträglich jegliches Verweilen in der Universität. Unerträglich jegliches Verweilen in unserem Zimmer.
Verzweifelt das Umherirren in der Stadt.
Unabweisbar schließlich der Entschluß zur Exmatrikulation.

»Wie kann man nur da leben?« fragte Norbert kopfschüttelnd, als wir zu den hinter dem Werk gelegenen firmeneigenen Wohnblocks gelangt waren.
»Die kaufen die Leute mit Haut und Haaren«, so er weiter. »Stell dir vor, du willst eines Tages bei denen in den Sack hauen, dann stehst du von heute auf morgen ohne Wohnung da. Die totale Abhängigkeit ist das. Aber das wollen die ja. Die wollen einen total abhängig. Mit mir nicht.«
Der Betrieb zeige sich seinen Mitarbeitern gegenüber sehr großzügig, so der PR-Manager zum wiederholten Mal. Man lebe nicht schlecht.
Und er deutete mit dem Stolz des neureichen Besitzers auf die Polstergarnitur, deretwegen sich die Eheleute Timmers, so die andere Kollegin, Frau Teuber, unlängst im Vertrauen zu mir, hoch verschuldet hätten.
Die wasserstoffgefärbten Blondhaare frisch toupiert, lässig den stöckelschuhbewaffneten Fuß auf und ab wippend, führte Frau Timmers nebst knallrotem neuem Angorapullover ihr liebenswürdigstes Lächeln vor.
Frau Teuber komme gleich, sagte sie, dann könne man essen. Ob sie uns denn einen Aperitif anbieten dürfe?

Auf der Kante des Sessels sitzend, drehte ich schüchtern den Cognacschwenker in der nervösen Hand. Bloß nichts verschütten, dachte ich, bloß nichts verschütten. So etwas verzeihen die einem nie. Unwillkürlich verglich ich meine Aufmachung mit der meiner Gastgeberin.
Verblichene schwarze Cordhosen, flache braune Schuhe, ein grauer Pullover. Alles alt, unzählige Male gewaschen, ausgebeult.
Mißtrauisch, so wollte es mir scheinen, musterte der herrenausgestattete PR-Manager den langhaarigen, arbeitslosen Schriftsetzer. Gönnerhaft bot er ihm schließlich eine Zigarette an.
Was um Himmels willen wollten wir hier? Wozu diese unselige Einladung? Hatten diese jung Arrivierten etwa unsereins als Bewunderer nötig?
Sollten wir angesichts der monströsen Schrankwand vielleicht auch das Schuldenmachen anfangen, sollte ich mir womöglich auch die Haare blond färben lassen? Die erwarteten doch nicht im Ernst, daß wir plötzlich ein Loblied anstimmten auf die Freuden der Konsumgesellschaft, auf das Glück der Familie, des trauten Heims, auf die lächerliche Selbstzufriedenheit geordneter Banalität?
Stumm stocherte ich in dem exzellenten Geflügelsalat herum. Brav äußerte ich mich zu den die gemeinsame Firmenwelt betreffenden Fragen.
Ja, man werde nächste Woche damit beginnen, den Ausstellungspavillon herzurichten, ja, die Etiketten seien schon getippt, nein, mit der Lieferung der Bilder sei nicht vor Ende der Woche zu rechnen. Nein, leider, von der Existenz der Singelburger Tage habe man bis vor kurzem nichts gewußt.
In der Tat, ja, sehr großzügig, wirklich, sehr großzügig, diese Firma. Doch, ein bewunderungswürdiger Beitrag zur Förderung des Austausches der internationalen Kultur.
Da sehe man es, so der zwischenzeitlich eindeutig für die Rolle des großzügigen Gönners entschiedene PR-Manager, da sehe man es, mit einer solchen Firma müsse man sich eben identifizieren.
Und Identifikation, so er weiter, Identifikation sei das Geheimnis allen Erfolges.

Wieder zwang mich die unvermeidliche Frage nach den Gründen meiner Exmatrikulation zu halbherzigen Schutzbehauptungen. Ängstlich über den brüchigen Grund der Konventionen balancierend, stockend, rot werdend, begründete ich meinen Schritt mit der Praxisferne der Universität. Mich windend unter den jeglichen Selbstzweifeln abholden Blicken gab ich meine aus Not getroffene Entscheidung als eine des freien Willens aus. Mein Umgetriebensein wie einen häßlichen Aussatz verbergend, suchte ich das Verständnis dieser gleichgültigen Gegenüber aus einer anderen Welt.

Noch während meiner sinnlosen Erklärungsanstrengung, noch während das überstrapazierte Argument der universitären Abgehobenheit in den ein Eigenheim avisierenden Jungbürgern auf fruchtbaren Boden fiel, noch während ich paradoxerweise ihr Verständnis gewann, fühlte ich, daß ich die zufriedene Gegenwart erfolgreicher Firmenanhängsel auf die Dauer noch weniger würde ertragen können als die als tödlich empfundene Umgebung einer seelenverkrüppelnden, geistunterdrückenden Gelehrsamkeitsidiotie.

Einsilbig beantwortete der dem allgemeinen Interesse weit weniger ausgelieferte arbeitslose Schriftsetzer die aus Höflichkeit auch an ihn gerichteten Fragen. Nein, sein Beruf gefalle ihm überhaupt nicht, er habe ihm noch nie gefallen, von Anfang an sei er ihm nichts als verhaßt gewesen. Ja, der Versuch, das Abitur nachzuholen, sei gescheitert. Nein, wie es weitergehen werde, das wisse er nicht.

»Wir müssen hier raus«, so Norbert und ich ein ums andere Mal, »wir müssen weg aus Mainz, weg aus der Eppichmauergasse, weg von den ganzen Leuten, die uns eh alle schon abgeschrieben haben, wir müssen weg aus dem Blum und dem Augustinerkeller, der Ballplatzschänke, dem Goldstein, dem Weinel und dem RC.«

Wie eine immer dunkler werdende Höhle zog uns die Eppichmauergasse in die Tiefen unserer Existenz. Täglich wurde unser Zusammenleben zermürbender. Seit eineinhalb Jahren eingepfercht in einen Raum.

Das neue, uns von der einsichtigen Hausversammlung im ersten Stock zugestandene Zimmer war zwar einige Quadratmeter größer, doch unerträglich die ständige Präsenz des anderen auch hier.

Perspektivelosigkeit bei mir. Perspektivelosigkeit bei Norbert. Eine an der Uni Gescheiterte, ich. Ein beim Versuch das Abitur nachzuholen Gescheiterter, er. Sein Schriftsetzerberuf nichts als verhaßt.

»Ich halte das alles nicht mehr aus«, ich.
»Ich halte das alles nicht mehr aus«, schließlich auch er.
Apathisch hockten wir auf unserer Matratze. Aggressiv warfen wir uns unseren extensiven Alkoholkonsum vor.
»So geht das nicht weiter«, ich.
»So geht das nicht weiter«, er.
»Wir müssen uns trennen«, er.
»Wir machen uns gegenseitig kaputt«, ich.
Verzweifelt die Gier nach den längst leeren Freuden gemeinsamer Lust.
»Ich bring' mich um«, ich.
»Es ist alles sinnlos«, er.
»Irgend etwas muß geschehen«, ich.
»Ich kann das alles nicht mehr hören«, er.
Wir waren noch keine zwei Jahre zusammen, da waren wir schon aufs hoffnungsloseste ineinander verstrickt.

»Geh ruhig«, sagte ich zu Norbert, »geh ruhig, nun geh schon und laß mich endlich allein.«
Verwundet von einer meiner mittlerweile auch ihn nicht mehr verschonenden Haßtiraden, verließ er die Eppichmauergasse am Nachmittag, um sich für einige Tage bei seinen Eltern auszuruhen.
Verlassenheitsgefühlen ausgeliefert, betrat ich am frühen Abend die Stefansstube und verlangte eine Literflasche herben Weins.
Allein auf unserer Matratze hockend, schutzlos meiner »Ich-bring-mich-um-Verzweiflung« ausgeliefert, kippte ich den sauren Weißwein in mein ausgehungertes Gedärm.
Vergiftet fast erbrach ich mich auf dem Weg ins Bad.
Bewußtlos fast verkroch ich mich ins Bett.
Vor Scham entsetzt verbarg ich mich anderntags vor dem mit Putzlappen und Eimer hantierenden Hans-Peter.
Rot und blaß vor Pein hörte ich ihn meine Schande herunterspielen, hörte ihn verständnisvolle Worte sprechen, hörte ihn sagen, wer bei der Bundeswehr gewesen sei, sei Schlimmeres gewöhnt.

Ich sei sehr breit angelegt, sagte die freundliche Dame bei der Berufsberatung, eigentlich könne ich alles machen.
Ein halbes Jahr als Hilfssekretärin in dem Betrieb der chemischen Industrie, ein halbes Jahr Briefe tippen und Adressen

heraussuchen, ein halbes Jahr linke Hand eines Chefs und zweier Sekretärinnen hatten mir drastisch vor Augen geführt, daß ich derartiges nicht ein Leben lang würde ertragen können.
»Schade, daß Sie uns schon wieder verlassen wollen, Fräulein Merz«, so Herr Chantalier, Frau Teuber und Frau Timmers übereinstimmend. Schade, wirklich, man habe so gut zusammengearbeitet.
Tatsächlich hatte meine Arbeitskraft nichts zu wünschen übriggelassen, tatsächlich hatte ich mich an manchen Tagen geradezu berserkerhaft in die Arbeit gestürzt, hatte mich gefreut, zu etwas nütze zu sein.
Ein Geschenk des Himmels darüber hinaus die mütterliche Freundlichkeit der Frau Teuber. Was denn mit mir los sei, wollte sie ein ums andere Mal wissen, wenn ich mich hartnäckig weigerte, mit in die Kantine zu gehen und statt dessen an trokkenen Brötchen herumnagte. Warum ich denn so dünn sei und so blaß, ob ich nicht einmal einen Arzt aufsuchen wolle.
»Wie alt sind Sie, Fräulein Merz?« fragte der Zahnarzt, als mir zwanzigjährig die Zähne ausfielen. »Sie leiden unter Mangelerscheinungen, essen Sie denn richtig?«
»Nein«, sagte ich, »ich kann nichts Richtiges essen. Und außerdem«, so fügte ich der Ehrlichkeit halber hinzu, »außerdem trinke ich auch zuviel Wein.«
Sprachlich sei ich genauso begabt wie naturwissenschaftlich, fuhr die Berufsberaterin fort. Die Tests zeigten allerdings eine gewisse Tendenz zum Sozialen, ob ich mich nicht in diese Richtung orientieren wolle. Und sie empfahl mir den neugeschaffenen Beruf des Diplompädagogen, eine sehr interessante Neuentwicklung, so sie fast schwärmerisch, mit ausgesprochen positiv zu bewertenden Berufsaussichten.
Mit einem Verzeichnis pädagogischer Hochschulen und den besten Wünschen für meine Zukunft entließ sie mich.

»Warum trennst du dich nicht von diesem Typ?« fragte Gaby kopfschüttelnd, als ich sie am Vorabend unserer Abreise aufsuchte, um von ihr Abschied zu nehmen.
»Du gehst doch mit diesem Kerl nur kaputt.«
Mainz hinter uns lassend, stritten wir uns erst einmal ganz fürchterlich.
»Ist das alles?« hatte der Bundesbahnbeamte, auf unsere paar Habseligkeiten deutend, gefragt, »da nutzen Sie den Container aber schlecht aus.«

»Ja«, sagte ich entschuldigend, »wir haben sonst nichts.«
Nach der Besichtigung der Hochschulen in den Provinzstädten Speyer und Worms hatten wir uns für Bonn entschieden.
Wir wollten neu anfangen.
Wir wollten versuchen, wie normale Menschen zu leben.
Wir wollten das Trinken einschränken.
Wir mußten aus Mainz weg.
»Jeder dahergelaufene Idiot kann dich beeinflussen«, so Norbert in wütender Erregung, »jede dumme Kuh wirft deine gerade gefaßten Beschlüsse um. Aber bitte«, so er beleidigt, »aber bitte, wenn du meinst, daß es dir dann besser geht, trenn dich doch, tu doch, was die Gaby sagt, tu's doch, was hindert dich denn?«
»Die Gaby ist keine dahergelaufene Idiotin«, so ich, gleichfalls in immer größere Erregung hineingeratend, »die Gaby ist auch keine dumme Kuh. Die Gaby war jahrelang meine beste Freundin. Sie kennt mich viel länger, als du mich kennst. Und außerdem stimmt es auch nicht, daß ich sofort alles mache, was sie sagt. Sonst säße ich ja jetzt nicht hier mit dir in der Bahn nach Bonn.«
»Es wäre besser, wir wären gar nicht erst losgefahren«, so Norbert gequält, »da denkt man gerade, jetzt würde es endlich mal besser, und da kommst du mit so was.«
»Aber es stimmt ja auch«, sagte ich mit einer mich selbst überraschenden Sicherheit, »es stimmt ja auch, was die Gaby sagt. Ich bin doch wirklich in den letzten zwei Jahren total auf den Hund gekommen. Das Saufen, zum Beispiel, das habe ich doch von dir.«
»Ach ja«, so Norbert beleidigt, »ach ja. Jetzt bin ich auf einmal daran schuld, daß du soviel trinkst. Und an deiner Hungerei, nicht wahr, an deiner entsetzlichen, selbstmörderischen Hungerei bin ich womöglich auch noch schuld, ja?«
»Die Gaby sagt«, so ich in unbeirrbarer Penetranz, »die Gaby sagt, du seist ein Schmarotzer. Du lebtest auf meine Kosten, du hingest 'rum, du machtest nichts, du beutetest mich aus.«
»Die Gaby, die Gaby, die Gaby«, so Norbert in beinahe rasender Erregung. »Ich will dir mal was sagen, deine Gaby, diese dumme, blöde Kuh, die kann mich mal. Ich möchte die mal sehen, wie die sich fühlen würde, wenn sie den ganzen Tag in einer Setzerei stehen müßte, um ihre Kohle 'ranzuschaffen, statt sie von ihrem lieben Herrn Papa samt Neuwagen hinterhergeworfen zu kriegen. Die Gaby«, so er abschließend, im

Hinausgehen auf den Gang die Tür zuknallend, »die Gaby, das sage ich dir, deine Gaby, diese verwöhnte, dumme Gans, hat überhaupt keine Ahnung.«

Norbert war in der Spätschicht. Ich war allein.
Zwei Zimmer, eine kleine Diele mit Kochnische. Ein drittes Zimmer, bewohnt von einer einsamen Frau, die oft tagelang nicht den Raum verließ, deren verstörter Gesichtsausdruck mich ängstigte, wenn ich ihr in der kleinen Diele begegnete.
Im Spülbecken schwarze Haare, da sie es vorzog, sich dort zu waschen, statt die Dusche zu benutzen, draußen im Hausflur, die den Hausbewohnern nebst Münzapparat zur Verfügung stand.
Vor dem Fenster, das ich öffnete, um es sogleich angewidert wieder zu schließen, muffelte der feuchte, die lange nicht gestrichenen Holzrahmen überziehende Schimmel trostlos vor sich hin. Draußen grölte ein Betrunkener.
Acht Quadratmeter, mein mir vom Vater einst für die erste sogenannte Studentenbude geschenkter Schreibtisch, ein neu hinzugekommenes, aus drei kleinen, auf dem Sperrmüll aufgelesenen Matratzen bestehendes Leselager. Seit mehr als zwei Jahren wieder ein eigenes Zimmer. Studentin der Erziehungswissenschaften an der Pädagogischen Hochschule Bonn.
Ein heruntergekommenes Haus in Bonn-Nord. Unsere vierte Adresse in Bonn. Vier Umzüge in sechs Monaten. Das Dröhnen des nächtlich-leeren Busses, der die Ippendorfer Allee hinaufbrausend das mir immer unvertraut gebliebene spitzwinkelige Schlafzimmer der ersten Bonner Wohnung für Sekunden in indiskretes Licht tauchte, während ich halb schlafend, halb wachend auf Norbert wartete, gehörte schon wieder der Vergangenheit an.
Fred, der uns bereits einmal durch die selbstlose, vertrauensvolle Überlassung seiner Wohnung an die beiden ihm völlig unbekannten, verloren vor der Zimmervermittlung des Studentenwerks herumstehenden Mainzer Fremdlinge geholfen hatte, half uns, als wir unser Unglücklichsein erneut mit den Wohnverhältnissen begründeten, ein zweites Mal. Er besorgte uns eine helle, warme Eineinhalbzimmerwohnung, die wir allerdings bald zugunsten einer kleineren, weit weniger schönen Behausung wieder aufgaben, die sich gegenüber der vorherigen durch eine Duschgelegenheit auszeichnete und uns den täglichen Gang zum öffentlichen Duschbad ersparte, und in

der wir es dennoch nicht länger als sechs Wochen aushielten. Der alte Mann aus Poppelsdorf, der mit seinem kleinen Transporter billige Umzüge ermöglichte, wunderte sich jedesmal mehr, wenn wir seine Dienste schon wieder in Anspruch nahmen. Wir schleppten die Matratzen, den Schreibtisch, das Sitzkissen und neuerdings auch einen Fernsehapparat von einer Unmöglichkeit in die nächste.

Das Semester begann nach einer Ewigkeit von drei Monaten. Langsam mich durch die unbekannten Straßen der Bonner Nordstadt vortastend, mich auf dem Weg zur Hochschule prompt verlaufend, suchte ich als wiederum frisch immatrikulierte Erst-Semester-Studentin einen Zugang zu der anderen Welt.

Schnell begriff ich, daß ich mich umzustellen hatte. Vor allem hatte ich meine Sprechgewohnheiten zu ändern. Die rüde Sprache der Mainzer Altstadt, mein von Vokabeln wie »Scheiße« und »Abfuck« durchsetztes Vokabular, die Selbstverständlichkeit, mit der ich es gewöhnt war, davon zu reden, daß man »bekifft« und »völlig zu« gewesen sei, verursachten bei den wohlerzogen, höflich und tolerant schweigenden, adrett gekleideten Bürgersöhnchen und Bürgertöchterchen ein von mir nichtsdestotrotz unverzüglich registriertes verstohlenes Blickewechseln, das mir die Schamröte ins Gesicht trieb.

Im sechsten Stock des Seminarturms der Pädagogischen Hochschule auf den Beginn einer Übung in Soziologie wartend, beschloß ich, die glänzenden Blondhaare einer mich durch eine kerzengerade Haltung verblüffenden langbeinigen schönen Veronika vor Augen, den in mir aufsteigenden Tränen durch einen angestrengt-verkrampften Blick auf den neblig-grauen Himmel über den nicht weniger grauen Rheinwassern Einhalt gebietend, meine mir in der neuen Umgebung nichts als schändlich erscheinende Eppichmauergassen-, Tramp- und Filzlausvergangenheit wie ein hochbrisantes Geheimnis in mir zu verschließen.

Mein aus einem neu erwachten Lesehunger erwachsendes Redevermögen zu Vortragskünsten ausbauend, die Professoren wie Kommilitonen gleichermaßen imponierten, übte ich mich aufs neue in der Kunst der doppelten Existenz: Die aus der größtenteils schweigend mitschreibenden, schülerhaften Studentenmasse hervorragende kritische Studentin hier, die hungernd und trinkend dem Abgrund entgegentreibende Verzweifelte dort.

Die Soziologie zog mich in ihren Bann. Fasziniert verschlang ich Max Webers »Die protestantische Ethik und der Geist des Kapitalismus«. Zum ersten Mal hatte Studieren mit mir selbst zu tun.
Sozialisationsprozesse, so begriff ich rasch, machten einen zu dem, was man war. Ich tippte ein Referat über schichtspezifisches Sprachverhalten in die selbstverdiente Reiseschreibmaschine. Sechs Wochen Telefonistin in einer metallverarbeitenden Firma im Bonner Norden. Eine Telefonzentrale inmitten eines düsteren Lagergeländes, ein dunkles Kabuff, eine fast blinde Fensterscheibe, die die gelangweilte Beobachtung an- und abfahrender Lastwagen gerade noch ermöglichte. Ich stellte Telefonverbindungen her zu Firmen im Ruhrgebiet, im Hessischen, im Saarland. 7,50 DM pro Stunde, eine morgendliche Einöde von fünf Stunden. Eine halbe Stunde Busfahrt zur Ippendorfer Allee. Ein mit Schulkindern überfüllter Bus. Eine vor sich hinstarrende einundzwanzigjährige Greisin inmitten einer unverständlich lebhaft auf diese einlärmenden Jugendlichenschar.
Norbert mußte zur Spätschicht. Ein paar Worte wechselnd gaben wir uns die Klinke in die Hand.
Irgendwann in der Nacht fühlte ich ihn an meiner Seite. Wir hatten beschlossen, uns zusammenzunehmen. Wir hatten beschlossen, normal zu werden. So war sie also, die Normalität.

Schreibend meine Einsamkeit in die Tasten hämmernd, versuchte ich, Norbert in der Spätschicht wissend, eine Flasche Wein leerend, meiner Zerrissenheit Herr zu werden. Unaufhörlich suchte mein in Aufruhr versetztes, seit langem brachliegendes Denkvermögen nach persönlichen Anknüpfungspunkten für die in den Seminaren nur abstrakt diskutierten Sozialisationsbedingungen der Klassengesellschaft, die Normen und Werte der bürgerlichen Gesellschaft, den schichtspezifischen Spracherwerb.
Jan Raspes »Zur Sozialisation proletarischer Kinder« ließ die lange nicht mehr erinnerte ehemals beste Freundin Hanne vor meinem inneren Auge entstehen. Hanne, die einzig wirklich »beste Freundin«, die ich je gehabt habe. Zingelsbach, Alfred-Flachs-Straße. Acht Kinder, der Vater Kohlenschlepper. Freitags vertrank er seinen Lohn.
Wir verloren uns, als ich ins Gymnasium überwechselte und mit den Eltern in das neuerrichtete Gemeindehaus umzog. Wir tra-

fen uns noch ein einziges Mal auf dem Rasen vor dem Gemeindehaus. Ich erzählte ihr, daß ich Englisch lernte. Sie schämte sich vor mir, weil sie »nur« in die Volksschule ging. Wir waren für immer durch unsere Herkunft getrennt.
Schichtspezifische Sozialisation. Schichtspezifisches Sprachverhalten.
»Wie war's?« fragte ich Norbert, der mit mürrischem Gesicht gegen Mitternacht von der Arbeit kam.
»Immer dasselbe«, sagte er und schüttete sich ein Glas Wein ein. »Immer dasselbe«, wiederholte er, »wenn du das ein paar Jahre machst, kannst du dich wegwerfen.«

Zwischen Tagebuchfetzen, zwischen Gedanken zur Rolle der Frau in der patriarchalischen Gesellschaft, zwischen plötzlich in mir aufsteigenden Vorwürfen, die Leere und Inhaltslosigkeit unserer Beziehung betreffend, zwischen verzweifelten verbalen Ausbruchsversuchen aus der plötzlich als Gefängnis empfundenen, zwischen Alkohol und Bett hin- und herpendelnden Zweisamkeitsmonotonie, zwischen wütenden Attacken und der von Schuldgefühlen begleiteten Erkenntnis, als eine neuerdings wieder von ihren Eltern finanziell unterstützte, sich ihrer Ausbildung und der Verbesserung ihrer Zukunftsaussichten widmende Studentin gegenüber dem perspektivelos in einer Setzerei sein Leben vergeudenden Schriftsetzer unglaublich privilegiert zu sein, schwankend zwischen dem als selbstsüchtig verworfenen Wunsch, mich von ihm zu trennen, und der mir unabweisbar erscheinenden Forderung nach Solidarität, zwischen Klausurvorbereitungen, Besäufnissen und Referaten schrieb ich irgendwann, ohne daß ich mich an den Vorgang des Schreibens erinnern könnte, die erst zehn Jahre später von mir selbst entdeckte, bis dahin meinem Bewußtsein gänzlich unbekannte »Geschichte von der Maus«.

Die Geschichte von der Maus

Es war einmal eine Maus. Die lebte schon geraume Zeit unter dem Schrank. Neben dem Schrank stand Gerümpel. Manchmal setzte sich die Maus in einen Wäschekorb, in dem lauter ausrangierte Sachen lagen. Hier fühlte sie sich wohl.
Die Maus stellte sich gern vor, sie hätte Kinder. Aber sie lebte allein. Für ihren großen Wunsch brauchte sie einen Mann.
Die Maus hatte nicht gelernt wegzugehen, sie fürchtete sich

vor der Straße. Zu Hause gab es keine Katzen. Trotzdem stellte sich die Maus vor, sie fände einen Mann.

»Spinn nicht 'rum«, sagte die Fliege zu ihr, »du weißt genau, daß du nach nix aussiehst. Du bist häßlich und hast keine Chancen bei einem Mann. Sieh mich an...« Schon war die Fliege weg. Sie flog irgendwohin. Sie kannte die Angst der Maus nicht.

Die Maus war wütend.

Aber da war niemand, auf den sie wütend sein konnte.

So lernte die Maus, sich selbst zu hassen.

Die Maus wurde immer häßlicher.

Irgendwann wird man ihr Skelett finden.

Bonn 1/1975

An Norberts Seite durch den verregneten Märzabend torkelnd, überwältigte mich plötzlich ein stechender Schmerz.

Hunger, schrie der Körper.

Hunger, schrie der Magen.

Hunger, schrien die Därme.

Hunger, Hunger, Hunger, schrie die frierende, schrumpelnde Haut.

Vor einer Imbißbude am Bonner Friedensplatz beschwor ich Norbert, mir sogleich etwas zum Essen zu kaufen. Hocherfreut über diese ungewohnte Äußerung von Lebenswillen kaufte er mir ein halbes Hähnchen.

Heißhungrig, von der quälenden Angst erfüllt, sogleich von dem den Selbstmord fordernden Willen zum Aufhören gezwungen zu werden, biß ich, ohne noch auf irgend etwas je Gelerntes Rücksicht zu nehmen, die Hähnchenknochen krachend durch, so daß es laut zu hören war. Noch während ich mir die Knochensplitter aus den Zähnen pulte, fiel mein Blick gleichzeitig auf einen neben mir stehenden älteren heruntergekommenen Mann und die hinter der Theke stehende Frau in der Imbißbude. Diese schaute mich unverwandt mit erschrockenen Augen an.

Ich war eine junge Frau. Ich war dreiundzwanzig Jahre alt. Ich war betrunken. Das sah man. Ich war so betrunken (das jedenfalls mußte sie denken), daß ich schon nicht mehr imstande war, richtig zu essen.

Der Blick der Frau traf mich wie ein Blitz. Ich warf die Hähnchenreste weg und torkelte an Norberts Arm nach Hause.

Wir hatten beide dasselbe begriffen. Ich war am Ende. Ich war vollkommen am Ende. Ich war ein Wrack. Ich befand mich auf

derselben Stufe wie dieser Mann. Heruntergekommen. Kaputt. Der nächste Schritt wäre die Gosse.
Ein einziger Schritt, und es war für immer mit mir vorbei. Wie ein Blitz schoß mir dieser Gedanke durch den Kopf. Wie ein Messerstich traf mich die unabweisbare Erkenntnis. Ich hatte eine letzte, die allerletzte Wahl.
Ging ich weiter in diese Richtung, so würde es für mich nie mehr eine Wahl geben. Nie mehr, das fühlte ich mit absoluter Gewißheit, nie mehr würde mir das Schicksal eine Gelegenheit zur Umkehr geben.
Mein Leben entschied sich jetzt.
Ich entrann der Gosse jetzt.
Oder nie.

Viertes Kapitel

»Mutti, Mutti, es gibt frische Erdbeeren«, rief ich aufgeregt, während ich die Treppe hinaufstürzte, »der Obstmann ist unten, er hat die allerersten Erdbeeren in diesem Jahr.«
»Du wagst es«, fuhr die Mutter mich an und packte mich mit der linken Hand an der Schulter, während sie mir mit der flach ausgestreckten rechten Hand auf die Wange schlug. »Du wagst es, jetzt noch um Erdbeeren zu betteln!«
Und sie zerrte mich in die Wohnung hinein und knallte die Tür hinter sich zu.
»Es ist unglaublich, welche Unverschämtheiten ich mir von dir gefallen lassen muß«, zeterte sie, »los, mach schon.«
Und sie schob mich in das Kinderzimmer hinein, ließ den Rolladen hinunter, zog die Vorhänge zu und befahl mir, mich ins Bett zu legen.
»Da bleibst du liegen bis heute abend. Und wenn der Vati nach Hause kommt, gibt's einen Abzug.«
Verwirrt und verängstigt suchte ich in dem dunklen Zimmer nach meiner Schuld.
Was hatte ich getan?
Ich hatte doch gar nicht um Erdbeeren gebettelt. Ich hatte doch nur gesagt, daß es welche gibt, und sie hatten doch so schön rot ausgesehen, und es waren doch die ersten in diesem Jahr, und die Mutter aß sie doch selbst so gern.
Der erste richtige Sommertag in diesem Jahr. Die ersten frischen Erdbeeren. Frühsommer. Anfang Juni neunzehnhundertsechzig.
Draußen hörte ich die Stimmen von Hanne und Bärbel, von Christa, von Germaine, von Bernd, Rolf, Heiner und von all den anderen Kindern. Und ich lag in dem dunklen Zimmer und suchte nach meiner Schuld.
Strahlend hatte ich der Mutter erzählt, daß es frische Erdbeeren gab. Begeistert hatte ich gehofft, daß sie sich mit mir darüber freuen würde. Kaum hatte ich die roten Früchte gesehen, hatte ich sofort an sie gedacht.
Frische Erdbeeren. Das muß ich der Mutter sagen. Sofort muß ich es ihr sagen. Sie freut sich bestimmt.
Und ich hatte begeistert und aufgeregt auf den Klingelknopf

gedrückt und war zwei Stufen auf einmal nehmend die Treppe hinaufgestürzt.
Es gibt frische Erdbeeren, Mutter. Der Sommer ist da. Das Leben ist schön. Schau doch Mutter, das Leben ist wunderschön!

Ich hielt den Atem an. Es hatte geklingelt. Das war sicher Hanne. Vielleicht erreichte sie, daß ich aufstehen und hinausgehen durfte.
»Das kommt überhaupt nicht in Frage«, hörte ich die Mutter sagen, »die Helene darf heute nicht spielen, die Helene muß heute zu Hause bleiben, die Helene muß bestraft werden, die Helene ist ein schlimmes Kind.«
Was hatte ich bloß gemacht? Warum durfte ich mich nicht darüber freuen, daß es frische Erdbeeren gab? Warum durfte ich der Mutter nicht sagen, daß der Obstmann unten stand?
Ich hatte doch gar nicht um Erdbeeren gebettelt. Ich hatte doch nur gesagt, daß es welche gab.
Ja, sicher, natürlich hätte ich gern welche gekauft. Aber ich wollte sie doch nicht für mich allein. Ich hätte sie doch so gern mit der Mutter geteilt.
Warum, Mutter, warum freust du dich nicht mit mir?
Die Helene ist ein schlimmes Kind.
Ich war ein schlimmes Kind. Ich war unverschämt. Ich war eine Zumutung. Ich hatte der Mutter gerade noch gefehlt.
»Du hast mir gerade noch gefehlt!« sagte sie oft, wenn ich, mittags von der Schule nach Hause kommend, hungrig und durstig in die Küche kam und sie um ein Glas Milch bat. »Du hast mir gerade noch gefehlt!« und »Geh mir aus den Füßen, geh weg hier!« und dann ein heftiger kurzer Schlag mit der flachen Hand ins Gesicht.
Die Helene ist ein schlimmes Kind.
Unabweislich drängte sich das Bild des für uns alle Gestorbenen vor meine Augen. Unschuldig gekreuzigt, unschuldig leidend, unschuldig für die schuldigen Menschen gestorben. Eine ausgemergelte, grauenerregende Gestalt. Blutig. Mit verzerrtem Gesicht. Jeden Mittag und jeden Abend, bei jeder Mahlzeit sah er von seinem Kreuz auf uns hernieder. Wir aßen. Wir lebten. Und er trug die Schuld. Eigentlich waren wir es alle nicht wert, daß wir lebten. Wir waren alle verdorbene Sünder. Schlecht. Von Grund auf verdorben und schlecht. Weil wir Menschen waren, waren wir schlecht. Wir waren unser Leben nicht wert.
Und ich, ich war ein ganz besonders schlimmes Kind.

Du hast mir gerade noch gefehlt!
Du wagst es, hatte die Mutter gesagt, du wagst es, auch noch um Erdbeeren zu betteln. So ein schlimmes Kind und dann noch Erdbeeren. Ich war zu schlimm für Erdbeeren. Ich war es nicht wert, Erdbeeren zu essen, ich war es nicht wert, mit den anderen Kindern draußen zu spielen, ich durfte mich nicht über diesen schönen Tag freuen, schlimme Kinder dürfen sich nicht freuen, schlimme Kinder müssen im dunklen Zimmer liegen und an ihre Schuld denken, und sie sollen sich schämen, und sie sollen sich fürchten, und am Abend, wenn der Vater kommt, kriegen sie einen Abzug.
Wegen der Schuld.
Aber worin bestand sie nur, die Schuld?
Am hellichten Tag, an dem ersten wirklich schönen Sommertag dieses Jahres lag ich, ein achtjähriges, gesundes Kind, mit Aufsteh-, Spiel- und Leseverbot in dem dunklen Kinderzimmer und zerbrach mir Stunde um Stunde den Kopf über meine Schuld. Was hatte ich getan?
Nach dem Mittagessen war ich wie immer ins Kinderzimmer gegangen und hatte meine Hausaufgaben gemacht. Gegen halb drei Uhr war ich dann hinuntergegangen, um auf die anderen Kinder zu warten. Außer mir war noch kein Kind auf der Straße. Ich hatte mich vor dem Haus in die Sonne gesetzt und hatte den tanzenden Sonnenflecken auf dem warmen Asphalt zugesehen. Dann war der Obstmann gekommen, und ich hatte die Erdbeeren gesehen.
Sofort war ich begeistert gewesen. Frische Erdbeeren! Der Inbegriff der Glückseligkeit. Frische Erdbeeren an einem sonnigen, warmen Tag!
Ohne darüber nachzudenken, hatte ich zu Hause geklingelt. Vielleicht, dachte ich plötzlich, vielleicht lag es ja daran. Vielleicht hatte ich die Mutter aus dem Mittagsschlaf herausgeklingelt. Vielleicht war es noch nicht drei Uhr gewesen, und es war doch verboten, das wußte ich ja, vor drei Uhr zu klingeln.
Nein, dachte ich schließlich, das kann es nicht sein. Sie war nicht aufgeweckt worden, sie hatte mir sofort geöffnet, und sie sah weder verschlafen noch ungekämmt aus.
Es gibt frische Erdbeeren, hatte ich gesagt, die allerersten in diesem Jahr.
Komm doch mit, Mutter, hatte das geheißen, komm doch mit hinaus in den Sommer und genieße diesen wunderschönen Nachmittag mit mir.

Komm, Mutter, wir essen Erdbeeren, und dann gehen wir Hand in Hand durch den warmen Nachmittag spazieren. Du wirst sehen, Mutter, das gefällt dir auch, es ist wunderschön draußen, wir können den Sonnenflecken nachlaufen, und dann setzen wir uns irgendwo ins Gras und erzählen uns was...

»Die Helene hat einen Abzug verdient«, sagte die Mutter zum Vater. »Du mußt sie bestrafen. Sie ist ein schlimmes Kind.« Und dann erfuhr ich endlich, was ich gemacht haben sollte: »Sie hat den Keller unter Wasser gesetzt«, sagte die Mutter zum Vater, während ich, noch immer im Bett liegend, angestrengt in den Flur hinauslauschte, »sie hat den ganzen Keller unter Wasser gesetzt, und ich habe mehrere Stunden damit zugebracht, das Wasser aufzuwischen.«
»Helene«, rief der Vater, »Helene! Komm sofort zum Abendessen.«
Ich zog mich an und erschien bei Tisch.
Nach dem Essen, das wußte ich, nach dem Essen würde es einen Abzug geben. Abzüge gab es immer erst nach dem Essen. Zuerst wurde gegessen, dann wurde das Dankgebet gesprochen, dann wurde der Tisch abgedeckt, dann gab es die Schläge.
Kopf auf die Truhe. Rock hoch.
Der Vater erfüllte nur seine Pflicht. Er wartete, bis das Essen vorbei war, dann erfüllte er seine Pflicht.
Die Mutter hatte ihm gesagt, daß ich einen Abzug verdient hätte, also würde er mir nach dem Essen einen Abzug verabreichen. Kopf auf die Truhe. Rock hoch.
Was für einen Keller sollte ich denn unter Wasser gesetzt haben? Warum sollte ich einen Keller unter Wasser gesetzt haben? Wie machte man das überhaupt, einen Keller unter Wasser setzen?
Ich würgte an meinem Schmalzbrot herum. Ich war kaum imstande zu schlucken. Stumm starrte ich meinen Teller an. Mahnend sah der Gekreuzigte auf mich hernieder.
Ich schämte mich. Ein ganzer langer Nachmittag im dunklen Kinderzimmer hatte mich wenn nicht die Schuld, so doch die Scham gelehrt.
Die Helene darf heute nicht spielen, hatte die Mutter gesagt. Die Helene ist ein schlimmes Kind.
Alle wußten es jetzt. Hanne wußte es, und alle anderen Kinder wußten es auch. Ich war ein schlimmes Kind, ich war so

schlimm, daß ich nicht mit ihnen spielen durfte. Und nachher gab es vom Vater einen Abzug.
Ich schämte mich immer, wenn der Vater mir einen Abzug gab. Kopf auf die Truhe. Rock hoch.
Ich hatte den Keller nicht unter Wasser gesetzt. Doch dafür interessierte sich niemand. Niemand forderte mich auf, etwas zu meiner Verteidigung zu sagen. Niemand wollte wissen, warum ich das getan hätte. Niemand fragte, ob ich es überhaupt gewesen war.
Ich hatte den Keller nicht unter Wasser gesetzt. Doch ich brachte diesen Satz nicht heraus.
Ich stocherte mit der Gabel in dem Krautsalat herum, ich würgte an dem Schmalzbrot, ich verschluckte mich fast an dem Hagebuttentee.
Ich schämte mich. Ich fühlte mich schuldig. Ich wagte es nicht, dem Gekreuzigten ins Gesicht zu sehen. Ich war ein schlimmes Kind. Ich mußte gleich meinen Kopf auf die Truhe legen. Der Vater würde mir einen Abzug geben. Aber ich hatte den Keller nicht unter Wasser gesetzt.
Ich hatte überhaupt nichts getan.
Doch ich brachte keinen Ton zu meiner Verteidigung hervor. Sie würden mir ohnehin nicht glauben. Sie wollten gar nicht wissen, ob ich es gewesen war oder nicht.
Und ich durfte, ohne gefragt zu werden, nichts sagen.
»Kinder reden bei Tisch nur, wenn sie gefragt werden.«
Ich konnte mich nicht verteidigen. Ich hätte mich nur noch tiefer in Schuld verstrickt. Ich mußte warten, bis mich jemand fragte. Doch es fragte mich keiner.

Schon zum zweitenmal verdankte ich Elke einen Nachmittag im dunklen Zimmer und einen väterlichen sogenannten Abzug. Schon zum zweitenmal hatte sie mich bei meinen Eltern angeschwärzt. Sie selbst hatte den Keller unter Wasser gesetzt, wie sich ein paar Tage später herausstellte und wie sie selbst eingestand, sie selbst war es gewesen, doch sie hatte behauptet, ich wäre es gewesen. Und die Mutter, wie könnte es auch anders sein, hatte ihr sofort aufs Wort geglaubt.
Elke, so ahnte ich damals, so denke ich heute, Elke beneidete mich. Unlängst erst mit ihrer geschiedenen Mutter neu in den Wohnblock in der Alfred-Flachs-Straße hinzugezogen, allein mit dieser im Dachgeschoß wohnend, ein sogenanntes Schlüsselkind, wie die Nachbarn abschätzig verlauten ließen, eine

Mutter, die arbeiten ging, weil sie ja keinen Mann hatte, wie man nicht minder abschätzig herumtratschte, ein verschlossenes, verstörtes Einzelkind, keine Geschwister, keinen Vater mehr, den ganzen Tag allein, unfähig, sich in die ihr dies nicht eben erleichternde Kindergruppe zu integrieren, mir selbst von der ersten Inaugenscheinnahme an ihrer für mich offensichtlichen Falschheit wegen zuwider, beneidete sie mich, so denke ich heute, um meine vermeintlich heile Familien-Welt, um meinen Bruder, um die Mutter, die den ganzen Tag zu Hause war, um den Vater, der noch dazu, wie jeder wußte, Pfarrer war, und um meine unübersehbare Beliebtheit bei den anderen Kindern, vielleicht auch um meine Fröhlichkeit und um meine Lebenslust.

Schon zum zweitenmal hatte sie mich bei meinen Eltern angeschwärzt. Schon zum zweitenmal hatte sie mir einen Tag verdorben. Doch im Gegensatz zum ersten- hatte ich beim zweitenmal nicht gewußt, worum es ging.

Das erstemal hatte ich gewußt, daß ich etwas Verbotenes tat. Ohne unser Wissen hatte Elke uns bei den streng verbotenen sogenannten Doktorspielen beobachtet. Ohne Rücksicht darauf, daß dies ihre Chancen, je von uns akzeptiert zu werden, auf den Nullpunkt herabsenken würde, hatte sie mich und die anderen Kinder bei ihren Eltern verpetzt.

»Laß dich nicht noch einmal bei solchen schweinischen Spielen erwischen«, hatte der Vater gesagt, »von solchem Schweinkram will ich nie mehr etwas hören«, und er hatte mich, mit strengem Blick danebensitzend, gezwungen, die mir ohnehin verhaßte samstägliche Linsensuppe aufzuessen, obwohl ich verstört und rot vor Scham kaum imstande war zu schlucken. Direkt nach der Linsensuppe, nach dem Mittagessen also, was auf die besondere Schwere des Verbrechens hindeutete, gab es die Abzüge doch in der Regel nach dem Abendessen, hatte er mir einen Abzug verabreicht, und er hatte mich gezwungen, den ganzen langen Samstagnachmittag im dunklen Kinderzimmer zuzubringen.

Während des Abendessens hatte er mich keines Blickes gewürdigt, und ich hatte mich gefühlt wie der widerlichste, häßlichste, ekelhafteste, gemeinste, verachtungswürdigste Mensch, den ein Vater und den Christus je zu ertragen gehabt hatten.

Wohl wissend, wenn auch in keiner Weise den Grund verstehend, daß das sogenannte Doktorspielen verboten war, hatten wir uns eines Samstagvormittags, nachdem wir überraschenderweise schon gegen elf Uhr schulfrei bekommen hatten, auf ein etwas weiter von unserem Wohnblock entferntes und von diesem aus nicht einsehbares Baugrundstück, ein Trümmergrundstück mit verwilderten Hecken und Büschen und einer tiefen, vor neugierigen Blicken zusätzlichen Schutz bietenden Baugrube, zurückgezogen.

Wir waren viele gewesen. Ich erinnere mich an Bernd und an Rolf, an Hanne, an Bärbel, an Christa und an ein paar größere Jungen, deren Namen ich nicht kannte und die sonst selten mit uns spielten, weil sie das als kindisch empfunden hätten.

Wir hatten uns nackt oder doch fast nackt ausgezogen, wir standen und saßen alle in unseren Unterhemden herum, und wir betrachteten ausgiebig unsere Geschlechtsteile.

Dann brachen wir einige Zweige und Stöckchen von den Sträuchern und verwendeten diese als Hörrohr und als Fieberthermometer, wie wir sagten, und betasteten uns gegenseitig, so wie wir das von Arztbesuchen her kannten.

Wir waren alle ganz versunken in dieses Spiel, und ich weiß nicht mehr, wer schließlich auf den Gedanken kam, daß es bestimmt schon spät sei und daß wir schon alle zum Essen erwartet würden.

Auf einmal sind wir alle aufgesprungen, haben uns angezogen und sind nach Hause gerannt.

Im Bewußtsein meiner Schuld klingelte ich an der Wohnungstür. Zusätzlich zu dem verbotenen Spiel hatte ich mich auch noch verspätet. Womöglich lagen die Eltern schon auf dem Sofa und hielten ihren Mittagsschlaf. Aber von dem Spiel, so beruhigte ich mich, von dem Spiel wußte ja keiner etwas.

Die drohenden, bösen Gesichter, mit denen Vater und Mutter, die ihre Mahlzeit bereits beendet hatten, auf die kalte Linsensuppe deuteten, führte ich daher im ersten Moment auf mein offensichtliches Zuspätkommen zurück. Doch dann kam der väterliche Wutausbruch. Elke sei dagewesen, hörte ich entsetzt, sie habe alles mitangesehen. Von solchen Schweinereien, so der Vater in großer Erregung, von solchen Schweinereien wolle er nie, aber auch nie mehr etwas hören.

Immerhin wußte das Schwein, ich, warum es den Nachmittag im dunklen Zimmer verbrachte, immerhin wußte ich, warum ich den Abzug bekommen hatte, immerhin gab es für das Mit-Verachtung-gestraft-Werden einen Grund.

Beim zweitenmal, beim zweiten Von-Elke-verpetzt-Werden gab es für die Bestrafung keinen Grund. Ich mußte mich schä-

men ohne Schuld. Ich wurde ausgeschlossen von den Spielen der anderen ohne Grund und ohne Schuld.
Und als man erfuhr, wie es wirklich gewesen war, als man erfuhr, daß ich zu Unrecht bestraft worden war, kam keiner, die Mutter nicht und der Vater nicht, auf den Gedanken, sich dafür zu entschuldigen, daß der schönste Tag des Jahres neunzehnhundertundsechzig, der erste warme Tag, der Tag, an dem es die allerersten frischen Erdbeeren gab, für mich aufs gründlichste und für immer verdorben war.

»Warte Hanne, ich zeig' dir was, was Schönes.«
Siebenjährig saßen wir, Hanne und ich, am hinteren Kellerausgang auf der Treppe. Es war um die Osterzeit, ich war eine Woche bei den Großeltern gewesen, und ich erzählte Hanne von meinen Erlebnissen.
Ein paar Tage zuvor hatte die Mutter Geburtstag gehabt, und der Großvater, ihr Vater, hatte ihr ein mich aufs höchste faszinierendes Geschenk gemacht, das ich Hanne unbedingt zeigen wollte.
»So was hast du noch nicht gesehen, Hanne«, sagte ich, »ein ganzes Körbchen voller Früchte, aber keine richtigen Früchte, die sehen nur so aus wie richtige Früchte, in Wirklichkeit sind sie aus Marzipan. Warte hier auf mich, ich hole sie und zeige sie dir.«
Ich ging hinauf in die Wohnung, da die Mutter nicht da war, hatte ich einen Schlüssel, und holte das Körbchen mit den Marzipanfrüchten aus dem Wohnzimmer, wo es inmitten der übrigen Geschenke auf der Eßzimmerkommode stand. Ein kleines, aus Bast geflochtenes Körbchen mit Äpfeln und Birnen und Bananen und einem wundervollen rotwangigen Pfirsich.
Ich nahm das Körbchen von der Kommode und trug es, vorsichtig darauf bedacht, nichts herausfallen zu lassen und nichts zu beschädigen, die Treppe hinunter hinter das Haus, wo Hanne auf mich wartete.
Zwischenzeitlich war Christa hinzugekommen und war, von Hanne auf die Vorführung der außergewöhnlichen Früchte vorbereitet, in gleicher Weise gespannt wie diese.
Mit vielen »Oh« und »Ah« und »die sind aber schön« und »die sehen ja aus wie echt« bestaunten sie die Früchte, und ich war ob meiner Fähigkeit, so viel Bewunderung hervorrufen zu können, von Stolz erfüllt.
Gerade wollte ich, um zu verhindern, daß Christa, was ich strikt

untersagt hatte, die Früchte anfaßte, das Körbchen zurücktragen, da tauchte zwei Stockwerke über uns der Kopf meiner Mutter auf, die bei unserem Anblick in einen schrillen Schrei ausbrach.
»Komm sofort herauf«, schrie sie, »deine Dreistigkeit kennt ja wirklich keine Grenzen.«
»Gib den Pfirsich her«, sagte ich aufgeregt zu Christa, die mein Abgelenktsein dazu benutzt hatte, sich ausgerechnet an dem schönsten Stück, dem Pfirsich, zu vergreifen. »Los«, brüllte ich, »los, mach schon, gib her«, und ich verlor fast das Körbchen und die anderen Früchte bei dem Versuch, Christa, der ich es zutraute, den Pfirsich nicht nur anzufassen, sondern auch aufzuessen, diesen abzunehmen.
»Gib ihn her«, brüllte ich verzweifelt, »gib ihn her, die Früchte gehören mir nicht, sie gehören meiner Mutter, ich wollte sie euch nur zeigen, und jetzt muß ich sie zurückbringen, ich kriege sowieso schon gehaun.«
»Angeber, Angeber«, höhnte Christa und tanzte mit schadenfrohem Grinsen vor mir herum. »Angeber, Angeber, die Früchte gehören dir gar nicht«, und sie verschwand mit einem langen, durch entsprechende Fingergestik noch unterstrichenen »Ätsch« um die Ecke.
Mir einen hilflosen, mitleidigen Blick schenkend, verschwand gleich darauf auch Hanne und ließ sich den ganzen Nachmittag über nicht mehr sehen.
»Du wagst es«, empfing mich die Mutter, bebend vor Zorn, »du wagst es, mir meine Früchte wegzunehmen. Du wagst es, dich an den Früchten zu vergreifen, die mein Vater mir geschenkt hat. *Mein* Vater, hörst du, *mein* Vater hat *mir* diese Früchte zum Geburtstag geschenkt. *Mir,* hörst du, *mir,* nicht dir. Und du«, fuhr sie, mir mehrere Male mit ihrer knochigen, kalten Hand ins Gesicht schlagend, fort, »und du wagst es, diese Früchte nach draußen zu schleppen und von den dreckigen Fingern deiner Freundinnen begrapschen zu lassen! Warte«, drohte sie, ihres Zorns langsam Herr werdend, »warte nur, bis der Vati nach Hause kommt, dann gibt's einen Abzug, worauf du dich verlassen kannst.«
»Aber ich wollte die Früchte doch bloß der Hanne zeigen«, sagte ich, »nur der Hanne. Daß die Christa dazukommt, das wußte ich doch gar nicht. Und die Hanne hätte die Früchte auch bestimmt nicht angefaßt.«
»Lüg nicht auch noch«, schrie die Mutter, durch meine Ausfüh-

rungen erneut in Erregung geratend, »lüg nicht auch noch, das hat mir jetzt gerade noch gefehlt.«
»Ja, aber...«
»Geh«, brüllte sie, »geh jetzt, los, geh weg, geh schon, ich will dich jetzt nicht mehr sehen.«
Traurig und verstört und wütend, weil es doch gar nicht stimmte, was sie mir unterstellte, weil ich doch wirklich nicht gewollt hatte, daß die Früchte angefaßt wurden, ging ich wieder hinunter und setzte mich, nunmehr allein, auf die Treppe. Ich wollte doch nur zeigen, was meine Mutter für schöne Sachen hat, dachte ich, so schöne Marzipanfrüchte, so schöne Sachen haben die anderen Kinder noch nie gesehen.
»So etwas will ich nicht noch einmal hören«, sagte der Vater streng, als er von meinem Verbrechen erfahren hatte. »Die Sachen deiner Mutter sind für dich tabu. Hörst du, du rührst sie nicht noch einmal an. Hast du das verstanden? Das sind teure, sehr kostbare Marzipanfrüchte, der Opa hat sie gekauft, um der Mutti zum Geburtstag eine Freude zu machen. Für dich und deine Freundinnen ist so was viel zu schade. Ihr wüßtet so was überhaupt nicht zu würdigen. Außerdem gehören sie dir nicht, hörst du, sie gehören dir nicht, sie gehören deiner Mutter, und die Sachen deiner Mutter sind für dich tabu.«
»Ich habe sie doch nur zeigen wollen«, wiederholte ich hilflos, »ich habe sie doch nur zeigen wollen. Sie sind doch so schön.«
»Schluß jetzt«, sagte der Vater entschieden, »Schluß jetzt. Ich will zu diesem Thema nichts mehr hören.«
Und er deutete auf die Truhe und gab mir die obligatorischen Schläge auf den Po.

»Ich schenk' sie dir«, sagte ich zu Bärbel, die ganz hingerissen auf die kleine aufziehbare Ente schaute, die der Großvater mir zu meinem sechsten Geburtstag geschenkt hatte.
»Ich schenk' sie dir, da, nimm.«
Und ich drückte der strahlenden Bärbel das gelbe Blechtier mit dem buntgefärbten Kopf in die Hand, das so schön lustig auf seinen gespreizten Beinen durch das Zimmer watscheln konnte.
Den ganzen Nachmittag über spielten wir mit der Ente in Bärbels Zimmer. Gegen sechs Uhr schließlich kam Bärbels Mutter herein.
»Wir essen jetzt«, sagte sie, »ihr könnt morgen weiterspielen«, und sie nickte mir zu, um mich zum Gehen aufzufordern.

Ich griff nach der Ente und schickte mich an zu gehen.
»Du darfst sie nicht mitnehmen«, rief Bärbel aufgeregt, »du darfst sie nicht mitnehmen, das ist jetzt meine Ente, du hast sie mir geschenkt.«
»Aber das ist doch meine Ente«, stammelte ich verstört, »die hat mir doch mein Opa zum Geburtstag geschenkt.«
»Und du hast sie mir geschenkt«, trumpfte Bärbel auf und drückte die Ente mit Besitzerstolz an sich.
Erst in diesem Moment begriff ich, was ich angerichtet hatte. Ich hatte die Ente, die schöne Ente, meine schöne Ente weggegeben. Ich hatte sie der Bärbel geschenkt, weil sie dieser so gut gefiel und weil sie mich so darum beneidet hatte. Ich hatte sie ihr geschenkt, ohne vorher darüber nachzudenken, und ich hatte nicht bedacht, daß sie mir dann nicht mehr selbst gehören würde.
Wie ein schmerzhafter Schlag traf mich diese Erkenntnis, und ich fing an, hemmungslos und fassungslos zu weinen.
Meine Ente, schluchzte ich, meine Ente, ich habe sie verschenkt und jetzt ist sie weg.
Ich weinte, ich schluchzte, ich löste mich fast auf in Tränen und in Verzweiflung über mein, wie ich sehr wohl erkennen konnte, selbst verschuldetes Unglück. Ich glaube, von selbst hätte ich mit dem Weinen nie mehr aufgehört.
»Was hast du denn nur, Helene«, fragte Bärbels Mutter besorgt, »was hast du bloß?«
Doch ich war nicht imstande zu antworten. Im Gegenteil, die freundlichen Worte lösten noch weitere Tränenflüsse aus. Durch den Tränenschleier hindurch sah ich Bärbel, die Ente fest an sich gedrückt, und ich konnte und wollte es nicht fassen, daß diese völlig im Recht war, daß ich die Situation selbst durch Leichtsinn und Selbstüberschätzung herbeigeführt hatte.
Abwechselnd auf ihre Tochter und auf mich schauend, fing Frau Rebel an zu verstehen.
»Du hast deine Ente verschenkt, nicht wahr, Helene?«
»Mmmh«, nickte ich.
»Du wolltest der Bärbel eine Freude machen, nicht wahr?« fuhr sie freundlich fort, »und jetzt erst begreifst du, daß du dann selber keine Ente mehr hast. Ist das so?«
»Ja«, sagte ich dankbar und fühlte, wie das Weinen nachließ. »Ja. So ist es.«
»Das ist nicht so schlimm«, sagte Frau Rebel zu meinem größten Erstaunen, denn zu Hause hätte es wegen so viel Unverstand

bestimmt einen Abzug gesetzt, »das ist nicht so schlimm«, wiederholte sie, »das kriegen wir wieder hin. Du nimmst jetzt deine Ente mit«, und als ihre Tochter nun ihrerseits das Gesicht zu einem Plärren verzog, sagte sie zu dieser: »Morgen, Bärbel, morgen gehen wir beide miteinander in die Stadt, und dann kaufen wir dir auch so eine Ente, dann habt ihr beide eine, ja?«
Bärbel nickte getröstet und gab mir die Ente zurück.
»Aber nächstes Mal«, sagte Frau Rebel und schaute mich jetzt doch streng an, »nächstes Mal bist du nicht so leichtsinnig und überlegst dir vorher, was es heißt, wenn man etwas verschenkt.«
Beschämt über so viel unverdientes Verständnis und über die mir gewährte ungewohnte Güte ging ich, meine Blechente, die doch eigentlich gar nicht mehr richtig mir gehörte, fast krampfhaft an mich pressend, die Treppe hinauf in mein so ganz anderes Zuhause.

»Geh schon vor, Helene«, sagte der Vater, als ich mich, siebenjährig, nach dem Gottesdienst in die Sakristei hineingewagt hatte und jetzt mit der stummen Bitte, der Vater möge mich doch nach Hause begleiten, vor dem die Kollekte zählenden sogenannten Kirchendiener und dem das Beffchen lösenden, den Talar ausziehenden Vater stand.
»Geh schon vor«, wiederholte er, »ich habe noch zu tun. Und«, fuhr er fort, mich unter der Tür noch einmal zum Umdrehen bewegend, »sag der Mutti, daß es noch eine Weile dauert, sie soll den Baum schon anzünden, und sie soll ein paar Lieder mit euch singen, vor neunzehn Uhr, hörst du, vor neunzehn Uhr ist mit mir nicht zu rechnen, merk dir das bitte, ja? Vor neunzehn Uhr bin ich nicht zurück.«
Ich nickte und machte mich auf den Heimweg. Draußen war es bereits dunkel.
Ich war allein in den Nachmittagsgottesdienst gegangen, an Heiligabend um sechzehn Uhr. Die Mutter war mit Stefan zu Hause geblieben, sie wollte den Vater in die Nachtmesse begleiten, und zu mir hatte sie gesagt, ich solle ruhig allein gehen, auf dem Rückweg, wenn es dunkel sei, sei ja dann der Vater dabei.
Jetzt war es dunkel, und der Vater hatte noch zu tun.
Der Heimweg von der Zingelsbacher Matthäuskirche über den Anlagenring durch die Alfred-Flachs-Straße erschien mir end-

los lang. Statt der dreißig oder fünfunddreißig Minuten, die ich für diesen Weg tatsächlich benötigte, glaubte ich bereits nach wenigen Minuten, stundenlang unterwegs zu sein. Kein Mensch war auf der Straße.
In einigen Fenstern leuchteten schon die Weihnachtsbäume. Durch die lange Straßenschneise pfiff ein eisiger Wind. Wider Erwarten setzte auch noch ein leichtes Schneetreiben ein, und ich hatte, wie ich erschrocken feststellte, keine Handschuhe dabei. Ich vergrub die Hände in den Taschen meines Teddymantels und kämpfte mit den Tränen.
Selten habe ich mich als Kind mit solch schmerzhafter Bewußtheit so verlassen gefühlt wie beim Einbruch dieser sogenannten heiligen Nacht.
Ich habe niemanden auf der ganzen Welt, der zu mir hält, dachte ich immer und immer wieder, niemand ist für mich da, ich bin ganz allein.
Frierend mich durch das kalte Schneegestöber vorantastend, furchtsam die mich immer ängstigende Dunkelheit mit den Augen absuchend, in Hauseingängen und Toreinfahrten lauernden Schatten ausweichend, steigerte ich mich von Ecke zu Ecke tiefer in einen mich seit einiger Zeit insbesondere auf der langen Alfred-Flachs-Straße verfolgenden Wahn hinein, der mich, aus welchem Grund auch immer, fest daran glauben ließ, ohne daß ich dies in meinem protestantischen Elternhaus vor dem die Existenz von Teufeln und Höllen als katholischen Aberglauben verachtenden Vater je auszusprechen gewagt hätte, daß unter dem Asphalt der Straße, nur wenige Meter tief unter der Erde, die Hölle begann und daß die Teufel die Macht hätten, Menschen, insbesondere Kinder, ganz besonders aber schlimme Kinder durch plötzliches Öffnen der Kanaldeckel mit einer einzigen unverhofften gierigen Bewegung ihrer rotglühenden Krallen in die Tiefe zu ziehen. Sorgfältig darauf bedacht, den, wie mir schien, zahlreichen Kanaldeckeln nicht zu nahe zu kommen, steigerte ich meine mich gleichzeitig ängstigende und faszinierende Vorstellung von einem heißen, dichtbevölkerten Höllengrund bis zur Gewißheit intensiv erlebter Wirklichkeit.
Je länger der endlose Heimweg dauerte, um so verführerischer wurden die rotglühenden Teufelchen mit den abstehenden Ohren und dem boshaften Lachen, das zugleich ein schalkhaftes zu sein schien und das mich zunehmend in seinen Bann zog.
»Komm doch zu uns«, wisperten die Teufelchen, »komm, es ist

gar nicht schwer, du brauchst nur den Kanaldeckel hochzuheben, dann kommst du direkt zu uns.«
Niemand wird mich hören, dachte ich, während die Versuchung, auf einen Kanaldeckel zu treten und wenigstens einmal hinunterzuschauen, immer größer wurde. Niemand wird mich hören, wenn ich mich jetzt bücke und wenn einer der Teufel kommt und mich hinunterzieht.
»Wo hast du denn den Vati gelassen?« fuhr die Mutter mich an, »ich habe dir doch gesagt, du sollst mit dem Vati zusammen zurückkommen.«
»Der Vati hat noch keine Zeit«, sagte ich, »er hat noch zu tun.«
»Und die Bescherung«, sagte die Mutter verärgert, »was wird aus der Bescherung?«
»Der Vati hat gesagt, wir sollen schon anfangen, vor neunzehn Uhr kommt er auf keinen Fall zurück.«
Wütend, mit zusammengepreßten Lippen, zündete die Mutter den Adventskranz an.
»Wir singen jetzt Adventslieder«, sagte sie streng. »Mit der Bescherung warten wir, bis der Vati kommt.«
Ohne recht zu verstehen, was ich eigentlich sang, die kalten Finger im Schein der Kerzen wärmend, einen neidischen Blick auf den dicht neben der Mutter sitzenden Bruder werfend, fiel ich in den gegen die mütterliche Enttäuschungswut angestimmten trotzigen Gesang ein.

»Das war ich nicht, das war der Stefan«, rief ich, viereinhalbjährig, aus, auf den kleinen Bruder deutend, der auf dem Boden der Loggia saß und mit seinen Bauklötzchen spielte. Schon zum wiederholten Mal hatte ich einen Teil der Bauklötzchen, einen Ball und einen Stofflöwen über die Brüstung hinuntergeworfen. Schon zum wiederholten Mal wurde ich Zeuge, wie die Mutter den kleinen Bruder deswegen ausschimpfte und wie sie ihm einen Klaps auf den Hintern gab.
Schuldbewußt, doch nicht ohne ein Gefühl intensiver Genugtuung, kam ich der Aufforderung der Mutter nach, die Spielsachen von dem Rasen hinter dem Haus wieder aufzuheben und hinaufzubringen.
»Der Stefan wirft die Sachen immer hinunter«, sagte ich zu dem Vater, als dieser am Abend von seiner neuen Arbeit, einer Tätigkeit als Hilfsarbeiter, die er, des Pfarrerberufes überdrüssig und von einem unklaren Verlangen nach sozialem Engagement getrieben, angenommen hatte, zurückkehrte.

»Der Stefan war das, ich habe es selber gesehen.«
Mit kaum verhohlener Zufriedenheit sah ich den Vater auf den brüderlichen Hintern einschlagen, hörte ich sein Schimpfen, seine auf den eineinhalbjährigen Missetäter gerichtete Wut.
Ein paar Tage später kam es dann doch heraus.
Die Mutter beobachtete mich beim Hinunterwerfen des Spielzeugs.
»Hab' ich's mir doch gleich gedacht«, fuhr sie mich an und nahm Stefan, diesen liebkosend, auf den Arm. »Warte nur, bis der Vati nach Hause kommt, dann gibt's einen Abzug.«
Zusätzlich zu dem Abzug ordnete der Vater einen Nachmittag im dunklen Kinderzimmer an. Der erste, soweit ich mich erinnern kann.

»Hier beibe mer net«, rief ich, zweijährig, mit den Füßen stampfend, aus, energisch, angewidert, nachdem der Möbelwagen vor unserem neuen Zuhause gehalten hatte, das Frau Haas, die beim Umzug behilflich war, mir als »vielleicht ganz gemütlich« anzupreisen versuchte.
Alles in mir sträubte sich gegen die neue Umgebung.
Gerade hatte ich mich an mein zweites Zuhause gewöhnt, da standen schon wieder die Umzugskisten im Flur.
Von Gartenstadt nach Unterlindenthal.
Von Unterlindenthal nach Wiesenthal.
Von Wiesenthal nach Burg.
Von Burg nach Zingelsbach.
Von der Alfred-Flachs-Straße in die Benziger Straße.
»Hier beibe mer net.«
Zweijährig, zum zweitenmal aus vertrauter Umgebung herausgerissen, verweigerte ich dem neuen Zuhause meine Zustimmung.
Wiesenthal, ein kleiner Ort in einem Mittelgebirge.
Des Vaters erste eigene Pfarrei. Ein heruntergekommenes altes Pfarrhaus. Im Erdgeschoß eine alte Frau, die, ihr Nießbrauchsrecht weit auslegend, der jungen »Frau Pfarrer« das Leben zur Hölle machte, indem sie jeden zweiten Tag die zum Klo führende Außentreppe mit Kot verunreinigte.
Die Mutter in dieser Zeit eine immer nur verzweifelte. Ihr Elternhaus in Gartenstadt weit weg. Das Verhältnis zwischen den Eltern mehr als gespannt.
Der junge Idealist mit gleich zwei Gemeinden auf einmal heillos überfordert. Des Sonntags in der Früh stieg er über den

Berg, hielt in Wantzenau den Frühgottesdienst, kehrte dann ein paar Stunden später abgehetzt zurück und verschaffte den Wiesenthalern ihren, der Eifersucht auf die Wantzenauer abgetrotzten, eigenen Spätgottesdienst.
Die Leute im Dorf, so die ständige erbitterte Klage des Vaters, unerträglich stur und sektiererhaft pietistisch. Die Verlogenheit ihrer Moral stinke zum Himmel, werde einer dabei gesehen, wie er im Wirtshaus ein Bier trinke, so werde er sofort, so der Vater wörtlich, »öffentlich zur Sau gemacht«, zu Hause jedoch »saufen sie alle wie die Löcher«.

»Das Kind schreit auch ohne dich gut«, so der mir von der Mutter überlieferte Ausspruch des Vaters, der von seiner Frau vor allem anderen erwartete, eine vorbildliche Pfarrfrau zu sein, immer rührig mit dabei auf Gemeindeversammlungen, Tagungen, Eröffnungen von Altenklubs, Taufen, Hochzeitsfeierlichkeiten.
Unfähig, sich den Ansprüchen ihres verehelichten Herrn Gebieters zu verweigern, ließ die Mutter ihr einjähriges Kind, mich, immer wieder schreiend allein.
Unterlindenthal, der Vater gerade zum Vikar ernannt, die erste Wohnung in einem Pfarrhaus, im Erdgeschoß ein mürrischer alter Pfarrer, dem nichts recht zu machen war, das erste Zusammenleben der Eltern als Eheleute, nachdem der Vater seine Ausbildung beendet, nachdem die Mutter die ersten eineinhalb Jahre ihrer Ehe in ihrem Elternhaus verbracht hatte, nach meinen ersten Monaten in dem mir neun Monate später abrupt entrissenen Gärtnereiparadies.
Das Zusammenleben der Eltern, die sich aus fünfjähriger, alles in allem glücklicher, wie beide sagen, Verlobungszeit, einschließlich gemeinsam in Tübingen verbrachter Studiensemester eigentlich, sollte man meinen, gut genug hätten kennen müssen, um das Risiko einer Ehe angemessen einschätzen zu können, ein von Anfang an nichts als zermürbendes, auf gegenseitige Zerstörung zusteuerndes.
Die Unterlindenthaler Pfarrwohnung, so die Erzählungen der Mutter, sei winzig gewesen, die Wohnküche habe gleichzeitig auch als Wartezimmer für Besucher gedient, mit dem Rücken zu diesen habe sie am Herd stehend Kinderwindeln ausgewaschen, ihr Verhältnis zu mir habe sich rapide verschlechtert.
Der elterliche Haushalt hatte ihr das Dasein als Mutter erleichtert, die ständige Nähe einer Vielzahl ihr vertrauter Menschen,

Eltern, Schwestern, Freundinnen, ihr Verfügenkönnen über Dienstmädchen und Gärtnereigehilfen, der ganze großfamilienähnliche Gärtnereihaushalt hatten die Existenz eines Kleinkindes unproblematisch erscheinen lassen, auf Bildern werde ich von einer Frauengestalt zur anderen gereicht, strahlende, mir zugewandte Frauen bevölkern noch heute meine schönsten Träume, tauchen gelegentlich schemenhaft als früheste, glückliche Erinnerungen auf.
Plötzlich findet sich die Mutter in einer winzigen Wohnung mit Mann und Kind allein.
Von der verwöhnten, auf ein selbständiges Leben nicht vorbereiteten, so ihre eigene Einschätzung, Gärtnereibesitzerstochter zu einer in die puritanische Diener-Pflicht genommenen Ehefrau; von einem dem finanziellen Segen zugetanen neureichen Geschäftshaushalt zu einem irdische Güter aus Prinzip verachtenden Pfarrhaus; von der üppigen leuchtenden Pflanzenwelt der Gewächshäuser in die düstere Strenge protestantischer Sinnenverachtung; von der verwöhnten Lieblingstochter eines großzügigen Vaters zu dem mit Repräsentationspflichten überhäuften Anhängsel eines ehrgeizigen Pfarrers; von der behüteten Tochter zur Mutter eines seinerseits unter dem krassen Milieuwechsel leidenden, mit Fieber und Furunkel reagierenden Kleinkindes; von dem mir bis heute erinnerbaren besonderen Licht der Gewächshäuser zu den Schatten der seelenverkrüppelnden Enge entsetzlichster Kleinfamilientyrannei.

»Ich will keinen Mittagsschlaf machen«, sagte ich, trotzig mit den Füßen aufstampfend, »ich bin überhaupt nicht müde.«
Nachmittag für Nachmittag sperrte mich die Mutter ins Schlafzimmer ein, Nachmittag für Nachmittag langweilte ich mich schlaflos aufs tödlichste. Dreijährig beendete ich die Tortur durch eine Missetat. Gelangweilt in dem faden, vorwiegend Beige- und Weißtöne enthaltenden, mir schon damals zutiefst verhaßten Raum umherschauend, nahm ich eines Tages die auf der Frisierkommode plazierte Niveadose wahr.
Wohl wissend, daß mir dies einen Abzug einbringen würde, schmierte ich den häßlichen hellbraunen Schlafzimmerschrank von oben bis unten mit Niveacreme ein, hierzu, um auch die oberen Partien erreichen zu können, auf einen Hocker steigend.
Voller Stolz, wenn auch nicht ohne schlechtes Gewissen, be-

trachtete ich mein Werk mit der unteilbaren Freude des freischaffenden Künstlers.
Auf diese Idee, so etwa muß ich gedacht haben, auf diese Idee muß erst mal einer kommen.
Auch der Abzug zerstörte meinen Stolz nicht.

Wie ich es bei der Katze gesehen hatte, verkroch ich mich, dreijährig, auf den äußersten Rand des vom Küchenfenster aus schräg nach unten verlaufenden, fast zum Boden reichenden Daches. Ich ertrug die Geschehnisse im Innern des Hauses nicht mehr. Ich war zutiefst verstört.
»Geh spielen«, hatte die dunkelgrau gewandete Schwester gesagt, »geh spielen, los, hier störst du nur.«
Mit raschen, geschäftigen Schritten lief sie zwischen Küche und Schlafzimmer hin und her, Kannen voll Wasser schleppend, Tücher und eine Waschschüssel bereitstellend, um somit alles für die seit Wochen erwartete Geburt des mir schon vor einiger Zeit angekündigten Geschwisterchens vorzubereiten. Verwirrt stand ich im Flur herum. Verwirrt folgte ich der Schwester ins Schlafzimmer, in die Küche, durch den Flur.
Ich störte. Doch wo sollte ich hin?
Der Vater war auf einer Tagung. Wütend über den immer wieder verschobenen Geburtstermin war er mit dem Hinweis darauf, daß er anderweitig dringender gebraucht werde, schließlich abgereist.
Zutiefst erbittert über diesen sie solcherart im Stich lassenden, mit seiner Gemeinde, so sie, statt mit seiner Frau verheirateten Mann und zudem von dem bevorstehenden Ereignis begreiflicherweise vollständig in Anspruch genommen, vergaß die Mutter völlig, daß es mich auch noch gab. Ohne mir auch nur den geringsten Hinweis darauf zu geben, was sich im Laufe des Tages ereignen würde, ohne mir auch nur mit einer Silbe einen Vorschlag zu machen, wie ich den Tag ohne sie zubringen könnte, ohne mir auch nur ein kleines Wörtchen des Trostes zu sagen, weil sie gravierender Umstände wegen keine Zeit für mich haben würde, hatte sich die Mutter ins Schlafzimmer zurückgezogen, hatte sich ins Bett gelegt und hatte mit den mir unverständlichen Worten, dies sei die Hebamme, der dunkel gekleideten, eine Haube tragenden, unheimlichen fremden Frau den Haushalt überlassen.
Verängstigt verfolgte ich das Treiben der düsteren Frau. Stumm stand ich im Flur herum, preßte mich an die Wand, ängstlich

darauf bedacht, ihr nicht länger zwischen den Füßen zu stehen, wie sie sagte, um nicht weggeschickt zu werden, eingesperrt womöglich in irgendeinen dunklen Raum.

»Geh spielen«, sagte sie zum soundsovielten Male, »geh spielen, hier störst du nur.«

Doch ich wollte nicht spielen gehen. Ich wollte wissen, was mit meiner Mutter geschah, die Mutter stöhnte und schrie, ihr Gesicht war blaß und von Schmerz entstellt, ich war davon überzeugt, daß sie starb.

Die Mutter stirbt, dachte ich, unter der Tür stehend, auf das schmerzverzerrte Gesicht schauend, während die Schwester sich über ihren Bauch beugte. Ich habe keine Mutter mehr, ich bin ganz allein.

Und ich starrte entsetzt die Kannen an und die Waschschüsseln, die großen weißen Tücher, nach denen die Schwester jetzt griff, und immer wieder auf das mir unheimliche, strenge Gesicht dieser Frau.

Hoffentlich muß ich dann nicht zu ihr, dachte ich, und mein Entsetzen steigerte sich ins Unermeßliche.

Noch nie in meinem dreijährigen Leben war mir eine Person begegnet, die mir in diesem Ausmaß zuwider war, wie diese mit dem furchterregenden Namen Hebamme belegte, dunkel gekleidete, fremde Frau.

Selbst die mir gleichfalls verhaßte sogenannte Tante Maas, die mit ihrem Mann, dem sogenannten Onkel Maas, im Dachgeschoß des großelterlichen Hauses wohnte und die ich bei jeder Anwesenheit in diesem Haus besuchen mußte, weil sie, wie es hieß, Kinder so gern hätten, und deren mich überschüttende feuchte Küsse und deren Mich-auf-den-Schoß-Nehmen und deren Mich-auf-den-Knien-Wiegen und deren Liebkosungen ich genausowenig ausstehen konnte wie die mir zum Abschied aufgezwungenen, nach Mottenpulver schmeckenden uralten Pralinen, war im Vergleich zu diesem fürchterlichen Drachen, der den ganzen Tag schon durch das Haus fuhrwerkte und für mich nichts als unfreundliche Worte übrig hatte, noch ein geradezu geliebter Mensch.

Hoffentlich muß ich dann nicht zu der Schwester, dachte ich und schielte ängstlich zur Mutter, die blaß und plötzlich still geworden, in den Kissen lag.

Jetzt ist sie tot, dachte ich dann, jetzt ist sie tot.

Und ich erstarrte fast auf der Schwelle zum Schlafzimmer, von wo aus ich alles mitangesehen hatte.

Jetzt ist sie tot, dachte ich immer wieder, während ich auf das blasse, unbewegliche Gesicht der Mutter schaute, die sich nicht mehr wie gerade eben noch heftig bewegte und schrie, sondern die bleich und stumm nicht einmal mehr zu atmen schien.
Doch da hielt die Schwester auf einmal ein glitschiges rotes Bündel hoch, über und über mit Pusteln übersät, ein häßliches, schrumpliges Etwas, das nach einigem Hin- und Hergeschüttelt-Werden einen greinenden, jämmerlichen Schrei ausstieß, was zunächst bei der Schwester und dann auch bei der Mutter, die, wie ich jetzt ganz deutlich erkennen konnte, offensichtlich doch nicht tot war, ein Strahlen hervorrief, und das mir zumutete, mitanzusehen, wie die Mutter, die doch eben noch so schwach und so elend und so todgeweiht ausgesehen hatte, sich dieses häßliche glitschige Bündel in den Arm drücken ließ und ihm ein inniges Lächeln schenkte.
Das war zuviel.
Überwältigt von Ekel, zutiefst entsetzt und verzweifelt über die Tatsache, daß die Mutter dieses widerliche, schreiende, schrumplige Etwas mir vorzog, von mörderischer, brutaler, grauenhafter Eifersucht erfüllt, von einer irrsinnigen Wut auf diese Frau, die mir so etwas antat, von dem kalten Gedanken ergriffen, sie möge doch gestorben sein, in plötzlich aufsteigender rasender Wut darüber, daß sie nicht gestorben war, daß sie statt dessen lebte und dieses Bündel anstrahlte, in einem Gefühl wahnsinniger und totaler Verlassenheit, entfloh ich von meinem Beobachterposten auf der Schwelle.
Ich floh die Mutter, ich floh die Schwester, ich floh dieses sogenannte Geschwisterchen, das doch nichts anderes war als das häßlichste Wesen, das ich je gesehen hatte, ich floh die Kannen und die Tücher und das Schlafzimmer, und ich floh diese ganze widerliche, ekelhafte, mir verhaßte, schreckliche Mutter, die von diesem Augenblick an, das schwor ich mir, nie mehr meine Mutter sein würde, eine solche widerliche, gemeine, ekelhafte Frau, die mir so etwas antat und mir, diesem schönen kleinen Kind mit den hübschen Locken, die allen Leuten so gut gefielen, einen solchen ekelhaften Winzling vorzog, die mich wegen dieses häßlichen Winzlings einen ganzen Tag lang vergaß, die auch jetzt nicht bemerkte, daß ich den Raum verließ, die völlig und gänzlich vergessen hatte, daß es mich gab, eine solche widerliche, gemeine, schreckliche Person, das schwor ich mir, durfte überhaupt nicht mehr meine Mutter sein, ich würde sie verlassen, so wie sie mich verlassen hatte, ich würde

mich von ihr zurückziehen, sollte sie doch diesen Widerling gern haben, sollte sie doch dieses glitschige Bündel küssen, sollte sie doch machen was sie wollte, ich wollte nichts mehr von ihr, ich wollte diese Mutter nicht mehr, meinetwegen hätte sie tot sein können, ich wollte sie nicht mehr sehen, ich wollte sie nicht mehr haben, ich wünschte, ich hätte sie nie gekannt.
Von all diesen mich über die verwirrenden Vorgänge hinaus zusätzlich zutiefst verstörenden, unglaublich bösen, wie ich sehr wohl wußte, Gedanken und Wünschen erfüllt, von einem Überschwang sich widersprechender tiefer und unerträglicher Gefühle zerrissen, von der Vielfalt und der Intensität der mich überwältigenden Affekte in eine totale, von meinem dreijährigen Bewußtsein nicht zu bewältigende Verzweiflung hineingetrieben, dem unerträglichen inneren Ansturm hilflos ausgeliefert, flüchtete ich, den Ort des Geschehens verlassend, vor allem vor mir selbst. Ich flüchtete vor meinen Gefühlen, ich flüchtete vor meiner Verwirrung, ich flüchtete vor meiner Wut, vor meiner Eifersucht, vor meinem Zorn, ich flüchtete vor meinem Haß, vor meiner Angst und vor meiner entsetzlichen totalen Verlassenheit.
Und ich kletterte, wie ich es bei der Katze gesehen hatte, durch das Küchenfenster hinaus auf das Dach und rollte mich dort, an dessen äußerstem Ende, an dem von dem Haus und den Geschehnissen innerhalb des Hauses am weitesten entfernten Rand, ganz eng zusammen und suchte, mit meinen Händen meine Füße umklammernd, tief im Innern leise wimmernd, doch nicht weinend, nicht schreiend, nicht aufbegehrend, stumm, heimlich, einsam, nach meinem im Alter von drei Jahren, drei Tage nach meinem dritten Geburtstag, auf schreckliche Weise verlorenen Seelenfrieden.
In Gedanken mir, wie die Katze es gemacht hatte, die Pfoten leckend, alle Sinne der wärmenden Sonne zugewandt, alle übrigen Umstände aus meiner Wahrnehmung ausblendend, stahl ich mich, das mich verstörende Ereignis augenblicklich, wie ich heute weiß, verdrängend, zum ersten Mal, soweit ich mich erinnern kann, aus der zu mir in feindlichem Gegensatz stehenden Welt und aus der von dieser in mir hervorgerufenen ungeheuerlichen, nicht minder feindlichen Gefühlswelt davon und verkroch mich in jenen, in späteren Jahren von mir so oft als einzig erträglichen Zustand herbeigesehnten und herbeigehungerten, von Schmerz und Verwirrung losgelösten, innersten einsamen Raum, in dem ich frei bin, frei fast wie im Tod.

»Nein«, rief ich entsetzt, »nein, nein, nein. Ich will nicht.«
»Du mußt«, sagte die Mutter, sagte die graugewandete Schwester, die noch immer bei uns war. »Du mußt.«
Voller Abscheu und voller Angst starrte ich die mit Wasser gefüllte Schüssel an. Die für den sogenannten Einlauf bereitgehaltene Gummispritze wie ein Mordinstrument vor Augen, versuchte ich, schreiend, aus dem Zimmer zu laufen.
»Du bleibst hier«, sagte die Mutter streng, »du entkommst dem Einlauf nicht.«
Und sie packte mich, die Dreijährige, um den Leib und legte mich bäuchlings auf ihre Seite des Ehebettes.
»So ein garstiges Kind wie dich habe ich lange nicht mehr gesehen«, sagte die Schwester, ihrer Stimme einen von Abscheu erfüllten Unterton verleihend.
»Doch es wird dir nichts nützen«, fuhr sie drohend fort, »wir kriegen dich auf jeden Fall.«
Während ich, das von Tränen der Wut aufgelöste Gesicht in die Kissen drückend, meinen Körper unter dem harten Zugriff vier starker Frauenhände windend, brüllend und mit den Fäusten auf die Decke einschlagend, noch immer hoffte, sie würden ein Einsehen haben und mir diese von mir als entsetzlich demütigend empfundene Prozedur doch noch erlassen, während ich »nein, nein, nein« schreiend und »ich muß auch bestimmt bald von selbst« noch auf Begnadigung hoffte, zerrten die harten Frauenhände mir schon die Unterhose herunter, und ich fühlte, wie eine der beiden Frauen trotz meines unaufhörlichen Zappelns die Afteröffnung fixierte und wie die Gummispritze in mich eindrang und meinen Darm mit lauwarmem Wasser aufschwemmte.
Zutiefst gedemütigt und in meinem Stolz auf unverzeihliche, unwiderrufliche Weise gekränkt und geschädigt, noch immer wimmernd, jedoch nicht mehr mich wehrend, da es ja schon geschehen war, erlebte ich auf eine sich mir tief einprägende Weise, mit welcher sadistisch zu nennenden Befriedigung die beiden Frauen sich ihres Sieges über mich freuten.
»Na also«, sagte die Schwester triumphierend, »na also, warum denn nicht gleich so. Du wirst es schon noch lernen, deiner Mutter zu gehorchen.«
Mit zufriedenen Mienen räumten sie die Utensilien beiseite. Zu Tode beschämt, von erstickter Wut und unsäglichem Haß erfüllt, ging ich eine halbe Stunde später unter den Augen meiner noch immer vor Genugtuung strahlenden Mutter mit einem mir

zusätzlich unwürdig erscheinenden unkontrollierbaren Durchfall auf den Topf.

Ein knackendes Geräusch riß mich aus meiner Versunkenheit.

Drei- oder vierjährig saß ich, während des Mittagsschlafs der Eltern mir selbst überlassen, hinter dem Haus der Familienpension, in der die Familie in zwei aufeinanderfolgenden Harzurlauben wohnte, und betrachtete voller Hingabe die Kieselsteine auf dem Grund des hinter dem Haus vorbeifließenden klaren Baches. Hellgraue, weiße, schwarze, gefleckte, gemusterte, kleine und große Kieselsteine. Ich sehe sie noch genau vor mir. Auch die größeren, hellgrauen Felsbrocken, auf denen man den Bach überqueren konnte, habe ich noch genauestens vor Augen.

Von Glücksgefühlen erfüllt, überließ ich mich der Schönheit des sommerlichen Nachmittags. Die Luft sirrte vor Hitze, das Wasser glitzerte, die Sonne hüpfte und tanzte in immer anderen Mustern mit den Wassertropfen um die Wette, die Kieselsteine grummelten dunkle Laute vor sich hin, während das Wasser in kleinen Kreiseln um die Biegung sprudelte, an der ich, unter einer Weide auf einem warmen Stein sitzend, selbstvergessen mit den Händen unter meinem Rock an mir herumspielte.

Es war eine alte Weide mit knorrigen Wurzeln und kräftigen, dicken Ästen, deren Zweige fast die Wasseroberfläche berührten. Ich kannte den Namen dieses Baumes schon, der Vater hatte ihn mir beigebracht. Er schnitt aus den kräftigen Zweigen Spazierstöcke zu, die er hernach kunstvoll mit allerlei Schnitzwerk verzierte.

Ich war eins mit der Fülle des Augenblicks. Ich war eins mit der Sonne, mit den vorbeischwirrenden Mücken, mit den ganz leicht im Wind zitternden Zweigen, mit den geschäftig hin und her laufenden Ameisen. Ich war eins mit mir und meiner Hand, die an mir herumspielte und mir Lust verschaffte. Ich war eins mit dieser Ewigkeit, die für nichts anderes Raum ließ als für meine Freude, meine Seligkeit, für ein Empfinden unverfälschten Glücks.

Ich weiß nicht, wie lange ich da gesessen habe. Ich weiß nur, daß es für mich eine Ewigkeit war. Eine Ewigkeit aus vollkommenem Glück, dem ich mich ungeteilt überließ.

Doch da, plötzlich, ein Knacken hinter mir. Ich schreckte hoch und drehte mich um. Ein großer, schwerer Stiefel kam auf mich

zu. Ein Männerschuh, ein schwerer brauner Männerschuh, eine große dicke Sohle mit tief eingekerbten Rillen, ein Bein in einem braun und weiß gemusterten Strumpf, einem Rautenstrumpf, wie ich ihn heute nennen würde, der die Waden bedeckte bis zu den Knien, wo die Hosenbeine anfingen.
Cordhosen waren es, Hosen aus einem dunkelbeigen Cordstoff, die unterhalb der Knie zusammengehalten wurden, sogenannte Knickerbocker, ich kannte solche Hosen, der Vater trug immer Knickerbocker, wenn er Urlaub machte oder eine Wanderung unternahm.
Eine Hand packte mich grob an der Schulter. Ich zuckte zusammen, ich erschrak zutiefst.
Dann reißt die Erinnerung abrupt ab. Wie bei einem Filmriß. Ich weiß nicht, was weiter geschehen ist. Ich weiß nicht, ob überhaupt etwas geschehen ist. Ich weiß nur, daß das Nicht-Erinnerbare, was auch immer es gewesen sein mag, mich nachhaltig verstört hat und daß es hernach für mich nie mehr möglich war, mich in einer solchen seligen Versunkenheit vollständig an die Ewigkeit zu verlieren.

»Was hast du, Mutti?« fragte ich, vierjährig, mitten in der Nacht aus dem während des Urlaubs am Fußende des elterlichen Ehebettes aufgestellten Kinderbett aufspringend und zum Bett der Mutter laufend, die mich durch Stöhnen und einen, wie ich dachte, Schmerzensschrei aufgeweckt hatte. »Was hast du, Mutti? Was macht der Vati da mit dir?«
Der Vater lag, wie ich in der nächtlichen Dunkelheit nur schemenhaft erkennen konnte, auf der Mutter und bewegte sich in heftigen, mich ängstigenden und verwirrenden Bewegungen hin und her, während die Mutter unablässig stöhnte, so daß ich glaubte, ich müßte ihr zu Hilfe eilen, ich müßte sie retten.
»Leg dich wieder hin und schlaf weiter«, sagte sie, »es ist nichts, du bist noch zu klein, um das zu verstehen.«
Gehorsam legte ich mich ins Bett. Doch ich fand keinen Schlaf.
Was machte der Vater da mit der Mutter? Wollte er sie umbringen? Warum stöhnte sie so? Warum tat der Vater der Mutter so weh?
Verstört erbrach ich anderntags mein Frühstück, aß und trank ich drei Tage lang nichts anderes als Zwieback und schwarzen Tee.

»Nimm Stefan mit«, sagte die Mutter, »und paß auf ihn auf.« Unwillig, wenngleich ohne zu widersprechen, nahm ich, fünfjährig, den zweijährigen Bruder bei der Hand und ging mit ihm hinter das Haus, um zu spielen. Seit wir in der Alfred-Flachs-Straße wohnten, mußte ich immerzu den kleinen Bruder mit mir herumschleppen.

In Burg, in der Hölderlinstraße, wo ich mein fünftes Lebensjahr verbrachte, während der Vater als Hilfsarbeiter arbeitete, so lange, bis ihn ein Arbeitsunfall in den Pfarrerberuf zurückkehren ließ, und wo ich in schwesterlicher Eifersucht das brüderliche Spielzeug hinausgeworfen hatte, hatte die Mutter mir die Aufsicht über den kleinen Bruder noch nicht anvertraut.

Unbehelligt hatte ich allein draußen spielen dürfen, ich hatte allein die Gegend ausgekundschaftet, und ich eroberte allein die auf mich eine gewisse unheimliche Faszination ausübende Höllenstraße, wie sie für mich fälschlicherweise hieß, ein Irrtum, der bis in mein zwanzigstes Jahr hinein unerkannt blieb, erst Norbert, der ganz in der Nähe aufgewachsen ist, hat mich über diesen Fehlschluß aufgeklärt. Ganz allein besuchte ich an den Nachmittagen meinen kleinen Freund Michael, in den ich mich viereinhalbjährig verliebte und von dem ich mich ein halbes Jahr später nur widerstrebend und in großer Traurigkeit verabschiedete, hatten wir uns doch mit großer Innigkeit ins Herz geschlossen.

Seit wir in der Alfred-Flachs-Straße wohnten, nahm mich die Mutter den Bruder betreffend plötzlich in die Pflicht. »Die Helene ist ja schon so groß«, hieß es da auf einmal, und: »Die Helene ist ja so vernünftig.«

Den Kleinen in der Obhut der also hochgelobten Großen wissend, entledigte sich die Mutter ihrer beiden Kinder aufs eleganteste.

Sechsjährig, siebenjährig, achtjährig, selber noch Nichtschwimmerin, schleppte ich während der Sommermonate Nachmittag für Nachmittag den kleinen Bruder mit ins Schwimmbad.

Ich trug für uns beide die Decke, die Handtücher, die Badesachen, ich sorgte dafür, daß er sein Schmalzbrot aß, ich zog ihn an, ich zog ihn aus, ich trocknete ihn ab, ich führte ihn zum Klo.

Neidische Blicke auf Nachbardecken werfend, wo die kleineren Kinder bei ihren Müttern bleiben konnten, während die größeren im Nichtschwimmerbecken herumtobten, weigerte ich

mich, mit dem Drei- beziehungsweise Vierjährigen in das Kleinkinderbecken zu gehen, das von den größeren Kindern nur als Pißbecken bezeichnet wurde und für das ich sechs- und siebenjährig nichts als geringschätzige Verachtung aufbrachte. Trotz Stefans offensichtlicher, brüllend vorgebrachter Wasserscheu, entgegen seinem immer wieder geäußerten Wunsch, doch ins »Kleine«, wie er das Planschbecken nannte, gehen zu dürfen, trotz meiner Angst, es könnte etwas passieren, und meinem ausgeprägt schlechten Gewissen zum Trotz, schleppte ich den zappelnden, widerstrebenden kleinen Kerl ins Nichtschwimmerbecken, dorthin, wo er gerade noch stehen konnte, packte ihn, meine größere Körperkraft rücksichtslos ausnutzend, an der Schulter und tunkte ihn kopfüber ins Wasser. Kam er schließlich luftschnappend hoch, das Gesicht verzerrt, weinend und nur bestrebt, schleunigst den Beckenrand zu erreichen, lachte ich ihn aus und schimpfte ihn einen wasserscheuen Angsthasen.
Fünfjährig, soeben in die Alfred-Flachs-Straße umgezogen, hinter dem Haus ein Sandkasten und eine große Spielfläche für die vielen, mich in Begeisterung versetzenden gleichaltrigen und größeren Kinder, ließ die Mutter mich ohne den kleinen Bruder kaum noch aus dem Haus.
»Paß auf ihn auf«, rief sie, »und zum Mittagessen seid ihr pünktlich zurück.«
Bernd und Rolf hatten einen Murmelwettkampf organisiert, und ich wollte und sollte unbedingt mitspielen. Stefan, den ich zunächst daran beteiligen wollte, stellte sich, wie für einen Zweijährigen nicht weiter verwunderlich, dermaßen ungeschickt an, daß ich beschloß, ihn von dem Spiel auszuschließen. Etwa zehn Meter von unserem Klickerloch entfernt setzte ich ihn in den Sandkasten und befahl ihm, sich nicht von der Stelle zu rühren. Während des mit Feuereifer ausgetragenen Klickerspiels vergaß ich ihn schließlich völlig.
Erst als die Mutter von einem der hinteren Fenster aus nach uns rief, fiel er mir wieder ein, doch er saß brav da, buk allerlei Törtchen aus Sand und hatte sich anscheinend wirklich nicht von der Stelle gerührt. Ich faßte ihn an der Hand und zerrte den langsam trottenden kleinen Kerl ungeduldig hinter mir her. Ich klingelte an der Haustür, und wir gingen die Treppe hinauf zu unserer Wohnung, wo die Mutter uns erwartete.
»Aber der Stefan hat ja nur einen Schuh«, rief sie, »wo ist denn der andere Schuh geblieben, ich hab' dir doch gesagt, du sollst

auf deinen Bruder aufpassen, hast du wieder mal nicht auf mich gehört!«
Voller Wut und Erbitterung schaute ich auf Stefan, der unschuldig und, wie ich fand, dumm dreinschaute, nicht einen Ton herausbrachte und über den Verbleib des, wie ich sofort begriff, aus Wut über mich versteckten Schuhs nicht die geringste Auskunft gab.
Die mütterliche Backpfeife noch auf der Wange fühlend, ging ich wieder hinunter, in der Annahme, den Schuh im Sandkasten zu finden. Doch ganz offensichtlich war der Bruder nicht die ganze Zeit dort sitzen geblieben, im Sandkasten jedenfalls fand ich den Schuh nicht. Ein paar Tage später wurde er zufällig in einem Gebüsch entdeckt, aber da hatte Stefan schon sein Ziel erreicht, die große Schwester war mal wieder an allem schuld.

An der Resopalplatte über ein Lehrbuch gebeugt, den warmen Schein der Schreibtischlampe auf der Stirn, schaute ich, zehnjährig, in den finsteren Abend hinaus. Der Winter war gekommen, die Trappschen Maßmöbel waren da. Der erste Winter im Gemeindehaus. Das erste Jahr im Gymnasium. Mein erstes eigenes Zimmer, der Bruder unerreichbar weit weg.
»Ein richtiger Junge spielt nicht mit Mädchen«, hatte er im Schwimmbad plötzlich, so daß ich es hören konnte, zu seinem Freund gesagt, während ich, durch den Umzug all meiner Spielgefährten beraubt, auf seine Gesellschaft angewiesen war. Und er hatte mich den ganzen Sommer über in Anwesenheit seiner Freunde wie Luft behandelt, hatte seine Decke demonstrativ weit von der meinen entfernt ausgebreitet, und er war noch nicht einmal mehr bereit gewesen, das mir von der Mutter für uns beide mitgegebene Vesperbrot aus meiner Hand entgegenzunehmen.
Gelangweilt schaute ich in die trostlose Dunkelheit hinaus. Angestrengt versuchte ich hinter den Sinn der Buchstaben in dem aufgeschlagenen Buch zu kommen.
Warum badet die Mutter mich nie? dachte es unaufhörlich in mir, während ich erfolglos versuchte, den neuerlichen Eifersuchtsanfall zu ersticken. Nie badet sie mich, immer badet sie nur ihn.
Schon als kleines Kind hatte ich ständig mit ansehen müssen, wie sie den Bruder, erst seiner angegriffenen Haut, später einer Phimose wegen alle zwei Tage zärtlich und ausgiebig badete,

abtrocknete, eincremte und ihm während der endlos in die Länge gezogenen Badezeremonie darüber hinaus noch mit warmer, liebevoller Stimme Märchen vorlas. Auch jetzt hörte ich wieder diese Stimme. Ich verstand die Worte nicht, doch ich hörte ihre Stimme, durch die beiden geschlossenen Türen hindurch, durch die Tür zu meinem Zimmer hindurch, über den Flur hinweg, durch die geschlossene Badezimmertür hindurch hörte ich ihre, in der Intimität mit dem kleinen Sohn immer nur warme, von mir immer nur vergeblich für mich ersehnte, geliebte Stimme.

Tränen in den Augen, meine mir verächtlich erscheinende Eifersucht mit den vom Vater erlernten Vokabeln »Weichling« und »Schwächling« vergeblich bekämpfend, nur mehr noch verschwommene Zeilen in dem Buch wahrnehmend, schluchzend, die Hände vor die Ohren haltend, um diese Stimme nicht mehr hören zu müssen, verfiel ich einem Gefühl entsetzlichster Einsamkeit. Der blaue Teppich, die Trappschen Maßmöbel, die Resopalplatte, alle diese vom Vater immerzu als Sinn und Befriedigung verschaffend angepriesenen Gegenstände, die Schulhefte, die Lehrbücher, die Umrisse des Dachgartens vor meinem Fenster, das Gemeindehaus, die Schule, alles, alles, alles erschien mir kalt, leer, sinnlos, von nichts als zweifelhaftem, schalem Wert.

Wie eine Diebin schlich ich mich schließlich hinaus in den dunklen Flur und belauschte von außen diese mich gänzlich und brutal ausschließende Intimität zwischen der Mutter und ihrem Sohn, ja, ich verstieg mich gar zu einem Blick durch das Schlüsselloch, ich sah die Mutter in dem hellerleuchteten Raum, ich sah ihr Gesicht, entspannt, friedlich wie sonst fast nie, ich sah den Bruder, ich sah ihn in der Wanne ausgestreckt, zugedeckt bis obenhin mit weißem Schaum, den Kopf der Mutter zugewandt, zufrieden auch er, und ich verließ diesen Anblick, ich verließ die Stimme, ich floh vor meiner Sehnsucht und vor meinem Neid, und ich stürzte ins Gästezimmer, wo ich sie nicht hören konnte, und heulte mich dort, auf dem Boden liegend, das Gesicht in ein Kissen gedrückt, aus.

Anschließend trocknete ich mir die Tränen, holte mir eines der verbotenen Bücher aus dem sogenannten Erwachsenenbücherschrank und ergab mich einem trotzigen, heimlichen Traum, einer Überlegenheit verschaffenden Vorstellung künftigen Geliebtwerdens. Von Schuldgefühlen geplagt, doch der quälenden Eifersucht entronnen, folgte ich einer Dame und deren galan-

tem Kavalier in einen heimlichen, verbotenen Liebesrausch, in einem, von einer wissend, aber verschwiegen dreinblickenden Vermieterin hergerichteten, von schummerigem Licht erfüllten Hinterhofzimmerchen.
Liebe, spätestens an diesem Tag prägte es sich mir ein, Liebe gibt es für mich, wenn überhaupt, nur durch das Schlüsselloch oder in einem Buch.

Wenn ich sie doch einmal nackt sehen könnte, dachte ich und schämte mich sogleich entsetzlich dieses Gedankens. Einmal nur ihren nackten Hintern sehen dürfen, einmal nur einen einzigen Blick werfen dürfen auf dieses verführerische weiße Terrain, von dem meine Augen gerade wieder einen winzigen Ausschnitt ergattert hatten.
Endlich wissen, wie die Mutter nackt ausschaut, sie, diese unerreichbare, schreckliche, schöne Frau. Nur anschauen, bitte, nur anschauen, mehr verlange ich nicht.
Meine Sehnsucht wurde so groß, daß ich glaubte, sie stünde mir schon auf der Stirn geschrieben. Mit, wie ich glaubte, knallrotem Kopf drehte ich mich, um nicht ertappt zu werden, in Mutters Bett, in das ich mich, siebenjährig, an diesem schulfreien Morgen, während sie, wie ich wußte, gerade im Begriff war, aufzustehen, hineingebettelt hatte, zur Seite.
Ich kannte den Moment, in dem ich wenigstens diese winzige Ecke ihres schneeweißen Hinterns zu sehen bekommen würde, genau. Es war der Moment, wo sie, im Nachthemd auf der Bettkante sitzend, den Schlüpfer anzog, sich hierzu einen köstlichen Augenblick lang ein wenig erhebend.
Da war er, der Moment, der winzige Moment zwischen dem Hochziehen des Schlüpfers und dem Wiederheruntergefallenlassen des Nachthemds, da war er gewesen, und ich erglühte erneut vor verbotener irrsinniger Begierde.
Einmal nur sehen, wie sie nackt ausschaut, einmal nur, bitte, einmal nur, ein einziges köstliches Mal.
Wohl wissend, daß man mich auf Tage hinaus mit der fürchterlichsten Verachtung strafen würde, wenn ich es wagte, diesen Wunsch zu äußern, schlug doch mein Gewissen schon bei dem bloßen Gedanken in schrillsten Tönen Alarm, drehte ich mich, mein Verlangen unterdrückend, stumm auf die Seite und verbarg meinen vor unzüchtiger Begierde fast platzenden Kopf zwischen den Kissen.

Ach, bitte, Mutter, bitte, bitte, bitte, warum kämmst du mich nie so, wie du dich selber kämmst, warum schenkst du mir nie diese Hingabe, diese Zeit, diese deine so seltene, kostbare Geduld.

Stumm, in gebührendem Abstand, stand ich, sechsjährig, siebenjährig, achtjährig, neunjährig, ja, zehnjährig noch und elfjährig, vielleicht auch schon dreijährig, vierjährig, fünfjährig, unzählige Male jedenfalls, immer wieder morgens im Flur und schaute voller Sehnsucht durch die halb geöffnete Schlafzimmertür auf die vor dem Frisiertisch sitzende, sich mit Hingabe die Haare kämmende Mutter.

Warum kämmte sie mich auf diese Weise nie? Warum kämmte sie sich selbst ihre Haare mit solcher Sorgfalt, warum hatte sie für mich diese Geduld nie?

»Ratsch, ratsch, ratsch« machte es bei mir, und ich glaubte, sie wollte mir die Haare ausreißen.

»Aua«, schrie ich auf.

»Halt still«, fuhr sie mich an, »stell dich doch nicht immer so an.«

Schweigend stand ich im Flur und schaute ihr zu. In verführerischer Schönheit glänzten ihre für die Dauer kostbarster Minuten aus dem strengen Knoten gelösten, langen schwarzen Haare auf ihren Schultern. Mit ruhigem, entspanntem Gesichtsausdruck schaute sie sich im Spiegel an, mit sanften Bewegungen glitt sie mit dem Kamm durch die Haare, innehaltend mittendrin, ihr Gesicht betrachtend, versunken in ihren eigenen Anblick, entrückt, verzaubert, fast als wäre sie in einer anderen Welt.

Nie, so glaube ich, hat sie bemerkt, wie ich ganz leise, regungslos, um sie nicht zu stören, andächtig einige Meter von ihr entfernt im Flur stehend, meine sehnsüchtigen Blicke nach ihr aussandte, nie, glaube ich, hat sie bemerkt, wie sehr ich sie anbetete, wie sehr ich sie liebte, in welchem Ausmaß sie alles für mich war. Und nie, glaube ich, nie liebte ich sie mehr als in diesen Minuten ihrer wundervollen morgendlichen Versunkenheit, wenn ihr Gesicht diesen seltenen glücklichen Ausdruck annahm, wenn sie, ein leises, fast unhörbares Summen auf den Lippen mit sanften Bewegungen durch ihre Haare strich, wenn sie, wie von Klängen einer himmlischen Musik gewiegt, ganz sich selbst zu gehören schien, wenn sie schöner war als jede in den bezauberndsten Märchen beschriebene schöne Fee.

Aber warum, Mutter, warum kämmst du mich nie auf diese

Weise, warum teilst du dein Glück, deine Schönheit, deine Liebe niemals mit mir? Liegt es daran, daß meine Haare braun sind, gefalle ich dir deshalb nicht, findest du mich deshalb überhaupt nicht schön? Doch Stefan hat auch braune Haare, seine Augen sind genauso grün wie meine, und ihn liebst du doch auch.
Warum, Mutter, warum werde ich von dir nicht geliebt? Was habe ich getan, worin besteht meine Schuld, warum habe ich dir gerade noch gefehlt?

»Komm, Hanne, hier geht's am besten.«
Kichernd schlossen wir uns, nachdem wir der Reihe nach alle freiwerdenden Kabinen untersucht hatten, in der der Garderobe gegenüberliegenden, vom Eingang aus gesehen zweiten Umkleidekabine ein.
Diese wies in der sie von der ersten Kabine trennenden Zwischenwand zwei kirschkerngroße Löcher auf, für jede von uns eins, und wir machten uns daran, einem der verbotensten Spiele zu frönen, das wir kannten, wir schauten Frauen beim Umkleiden zu. Die beiden Löcher waren in der Höhe der Hüfte erwachsener Frauen angebracht, offenbar hatte eine Voyeurin vor uns unsere Vorliebe für das Betrachten weiblicher Schamhaare geteilt.
Fasziniert sahen wir uns – nur durch eine dünne Holzwand und einen halben Meter Abstand getrennt – in unmittelbarer Nähe des sonst unerreichbaren Anblicks blonder, schwarzer, brauner, ja, einmal sogar roter Schamhaare.
Auch mein Interesse an nackten Hintern kam nicht zu kurz. Einmal drehte sich eine Frau beim Ausziehen ihrer Strümpfe so herum, daß ihr Hintern beinahe das Loch berührt hätte, ich hätte nur den kleinen Finger auszustrecken brauchen, und ich hätte die mir monströs erscheinende Masse berühren können. Doch irgendwie befriedigte mich dieser Anblick nur wenig, der mütterliche Hintern hätte mich tausendmal mehr interessiert.
»Was macht ihr eigentlich so lange in der Kabine?« rief auf einmal eine Frauenstimme, während eine energische Hand gegen die Tür pochte.
»Beeilt euch gefälligst, wir haben Hochsaison, die Kabine wird auch noch von anderen gebraucht.«
Mit knallrotem Gesicht schauten Hanne und ich uns an. Einen Moment lang hatte es so ausgesehen, als wären wir erwischt

worden. Vielleicht, so war es mir durch den Kopf geschossen, vielleicht hatte die Frau von vorhin, die mit dem großen Hintern und den zu dick geratenen Beinen, unsere abschätzigen Blicke durch die Bretterwand hindurch gefühlt, und sie rächte sich nun auf ihre Weise für die erlittene Herabsetzung.
Doch es war nichts passiert, es herrschte nur Hochbetrieb, die Kabine wurde gebraucht. Wir ließen noch eine kleine Schamfrist verstreichen und rannten dann, ohne uns nach der Frau hinter der Garderobentheke, in der wir die Spielverderberin vermuteten, auch nur umzusehen, blitzschnell aus der Umkleidebaracke heraus. Für heute war es vorbei mit der Lust.
Vielleicht morgen wieder, oder übermorgen, wir durften auf keinen Fall Aufsehen erregen, die Vorstellung, meine Gier auf nackte Frauenkörper könnte zu Hause ruchbar werden, ließ mich entsetzt zusammenzucken.
Wenn das der Vater erfährt, bringt er mich um, dachte ich und zerrte Hanne in das tiefe Becken hinein, wo ich in einer wilden Wasserschlacht die plötzlich aufsteigenden immensen Schuld- und Schamgefühle zu ersticken suchte.
»Komm, Hanne, wer von uns beiden taucht schneller an den anderen Beckenrand? Los, mach schon! Auf die Plätze, fertig, los!«

»Du hast eine süße Schwester, mein Lieber«, hörte ich, rot werdend, Rainer zu seinem um viele Jahre jüngeren Freund sagen, »ich hätte Lust, sie mal zu vernaschen, aber was verstehst du denn schon davon!«
Rainer und Stefan gingen wie zufällig an meiner Decke vorbei. Ich war allein und lag, elfjährig, auf dem Bauch und las. Stefan lagerte ein paar Decken weiter.
Wir legten uns nicht zusammen an einen Platz, doch irgendwie waren wir in letzter Zeit wieder gemeinsam da. Stefan hatte seine schlimmsten Abweisungseitelkeiten hinter sich gelassen, er spielte wieder mit mir, nicht nur zu Hause, auch in der Öffentlichkeit, und war er allein im Schwimmbad, kam er sogar zu mir auf meine Decke, und wir spielten Canasta und Rommé, manchmal stundenlang. Jetzt hatte er diesen Freund kennengelernt, einen Lehrling, älter noch als ich, vierzehn oder fünfzehn Jahre alt, ein selbstbewußter junger Kerl, der mich dauernd so komisch ansah und der jetzt diesen Satz gesagt hatte, der mir auf aufregende und beängstigende Weise schmeichelte.

Neulich schon hatte er mich ein paarmal recht unsanft ins Wasser geworfen: Ich stand geistesabwesend am Beckenrand und schaute einigen Schwimmern zu, die beneidenswert schnell durch das Becken tauchten, da kam plötzlich von hinten jemand angesprungen, faßte mich um die Taille, legte seine Hand auf meinen Bauch und warf mich dann mit Gejohle, mich hierzu wie ein Paket hochhebend, ins Wasser.
»Mann«, schnaubte ich, als ich wieder hochkam, »ich bin doch überhaupt nicht abgekühlt, ich kann mir einen Hitzschlag holen, weißt du das denn nicht, du blöder Kerl!«
Doch er grinste mich nur selbstbewußt an, und ich fand sein freches Lachen irgendwie nicht ohne Reiz.
»Komm mit, ich zeig dir was«, sagte er eines Tages, und ich ließ mich dazu überreden, mit an den Zaun zu kommen, der das Schwimmbad von den Flußwiesen trennte.
Stefan war, nicht ohne Absicht, wie ich vermute, mit einigen von Rainer spendierten Groschen zu dem um diese Zeit von einer großen Menschentraube umlagerten Kiosk geschickt worden, um Waffeln und Lakritz zu holen.
»Na, komm schon, Helene«, sagte Rainer und griff neckend nach meinen Zöpfen, »komm schon, beeil dich, zier dich doch nicht so, komm mit und stell dich nicht so an.«
Widerstrebend, doch unfähig, der von ihm ausgehenden Anziehungskraft zu widerstehen, folgte ich dem schwarzgelockten, sonnengebräunten Rainer in das die Liegewiesen des Schwimmbads vor den Blicken der auf der Uferwiesenpromenade spazierenden Fußgänger schützende Gebüsch.
Eh' ich's mich versah, bedeckte Rainer mein Gesicht, meinen Mund, meinen Hals und meinen Nacken mit heißen, gierigen Küssen, eh' ich's mich versah, fummelte er mit seinen Händen überall an meinem Körper herum, griff er von oben in meinen Badeanzug hinein, befühlte er meine kindlichen Brüste und fuhr er mir mit der anderen Hand zwischen die Beine und über den Bauch.
»Laß mich los«, sagte ich und versuchte, wegzulaufen, doch er hielt mich fest in seinen Armen, und ich fühlte in seinem eng an mich gepreßten Körper eine heftige Erregung, die allmählich auch von mir Besitz ergriff.
»Laß mich los«, brüllte ich da mit plötzlicher Entschiedenheit, »laß mich los!«
In diesem Moment gingen außerhalb des Zauns Spaziergänger vorbei.

»Unzucht«, sagte eine tiefe, barsche Männerstimme, und wir stoben gemeinschaftlich auf und davon.

»Komm doch ein bißchen zu mir«, sagte sie, »das ist doch viel gemütlicher.«
Erstaunt sah ich sie an. Wie immer war ich nach dem Mittagessen in mein Zimmer gegangen, um meine Hausaufgaben zu machen. Die Eltern waren im Wohnzimmer und hielten ihren Mittagsschlaf.
Zu meiner Überraschung war Tina, die jüngste Schwester des Vaters, die, neunzehnjährig, für einige Wochen bei uns zu Besuch war, kaum daß die Eltern sich schlafen gelegt hatten, zu mir ins Zimmer gekommen und hatte mir eröffnet, ihren Mittagsschlaf heute statt wie sonst im Gästezimmer, wo man sie einquartiert hatte, bei mir zu halten.
Verwundert schaute ich sie an, sagte jedoch nichts.
Ich hatte Tina, die mit ihren knapp sechs Jahren Altersvorsprung eigentlich eher eine Cousine als eine Tante von mir hätte sein können, noch nie besonders gut leiden können, und wenn sie mich anläßlich meiner Aufenthalte bei meiner Großmutter väterlicherseits, bei der sie damals noch lebte, immer wieder eindringlich darum bat, ihr doch ihre von schrecklichen Hautausschlägen verunstaltete, schmerzende, juckende Haut einzucremen, hatte ich mich insgeheim oft, natürlich nicht ohne mich dieses unchristlichen Gefühls zu schämen, vor ihr geekelt.
Als wäre sie in meinem Zimmer zu Hause, zog sie das Bettzeug aus dem Bettkasten, machte sich mein Bett zurecht, das ich wie jeden Tag am Morgen nach dem Aufstehen in eine Tagesliege verwandelt hatte, zog sich dann, wie ich nicht ohne Befremden aus den Augenwinkeln heraus beobachtete, bis auf die Unterhose aus und legte sich hinein.
»Komm doch ein bißchen zu mir«, wiederholte sie, »das ist doch viel gemütlicher.«
»Ich habe keine Zeit«, sagte ich abweisend, »wir haben so viele Hausaufgaben auf.«
»Ach komm«, sagte sie, »sei doch nicht so. Es braucht ja nicht lange zu dauern. Ein Viertelstündchen nur, so viel Zeit hast du bestimmt.«
Ich zögerte und starrte unschlüssig auf mein Heft. Ich mochte sie nicht. Ich wollte nicht, daß sie in meinem Bett lag, und ich wollte erst recht nicht zusammen mit ihr in meinem Bett liegen.

»Komm schon«, sagte sie ungeduldig, »komm endlich. Zieh dich aus und leg dich zu mir.«
»Aber ich bin doch überhaupt nicht müde«, sagte ich, hilflos, in einem letzten Versuch, aufzubegehren.
»Na und«, sagte sie und grinste mich herablassend an, »das brauchst du auch überhaupt nicht zu sein. Ich bin ja auch nicht müde, na los, komm, mach schon, stell dich nicht so an.«
In der Gewißheit, ohnehin nicht in Ruhe gelassen zu werden, und in der Hoffnung, sie auf diese Weise am schnellsten wieder loszuwerden, gab ich nach. Ich zog mich ebenfalls bis auf die Unterwäsche aus und legte mich zu ihr ins Bett.
»Aber nur eine Viertelstunde«, sagte ich, »dann muß ich weiterarbeiten.«
»Ja, ja«, sagte sie gleichgültig, und sie forderte mich auf, mein Unterhemd, das ich aus Scham anbehalten hatte, auch noch auszuziehen, und fing an, an meinen Brüsten herumzufummeln.
»Du hast ganz nette kleine Brüste«, sagte sie gönnerhaft, während ich am liebsten in den Boden versunken wäre vor Scham.
Hoffentlich kommt jetzt keiner herein, dachte ich plötzlich und entsetzte mich bei diesem Gedanken. Hoffentlich kommt keiner auf den Dachgarten, hoffentlich stellt sich keiner im Wohnzimmer an das große Fenster und sieht, was wir hier tun, denn wenn das einer sieht, bringen sie mich um.
»Schau dir doch mal meine Brüste an«, sagte sie und hielt mir ihren, wie ich fand, viel zu großen Busen vor die Augen.
»Schau sie dir genau an«, sagte sie, »die sind ein bißchen größer als deine, nicht wahr, du hast ja mit deinen dreizehn Jahren noch die reinste Kinderbrust.«
Und wieder verzog sie ihr Gesicht zu diesem widerwärtigen herablassenden Grinsen, mit dem sie mich schon die ganze Zeit über anschaute.
Ich fing an, sie zu hassen.
»Jetzt ist es aber genug«, sagte ich, »ich stehe jetzt auf. Wenn meine Eltern das merken, passiert ein Unglück.«
»Ach was«, sagte sie und verzog erneut das Gesicht zu einem geringschätzigen Lachen, »die merken das doch gar nicht, und wenn schon, was ist denn schon dabei?«
»Aber ich will das nicht«, sagte ich, »und außerdem habe ich noch so viel zu tun.«
»Du hast mir eine Viertelstunde versprochen«, sagte sie mit

einer fast brutal zu nennenden, harten strengen Stimme. »Die Viertelstunde ist noch längst nicht um.«

»Küß mich jetzt«, sagte sie dann plötzlich und fing gleichzeitig an, ihre Hand in meine Hose zu schieben. »Küß mich jetzt, Helene. Mein Gott, was bist du verklemmt.«

»Nein«, sagte ich und wandte mein Gesicht von ihr ab. »Ich will nicht.«

Von Minute zu Minute wurde mir das Ganze widerwärtiger. Ich ekelte mich vor ihr, und ich fing an, mich selbst ob meiner Folgsamkeit zu hassen.

»Stell dich nicht so an«, sagte sie und preßte ihre Lippen auf meinen zusammengekniffenen Mund, so lange, bis es ihr gelang, mit ihrer Zunge einzudringen, die mir klebrig und abstoßend erschien.

»Gefällt dir das denn überhaupt nicht?« fragte sie schließlich, als sie offensichtlich den Geschmack an dieser einseitigen Küsserei verloren hatte, und sie deutete auf ihre rechte Hand, die noch immer zwischen meinen Beinen herumfuhr.

»Nein«, sagte ich wahrheitsgemäß und schüttelte den Kopf. »Außerdem ist die Viertelstunde jetzt 'rum«, fügte ich hinzu und machte Anstalten, mich zu erheben.

»Ach, bleib doch noch ein Weilchen«, flehte sie, mit plötzlich veränderter Stimme. »Bleib doch noch ein kleines Weilchen, danach laß ich dich gehen.«

Und ich brachte es wieder nicht fertig, einfach aufzustehen und mich anzuziehen und mich wieder an meinen Schreibtisch zu setzen und Hausaufgaben zu machen.

»Küß mich«, sagte sie wieder, »küß mich«, und sie drückte meinen Kopf zwischen ihre riesigen heißen Brüste und forderte mich auf, die Brustwarzen in den Mund zu nehmen und daran zu saugen, wie ein kleines Kind.

Ich schämte mich entsetzlich. Angewidert, von Scham- und Ekel- und Schuldgefühlen erfüllt, voller Angst, man könnte uns bei diesem entsetzlichen Treiben beobachten, von dem immer stärker werdenden Gedanken geängstigt, totgeschlagen zu werden, wenn diese fürchterliche Tat herauskäme, von Minute zu Minute mich Tina stärker ausgeliefert fühlend, voller Angst, sie würde mich verraten, wenn ich ihr nicht in jeder Hinsicht zu Willen war, machte ich schließlich, ohne mich weiter zu sträuben, alles, was sie verlangte, und ich wiederholte diese meine mir auch an den folgenden Tagen abverlangte Gefügigkeit bis zum Tag ihrer Abreise noch ein fünftes und ein sechstes Mal.

»Du bist aber ein leichtsinniges kleines Mädchen«, sagte der Obsthändler, als ich in einem sintflutartigen Regen, einem von Hagelkörnern durchsetzten, die Straße menschenleer fegenden Unwetter über die Straße gelaufen kam, um an seinem Wagen ein Kilo Bananen zu kaufen. »Wie alt bist du denn?«
»Sieben«, antwortete ich, »ich bin gerade sieben geworden.«
»Und da läßt dich deine Mutter bei diesem Wetter vor die Tür? Du hast ja noch nicht einmal eine richtige Jacke an«, sagte er und deutete kopfschüttelnd auf die dünne Strickjacke, die ich mir übergezogen hatte.
»Weiß deine Mutter denn überhaupt, daß du draußen bist?« fragte er streng. »Bei solch einem Hagel draußen herumzulaufen, das ist nicht ganz ungefährlich.«
Und er hob eine Handvoll Hagelkörner auf und hielt sie mir warnend hin.
»Mein Vater hat mich geschickt«, sagte ich, unter dem Dach des Obstwagens von einem nassen Fuß auf den anderen tretend, »mein Vater hat mich geschickt, die ganze Familie ist krank, und ich soll ein Kilo Bananen holen, auf Bananen hat er jetzt Appetit.«
»Ach so«, sagte der Obstmann und packte mir, noch immer kopfschüttelnd, ein Bündel Bananen ein. »Dein Vater hat dich also selbst geschickt. Was haben sie denn alle, die anderen in der Familie?«
»Die Grippe«, sagte ich, »ich habe sie auch gerade gehabt, bis gestern habe ich auch im Bett gelegen, gestern habe ich auch noch Fieber gehabt, doch jetzt sind die anderen alle krank, und da muß ich mich um alles kümmern.«
»Dann paß nur auf, daß du nicht gleich wieder krank wirst«, sagte er vorwurfsvoll und gab mir das Wechselgeld heraus, »und jetzt lauf und bring deinem Vater seine Bananen.«
»Du bist meine gute Krott«, sagte der Vater mit anerkennendem Lächeln, als ich mit klatschnassen Haaren an sein Bett trat, »dich kann man schicken.«
Und er ließ sich mit strahlendem Gesicht die erste Banane schmecken.
Hoffentlich kommt das Fieber wieder zurück, dachte ich und suchte mir, der Anweisung der Mutter, die sich von ihrem Bett aus über meine Durchnäßtheit entsetzt hatte, nur widerwillig Folge leistend, trockene Sachen aus dem Kleiderschrank im Kinderzimmer heraus. Hoffentlich werde ich ganz schnell wieder krank, und ich schaute voller Erbitterung auf den Bruder,

der, wie Vater und Mutter auch, mit trockenen Klamotten im Bett lag, während ich, die ich doch auch gerade erst krank gewesen war, für die ganze, mir plötzlich zutiefst verhaßte Familie ein mein gutes Krottchen genanntes Dienstmädchen zu spielen hatte.
Ich werde auch wieder krank, dachte ich, ich werde viel kränker als sie alle zusammen, und dann lege ich mich ganz, ganz lange ins Bett und lasse mich bedienen.
Doch ich wurde nicht wieder krank, und ich fing an, zum ersten Mal, glaube ich, meinen gesunden, robusten, widerstandsfähigen Körper aus tiefster Seele zu hassen.

»Ich halte das alles nicht mehr aus«, schrie die Mutter, »ich kann nicht mehr.«
Stumm schauten Stefan und ich uns an.
Vor uns der gedeckte Mittagstisch, die halbvolle Kartoffelschüssel, die Gemüseschüssel, der Teller mit dem Bratenrest vom Sonntag. Links von mir Mutters Gedeck. Fast unberührt, die Kartoffeln, das Gemüse, das Fleisch. Rechts von mir Vaters Teller, auch dieser kaum mehr als zur Hälfte geleert.
Stumm stocherten Stefan und ich in unseren kalten Essensresten herum.
»Eßt weiter«, hatte der Vater gesagt, »und verhaltet euch ruhig.«
Ängstlich darauf bedacht, den in dem durcheinandergebrachten Haushalt unterschwellig brodelnden Zorn nicht auf uns zu lenken, wagten wir es nicht einmal jetzt, wo wir allein an dem Tisch saßen, über das befremdende Geschehen zu sprechen.
»Seid ruhig«, hatte der Vater gesagt, und es hatte beinahe so geklungen, als wären wir an dem neuerlichen Drama schuld.
Schon wieder quälte uns die Mutter mit einem dieser entsetzlichen Ausbrüche. Schon wieder dieses anfallartige Weinen, das plötzliche, schreiende Aufspringen, die plötzliche, überfallartige Übelkeit.
Gerade noch hatte sie das Gebet gesprochen, gerade noch hatte sie uns die Teller gefüllt, gerade hatte sie mit dem Essen begonnen, da brach das Weinen aus ihr heraus.
Kaum hatte der Vater davon gesprochen, wie sehr es ihn belaste, nichts dagegen tun zu können, daß der ständig betrunkene Herr Vorentschalo seine Frau und seine Kinder unablässig mißhandele, kaum hatte er sich darüber entsetzt, daß er am Ende der Woche schon wieder eine Beerdigung würde halten müssen,

kaum hatte er die neuerliche, ihn zu Vertretungsdienst zwingende Erkrankung des Kollegen Wendler beklagt, kaum hatte er mit alledem auch nur angefangen, da sprang die Mutter plötzlich auf, stieß ihren Teller zurück, warf beinahe den Stuhl um und brach »ich halte das alles nicht mehr aus« und »ich kann nicht mehr« schreiend in einen sturzbachartigen Tränenfluß aus.
Von einem Moment zum anderen gab sie ihr gewohntes Verhalten auf, von einem Moment zum anderen hörte sie auf, die zu sein, die wir kannten, von einem Moment zum anderen präsentierte sie sich als eine gänzlich andere Person.
Ohne erkennbaren Grund verließ sie die Welt der Gewohnheit, des Alltags, der Regeln und des Benimms. Gerade so als gäbe es das alles nicht mehr, gerade so als wären der Eßtisch und das Essen und die Mahlzeit und die die Mahlzeit regelnden Gebote und Vorschriften plötzlich verschwunden, gerade so als hätten alle diese sonst mit fanatisch zu nennender Penibilität eingehaltenen Rituale urplötzlich ihre Bedeutung und ihre Macht verloren, überließ sie sich von einem Augenblick auf den anderen einem alles und alle außer acht lassenden gewaltigen, tränenreichen Schmerz.
Von einem Moment auf den anderen war sie verwandelt, war sie eine Aufgelöste, war sie nur noch Weinen und Schluchzen und Schmerz.
Einer trügerischen Maske gleich, die zu bewahren ihr plötzlich die Kräfte fehlten, schien ihr alltäglicher Gesichtsausdruck von ihrem Gesicht herabgefallen und geplatzt. Ungeschützt stürzte das plötzlich nackte Gesicht in einen Strudel verzweifelter Hemmungslosigkeit.
Fassungslos schaute ich sie an. Sie sah schrecklich aus. Nichts erinnerte mehr an ihre Schönheit, nichts war geblieben von dem, was ich liebte. Sie war nur noch häßlich und von Schmerz entstellt.
Ich sah diesen Schmerz, ich sah ihre Tränen, ich sah, daß sie litt. Und dennoch rief ihre überfallartige Hemmungslosigkeit mehr mein Entsetzen hervor, als daß sie mein Mitleid erregte.
Wieso läßt sie sich so gehen, fragte ich mich nicht ohne Wut, wieso nimmt sie sich nicht ein bißchen zusammen, Stefan und ich müssen uns doch auch immerzu beherrschen, was berechtigt denn sie zu dieser unkontrollierten wüsten Heulerei?
Nichts schien sie aufhalten zu können. Sie schüttelte sich unter Schluchzen, alle Fesseln der Konvention schienen gesprengt,

alle Dämme gebrochen, es hätte nicht viel gefehlt, und sie hätte sich in einen Tränensee aufgelöst.
Plötzlich, noch immer weinend, riß sie die Arme hoch. Einen Moment lang sah es so aus, als wollte sie sich auf den Vater stürzen, einen Moment lang blitzte Wut auf in ihren Augen, Zorn löste den Schmerz ab und Haß, doch dann ließ sie die Arme wieder fallen und setzte das Weinen fort.
Wie eine gewaltige Welle brach das Aufbegehren aus ihr heraus, stieg es an, brach es über ihr und über uns zusammen.
Ein weiteres Ich-kann-nicht-Mehr hervorstoßend, rannte sie schließlich ins Bad, riß mit ungewohnter Lautstärke, mit einer Kraft, die eigentlich, so denke ich heute, eine Wut war, die Badezimmertür auf, und man hörte bald darauf die den Ausbruch beendenden Geräusche von Erbrechen und Wasserrauschen. Der Spuk war vorbei, sie erbrach sich, und der Schmerz verschwand im Klo.

»Margarita«, rief der Vater, der der Mutter in einigem Abstand gefolgt war, mit besorgter, fast ängstlich zu nennender Stimme, »Margarita, Margarita, was hast du denn bloß?«
Stumm schauten Stefan und ich uns an. Wieso durfte die Mutter sich ungestraft eine solche Schwäche erlauben? Wieso durfte sie weinen, schreien, aufspringen und unter Ich-kann-nicht-mehr-Gejammer ins Bad stürzen, wieso durfte sie im Gegensatz zu uns ein solcher Weichling sein?
»Stell dich nicht so an«, pflegte der Vater zu sagen, wenn einer von uns es wagte, zu jammern oder zu weinen. »Reiß dich gefälligst zusammen und laß endlich diese Mätzchen sein, du Weichling«, waren die täglich aufs neue hervorgestoßenen Befehle, mit denen der Vater während der Mahlzeiten über seinen Sohn herzufallen pflegte, hierzu seine die Gemeinde und das Elend der Welt betreffende Rede unterbrechend, außer sich vor Zorn auf das vierjährige, fünfjährige, sechsjährige, siebenjährige Kind, das dem geforderten regungslosen, stummen Stillsitzen nicht gewachsen war und sich die von dem monologisierenden Vater aufs maßloseste in die Länge gezogenen Mahlzeiten durch unruhiges Hin- und Herzappeln, durch Mit-dem-Tischtuchzipfel-Spielen oder gar, hiermit in den Augen des Vaters den Gipfel der Ungehörigkeit erreichend, dadurch abzukürzen suchte, daß er das Salzfaß in die Hand nahm und dieses wie einen Kreisel auf dem Tischtuch hin und her tanzen ließ.
»Ich lasse mir das nicht mehr bieten«, brüllte er erbost, »wer bin

ich denn eigentlich, daß ich mir von meinem Sohn solche Mätzchen gefallen lassen muß, willst du wohl endlich Manieren annehmen, du Weichling, willst du wohl endlich lernen, dich zu beherrschen? Von deinen elenden Faxen habe ich ein für allemal genug«, und er fiel, sich hierzu halb von seinem Stuhl erhebend, über den rechts von ihm am Kopfende sitzenden Sohn her und schlug dem verängstigten, weinenden kleinen Kerl auf die Hände und ins Gesicht.

Hätte einer von uns sich einen dem mütterlichen Ausbruch ähnlichen Heulkrampf erlaubt, er wäre auf Tage hinaus im dunklen Zimmer verschwunden, er hätte auf Tage hinaus nichts Richtiges zu essen bekommen, er wäre auf Tage hinaus mit Verachtung gestraft worden, er hätte sich auf Tage hinaus wie ein Verbrecher gefühlt, und er hätte die Scham über sein ungebührliches Verhalten noch Wochen später mit sich herumgetragen.

Doch die Mutter, die Mutter durfte, was wir nicht durften, sie durfte weinen und heulen und schreien, sie durfte jammern, sie mußte sich nicht zusammennehmen, wenn sie sich in Tränen auflöste, verwandelte sich der Vater in die Besorgnis selbst.

»Sei kein Weichling«, hatte der Vater zu dem siebenjährigen Stefan gesagt, als dieser wegen einer Verletzung, die er sich beim Fußballspielen zugezogen hatte, über Wochen hinweg mit schleppendem Gang durch die Wohnung humpelte. »Sei nicht immer so ein Weichling und stell dich gefälligst wegen solch einer lächerlichen Verletzung nicht so an.«

Und er hatte dem weinenden, über Schmerzen im Oberschenkel klagenden Kind ins Gesicht geschlagen, hatte »du Simulant« gebrüllt, »du elender Simulant«, und er hatte ihn an den Schultern gepackt und an ihm herumgezerrt und ihn trotz seiner schmerzverzerrten Miene gezwungen, richtig zu gehen.

Richtig zu gehen, Haltung anzunehmen, wie er sagte, gerade so als stünde vor ihm noch immer eine Kompanie, und dies, obwohl Stefan unaufhörlich beteuerte, er könne gar nicht anders gehen, sein Bein tue ihm bei jedem Schritt weh.

Warum man denn nicht früher gekommen sei, hatte der Kinderarzt gefragt, als die Mutter nach vier Wochen endlich Stefans Martyrium ein Ende setzte, der Junge habe eine schwere Lymphknotenentzündung, diese habe, unbehandelt, eine Blutvergiftung nach sich gezogen, noch ein paar Tage und das Bein wäre nicht mehr zu retten gewesen.

Was also half es uns, wenn wir weinten? Was half es dem Bruder, auf seine Schmerzen hinzuweisen, was nützte es uns, etwas zu sagen, zu jammern, zu weinen, aufzubegehren?
Wir hatten uns zusammenzunehmen, wir hatten uns zu beherrschen, wir hatten gefälligst stumm und widerspruchslos zu gehorchen, wir hatten uns nicht so anzustellen, denn die Schmerzen des Bruders waren ja nur simuliert, und hätte man ihm das Bein abgenommen, so wäre das noch lange kein Grund gewesen, Zirkus zu machen.
Aber die Mutter. Bei ihr war es etwas anderes. Sie durfte schreien und krakeelen, sie durfte sich anstellen, sie durfte Mätzchen machen, bei ihr war es etwas anderes, sie war kein Weichling, und der Vater scharwenzelte um sie herum wie ein gutdressierter Hund. »Margarita, Margarita, was hast du nur?«
Und wenn sie dann sagte, sie habe wieder ihre Migräne, sie habe entsetzliche Kopfschmerzen, diese Kopfschmerzen brächten sie noch einmal um, verordnete er ihr Bettruhe, sagte, sie solle sich schonen, sagte, sie solle sich überhaupt viel mehr schonen, und er befahl uns Kindern, leise zu sein, bloß keinen Lärm zu machen, gerade so als wären wir normalerweise die ungezogensten, lautesten Rabauken und folglich natürlich an allem schuld.

Bewegungslos lag die Mutter in den Kissen. Das Schlafzimmer war abgedunkelt, es fiel kein Lichtstrahl von draußen herein. Sonne, Licht, Geräusche würden die Kopfschmerzen verschlimmern, sie vertrug nichts an diesen Tagen, keine Helligkeit, nicht den geringsten Lärm.
Auf Zehenspitzen schlichen wir durch die Wohnung. Im Flüsterton fast unterhielten sich Stefan und ich in unseren Zimmern. Schweigend und geradezu todernst nahmen wir gemeinsam mit dem Vater die von diesem improvisierten Mahlzeiten ein. Ängstlich vermieden wir alles, was ihr Befinden hätte beeinträchtigen können. Jede Unachtsamkeit machte uns zum Verbrecher, jeder aus der Hand gefallene Gegenstand, jede aus Versehen zugeschlagene Tür brachte uns unsere Rücksichtslosigkeit zum Bewußtsein, und das schrille Klingeln unserer Freunde, die wir nicht rechtzeitig über den Ernst der Lage hatten aufklären können, vollendete die egoistische Grausamkeit unserer Existenz. Stumm und verkrampft brachte ich der leidenden Mutter Tee und Zwieback ans Bett.

Mit ausdruckslosen Augen schaute sie mich an. Ihre sonst so schönen Haare waren fettig, ihre rechte Hand hing schlaff neben dem Bett herab. Wie von einem unsichtbaren Dämon gelähmt, schien das Leben in ihr zum Stillstand gebracht. Selbst der vordem so intensive Ausdruck des Schmerzes schien aus ihrem Gesicht verschwunden, es zeigte jetzt nur noch den leeren Ausdruck des Nicht-Seins, das vage Lächeln der Abwesenheit. Seelenlos geworden schien der Körper in einem Niemandsland vergessen, nutzlos und verlassen lag er unter der Decke, niemand schien diese Hülle zu bewohnen.
Mit schwacher Stimme bat sie mich um einen nassen Lappen, ein kaum hörbares »danke« hauchend, legte sie ihn sich zur Kühlung auf die Stirn.
»Geh jetzt wieder, bitte«, flüsterte sie, und ich verschwand, geräuschlos, wie ich gekommen war, aus dem elterlichen Schlafzimmer, aus diesem hellbeigen, häßlichen, mir seit meiner frühesten Kindheit verhaßten Raum, aus diesem Gefängnis, aus diesem Mutter- und Eltern- und Kinder- und Familiengefängnis, ich verließ diese Folterkammer der Seele, diesen abgedunkelten, totenstillen Raum, dieses Muttergrab und diesen Kinderknast, diesen ewig stummen Zeugen elterlicher Heuchelei und Lüge, diesen verschwiegenen Beobachter christlicher Ehepflichten und etwas weniger christlichen Kindesmißbrauchs, diesen bedrückenden, abgeschiedenen Raum in seiner fahlen Blässe, in seiner beklemmenden, stickigen, verlogenen Ausweglosigkeit.
Wie haßte ich diese Migräne genannten mütterlichen Ausbrüche! Wie haßte ich diese Tage verordneter Friedhofsruhe, die Trauerstimmung, der Mutter leidende Abwesenheit! Warum stellte sie sich so an? Warum nahm sie sich nicht ein bißchen zusammen?
Und warum gab sie uns auf diese teuflische, hinterhältige Weise zu verstehen, an allem schuld zu sein?
Niemals fühlte ich ihr gegenüber mehr Schuld als während dieser ihrer zyklisch wiederkehrenden Leidenstyranneien. Nie fühlte ich mich widerlicher und schlimmer als während meiner unerhörten Haßregungen, während meiner ununterdrückbaren Mutterverachtung, während meiner unaufhörlichen Weichling- und Schwächling-Gedanken, die sich lautlos hinter meiner Stirn ausbreiteten, indes ich ihr den heißen Tee servierte, den Zwieback und den nassen Lappen.
Stumm und devot tat ich alles, was sie wollte. Ich spielte das

Dienstmädchen, ich bemühte mich um äußerste Stille, ich verzichtete für Tage auf die Selbstverständlichkeit meiner raschen Bewegungen, meiner schnellen Schritte, auf die normale Lautstärke meiner Stimme.
Im Verein mit dem Bruder verkniff ich mir ihretwegen die Lebenslust, das Herumtollen im Kinderzimmer, das Von-dem-Kleiderschrank-ins-Klappbett-Hinunterspringen in der Alfred-Flachs-Straße, das laute Streiten in Stefans Zimmer in der Benzinger Straße, wo wir uns immer wieder bis zur Verletzungsgrenze prügelnd in die Haare gerieten. Und wir verkniffen uns ihretwegen unser Lachen, unser lautes, ausgelassenes Lachen, unsere kreischenden, prustenden Kitzelorgien, in denen wir uns so lange und so heftig kitzelten, bis ich mir schließlich vor lauter Lachen in die Hose machte. Jedesmal habe ich mir in die Hose gemacht dabei, auch mit zehn, elf, zwölf Jahren noch, weil ich außer mich geriet vor Vergnügen während dieser Höhepunkte geschwisterlichen Balzverhaltens.
Doch auf all das verzichteten wir der Mutter wegen, die Wohnung war in Grabesstille getaucht, man hätte meinen können, es wäre ein schreckliches Unglück geschehen, ein Erdbeben vielleicht oder eine Flutkatastrophe. Die Regierung hatte Staatstrauer verhängt, und die Überlebenden schämten sich ihres Glücks, noch am Leben zu sein. Das Schicksal hatte sie verschont, womit hatten sie das verdient?
Wir wagten es, lebendige Menschen zu sein, wir wagten es, fröhlich sein zu wollen, wir wagten es, Kinder zu sein, wo doch die Mutter, unsere Mutter, leidend darniederlag, wo sie doch aufs entsetzlichste und für alle erkennbar gerade darunter litt.
Denn die Mutter, das war offensichtlich, die Mutter litt nicht an einem Bazillus, sie hatte kein Fieber, keinen Scharlach, keine Masern, keine Blinddarmentzündung. Das, worunter sie litt, waren wir, wir, ihre Kinder, ihre Familie, ihr Mann.
Sie litt an ihrem Dasein als Mutter, als Ehefrau, als Frau eines Pfarrers. Alles, was zu ihrem Leben gehörte, war ihr zuwider.
Sie haßte die Gemeinde, sie haßte Gemeindeversammlungen. Sie haßte den Kirchenchor und den Altenklub, sie haßte die Schwester Friederike und die Frau Kriegel, sie haßte den sonntäglichen Gottesdienst des Vaters, sie haßte seine freitagabendlichen Predigtvorbereitungen, sie haßte seine Angst vor dem Predigen, sie haßte seine Angst vor Beerdigungen, sie neidete

ihm seine Einladungen zu Taufen und Hochzeitsfeierlichkeiten und die für ihn eintreffenden, von ihr entgegenzunehmenden Telefongespräche waren für sie nichts als eine einzige Zumutung.
Mehr als alles andere jedoch haßte sie das Leben einer Hausfrau und Mutter. Hausarbeit, nie hat sie einen Hehl daraus gemacht, war ihr zuwider. Kochen, Spülen, Waschen, Putzen, Sockenstopfen, in ihrem Elternhaus hatte man für so etwas ein »Mädchen«, wie sie es nannte, geringschätzig, wie ich fand, sie fühlte sich nicht zum Arbeiten berufen, sie wollte ein Luxuspüppchen spielen, sie wollte schöne Kleider gekauft bekommen, sie wollte, daß der Gatte sie ins Theater hofierte, sie wollte einfach nur die verwöhnte Tochter ihres großzügigen Vaters bleiben. Kam dieser zu Besuch, blühte sie auf, er brachte ihr Blumen und machte ihr Komplimente, er gab ihr Geld für ein Seidenkleid, und ihren ersten Pelzmantel bekam sie auch von ihm.
Warum, Mutter, warum hast du geheiratet? Warum nur hast du Kinder bekommen? Warum hast du einen Pfarrer geheiratet? Warum hast du diesen Mann geheiratet, der dir doch offensichtlich und in allem zuwider ist?
Warum bist du nicht in deinem Elternhaus geblieben? Warum hast du nicht dein Studium zu Ende gebracht, hast dich in deinem Zimmerchen vergraben und ganz gemütlich zu Ende studiert? Du hast dir doch nie Mühe zu geben brauchen mit dem Lernen, es ist dir doch alles immer, wie du selber sagst, in den Schoß gefallen.
Warum hast du nicht auf deinen Märchenprinzen gewartet, auf einen reichen Mann, der sein Luxuspüppchen auf Händen trägt? Warum hast du diesen Habenichts geheiratet, diesen Flüchtling aus dem Osten, der glaubt, die Welt verbessern zu müssen mit seiner Theologie und der doch in Wahrheit nie seine Offiziersuniform ausgezogen hat, nach dem Krieg, nach diesem Krieg, der ihn nie losgelassen hat, von dem er schwärmt, insgeheim, wie ich glaube, auch wenn er ihn zu früh und für immer sein angebliches Kindheitsparadies gekostet hat?
Warum, Mutter, warum hast du alle diese falschen Entscheidungen getroffen, und warum gibst du uns an deinen Fehlern und an deinem Unglück die Schuld?

Niemals hätte ich es gewagt, meinen ungeheuerlichen Gedanken Ausdruck zu verleihen.

Die Mutter litt, und ich verachtete sie. Ich verachtete sie ob ihrer Schwäche. Ich verachtete sie ob ihres Weichling-Seins. Ich verachtete dieses ganze Krankheitsgehabe, ich verachtete sie genauso, wie der Vater den Bruder verachtete, diesen Weichling, wie er ihn nannte, seit seiner Geburt, seit Stefan als nicht ganz gesundes Kind auf die Welt gekommen war, weshalb der Vater es sogleich gewußt zu haben glaubte: Aus diesem Kind wird niemals ein richtiger Junge.
Ja, ich verachtete die Mutter mit den Worten und den Gefühlen des Vaters, ich verachtete sie so, wie dieser sie verachtete, wenn sie auf Wanderungen streikte, wenn sie sich seinen Forderungen verweigerte, ich verachtete sie, weil sie krank und schwach zu sein schien, weil ihre einzige Macht darin bestand, mich, ihre Tochter zu hassen und die Familie durch Krankheit zu tyrannisieren.
Trotz des sich ins schier Unermeßliche steigernden Bewußtseins meiner eigenen Verwerflichkeit, trotz meiner mich unerbittlich quälenden Scham- und Schuldgefühle kam ich nicht gegen diese wider die Mutter gerichteten, unerhörten Gefühle an.
Warum war sie nicht wie Frau Santers, Mutter meiner Freundin Ulrike, die mit ihren Kindern Ausflüge machte, sie ins Schwimmbad begleitete, die an Geburtstagen aufregende Schnitzeljagden veranstaltete, zu denen sie viele, viele lärmende Kinder einlud, und die doch eigentlich eher zierlicher und zarter aussah als unsere Mutter?
Warum hatte ich nicht eine Mutter wie Ulrike? Eine gesunde, starke Mutter, eine Mutter, die auch mal lachen konnte, eine Mutter, die Kinder leiden mochte und die Lust hatte, mit ihnen fröhlich zu sein.
Wie oft schon hatte ich unsere Mutter darum gebeten, mit uns ins Schwimmbad zu gehen, unzählige Male habe ich darum gebettelt, habe ich vergeblich darum gebettelt, hat sie mich abgewiesen. Ein- oder zwei- oder dreimal vielleicht ist sie mitgegangen, doch dann wurde ihr gleich die Sonne zu heiß, und es waren zu viele Menschen da, und die Kinder machten zu viel Lärm und »oh mein Kopf« und »ach meine Haut«, und das sei nichts für sie, und morgen, das sehe sie schon, morgen bekomme sie wieder Kopfschmerzen.
Warum mußte ich eine solche nörgelnde, unzufriedene Mutter haben? Warum liebte sie nicht wie ich die Sonne und die frische Luft, warum machte sie nicht gern Ausflüge, Spaziergänge,

Radtouren, warum spielte sie nicht wenigstens gern Federball direkt hinter dem Haus.
Nichts gefiel ihr, mit nichts konnte man sie erfreuen. Die Sonne war ihr zu stark, die Menschen waren ihr zu laut, der Wald war ihr zu unwegsam und die Wanderungen mit dem Vater waren zu anstrengend.
Jedes Jahr im Urlaub dasselbe Theater.
»Nein, nein, ich bleibe lieber da, ich lege mich ein bißchen im Schatten in den Liegestuhl, nein, nein, ich mag nicht wandern, das wird mir bestimmt zuviel, das ist mir zu anstrengend, ich spüre ohnehin schon wieder meinen Kopf, nein, das kann ich auf keinen Fall riskieren, wenn ich mich jetzt nicht in acht nehme, muß ich es morgen büßen.«

»Schau dir die Krott an«, sagte der Vater und deutete anerkennend auf mich, als ich, vierjährig, nach einer mehrstündigen Wanderung durch den Harz noch immer keine Ermüdungserscheinungen zeigte, »schau dir die Krott an, die kann marschieren!«
Und er redete der Mutter, die sich müde auf einem Felsen niedergelassen hatte, gut zu, sie möge doch noch ein bißchen weiterlaufen, es sei auch gewiß nicht mehr weit.
Mit haßerfülltem Blick schaute die Mutter den Vater an. Mit haßerfülltem Blick schaute sie auf mich.
Wie könnt ihr nur so entsetzlich gesund sein, mochte das heißen, wieso wagt ihr es eigentlich, auf diese penetrante Weise stark und gesund zu sein, seht ihr denn gar nicht, wie schrecklich ich gerade unter dieser eurer strotzenden Gesundheit leide?
Nichts machte ihr Freude. Keine Wanderung, kein Pilzesammeln, keine Blaubeeren, nicht die an einem Wegrand unverhofft entdeckten Walderdbeeren, keine Quelle, kein Wildbach, keine Aussicht, nichts.
Begeistert rannte der Vater los, wenn er einen Pfifferling erspäht hatte, einen Steinpilz, ein Wäldchen voller Birkenpilze.
»Kommt her«, rief er, »schaut, kommt her«, und er zeigte uns einen dicht mit Schwammerln bewachsenen Baumstumpf, einen herrlichen roten Fliegenpilz, eine ganze Lichtung voller Blaubeeren, einen Strauch neben dem anderen, ein wahres Gedicht. »Ach«, jammerte sie, »du immer mit deinem Sammeltrieb, heute abend tun uns die Füße weh, und zum Essen sind

wir auch nicht rechtzeitig zurück«, und sie verstand nie, daß der Vater der üppigen Fülle des Waldes nicht widerstehen konnte, sie verstand nicht, daß es ihn glücklich machte, im Wald zu sein, daß die Früchte und die Pilze ihn in einen Taumel versetzten, in einen Kindheitstaumel, daß er, der Vater, im Wald plötzlich wieder zu einem Kind wurde, zu einem wilden ausgelassenen Jungen, der durch die Wälder des Riesengebirges streifte, aus denen er, siebzehnjährig zum Militär eingezogen, so früh und so brutal vertrieben worden war.

»Du immer mit deinen Pilzen«, sagte sie nur, »du immer mit deinen Beeren, du immer nur mit deinem Wald und deinen ewigen anstrengenden Wanderungen.«

Und sie verstand nicht, was ihm dies alles bedeutete, ihm, dem Jungen vom Dorf, der eigentlich Förster hatte werden wollen und der statt dessen Leutnant geworden war und hernach Pfarrer.

Und nie hat sie mir verziehen, daß ich ihn liebte, diesen Förster-Vater, diesen Waldburschen, diesen ausgelassenen, begeisterungsfähigen Jungen, der sein Krottchen auf die Schultern hob, um ihm hoch oben in einem Baumstamm ein Loch zu zeigen, das ein Werk von Spechten war, der ihm erklärte, wovon die Eichhörnchen lebten und was eine Ameisenstraße war. Nie hat sie mir verziehen, daß ich es genoß, einen solchen Vater zu haben, nie hat sie uns unsere harmlosen, kindlichen Waldfreuden gegönnt.

Immer und immer und immer stand sie abseits, verzog das Gesicht zu einem gequälten Lächeln, beargwöhnte eifersüchtig unsere Endeckerfreude, mein vom Vater angeregtes und erwidertes Strahlen über einen schönen Pilz, unseren Stolz über einen im Sturm bewältigten Aufstieg, unser waghalsiges Herunterrennen über einen steinigen Abhang, das Springen über dicke Wurzeln, über einen schmalen Bach.

Warum, Mutter, warum freust du dich nicht mit uns? Warum verabscheust du unsere Freude, warum gibst du mir immerzu das Gefühl, an deinem Elend schuld zu sein?

»Schau, Mutti«, rief ich am letzten Schultag vor den großen Ferien, nachdem es Zeugnisse gegeben hatte, nachdem ich im Amtszimmer des Vaters gewesen war, nachdem der Vater mir meine Groschen und meine Fünfzigpfennigstücke gegeben hatte, nachdem er mich gelobt hatte, weil ich so tüchtig sei, »schau, Mutti, mein Zeugnis ist das zweitbeste, nur die Kriem-

hild hat eine Eins mehr als ich, sie hat eine Eins in Mathe, da habe ich nur eine Zwei. Aber sonst, schau doch, mein Zeugnis ist gut«, und ich zeigte es ihr, stolz insbesondere auf meine Eins im Sport, die der Vater gerade wieder als besonders wichtig hervorgehoben hatte, und ich wünschte mir, von ganzer Seele wünschte ich mir das, sie möge doch einmal, ein einziges Mal nur, bitte, Mutter, bitte, nur dieses eine Mal, nur heute, nur dieses eine Mal, wo ich es mir doch heute so ganz besonders innig wünsche, ein paar lobende, anerkennende Worte sagen, sie möge doch einmal nur sagen, daß sie sich freue über meine guten Noten, sie möge doch einmal nur sagen, daß ich eine tüchtige Tochter sei, daß sie stolz sei auf mich, all das, was der Vater mir gerade wieder gesagt hatte, dessen gute Krott ich war, ach bitte, Mutter, bitte, ich möchte all das einmal, ein einziges Mal nur von dir hören.
Doch es war wie immer.
Sie schaute auf den Kopf des Zeugnisses, vergewisserte sich des Jahrgangs, den ich gerade abgeschlossen hatte, und sie ging dann ins Gästezimmer, holte eine Mappe aus dem sogenannten Erwachsenenbücherschrank, kramte das meinem Jahrgang entsprechende Zeugnis ihrer Schulzeit hervor und verglich die beiden Zeugnisse miteinander.
»Siehst du«, sagte sie schließlich triumphierend und aufatmend zugleich, »siehst du, mein Zeugnis ist wie immer besser als deines: zehn Einsen und nur eine Zwei dabei«, und ich schaute beschämt auf meine Drei in Gemeinschaftskunde, zählte die Einsen, es waren nur fünf, und meine Freude war dahin. Immer war sie besser als ich, alle ihre Zeugnisse sahen so aus, ich hatte sie mir heimlich in einer unbeobachteten Stunde angesehen, ich wußte, was auf mich zukommen würde, sie schwankte zwischen neun und elf Einsen, nie hat sie eine Drei gehabt, ein solches Zeugnis war für mich unerreichbar, solche Zeugnisse hatte niemand bei uns auf der Schule, ihre Anerkennung zu erlangen war unmöglich, nie hatte ich bei ihr auch nur die geringste Chance.

»Mutti, Mutti«, sagte ich mit einer Stimme, die mich fast erstickte, so sehr würgte sie mich im Hals, »Mutti, hör doch, ich blute zwischen den Beinen, sag doch, was kann man nur dagegen tun?«
Seit geraumer Zeit bereits nahm ich um mich herum erschrekkende Veränderungen wahr. Alle Mädchen in meiner Klasse

hatten ihr Aussehen verändert, sie trugen neuerdings enge Röcke, Perlonstrümpfe und Schuhe mit hohen Absätzen, einige fingen an, sich zu schminken, und in den Pausen sah man sie in Gruppen mit den Jungen zusammenstehen.
Nur ich, ich trug weiterhin meine Kniestrümpfe, meine Faltenröcke und meine Halbschuhe, ich weigerte mich, diese Veränderungen mitzumachen, ich wollte um jeden Preis die bleiben, die ich immer gewesen war, ich wollte weiterhin ein Kind bleiben, und ich traf mich nach wie vor zu den von meinen Klassenkameradinnen längst abgelehnten Hüpfspielen, bei denen man nach einem ausgeklügelten System komplizierte Sprünge über gespannte Gummifäden zu vollführen hatte, mit Gaby und den Mädchen aus ihrer Klasse, die, ein Jahr jünger als ich, meine abschätzigen Ansichten über das weibliche Getue meiner Altersgenossinnen noch teilten.
»Die Verena hat schon einen Freund«, tuschelten wir entsetzt, »und die Thea geht mit einem aus der Unterprima!«
In meinen Augen waren die allenthalben zu beobachtenden Paarbildungen, das Flirten und die sich immer weiter ausbreitende Sitte des kichernden, tuschelnden Herumstehens nichts als lächerliche, unwürdige Verhaltensweisen. Nie würde ich das werden wollen, was man ein ›junges Mädchen‹ nannte, nie würde ich solche weibischen Sachen anziehen, nie würde ich einem Jungen schöne Augen machen, und das gezierte, unnatürliche Gelächele der anderen Mädchen sähe man bei mir nie, das schwor ich mir.
Aus tiefster Seele verachtete ich die plötzliche Zurschaustellung des Geschlechtsunterschieds. Nie hatte ich mir bis dahin Gedanken darüber gemacht, daß ich ein Mädchen war, nie hatte ich Freundinnen oder Freunde gehabt, die von mir verlangt hätten, ich solle, weil ich ein Mädchen sei, dieses tun und jenes lassen. Immer hatte ich mit Jungen und mit Mädchen in gleicher Weise gespielt. Nie hatte ich zwischen beiden einen Unterschied gemacht. Immer hatte ich mich mit Mädchen wie mit Jungen geprügelt. Immer hatte ich zu Jungen wie zu Mädchen die gleiche Art von Zuneigung gefühlt.
Stefan und ich liebten uns mal mit inniger Zärtlichkeit, ein anderes Mal prügelten wir aufeinander ein, als wären wir die ärgsten Todfeinde. Mit Gaby tobte ich auf der Rollschuhbahn herum, mit Stefans Freunden lieferten wir uns ein Tischtennismatch. Jegliches Weiblichkeitsgetue war mir von klein auf verhaßt gewesen.

Das Spiel mit Puppen hatte mich immer gelangweilt. Still und stumm hockten sie in der Ecke, was nur sollte ich mit ihnen anfangen? Ich zog sie an, ich zog sie aus, ich kochte ihnen ein Nudelsüppchen an Weihnachten, wenn die Puppenküche im Wohnzimmer aufgebaut war und alles zur Beschäftigung mit den von der Mutter mit liebevoller Sorgfalt neu eingekleideten Püppchen aufforderte. Doch der Kaufmannsladen von Stefan war weit interessanter, hier gab es richtig was zum Spielen, das Kaufen und Verkaufen machte entschieden mehr Spaß.
Albern, so schien es mir immer, das Getue mancher Mädchen, die ihren Puppenwagen durch die Straßen schoben, gerade so als könnten sie es nicht erwarten, selber Mutter zu sein. Doch seit einiger Zeit, ich beobachtete es mit wachsender Beunruhigung, ging mit allen anderen Kindern meines Alters eine Veränderung vor, und es führte an der Beachtung des Geschlechtsunterschieds immer weniger ein Weg vorbei. Die Entdeckung, daß ich ein ›junges Mädchen‹ wurde, traf mich wie ein Schock.
Plötzlich sollte ich keine bequemen Faltenröcke mehr tragen, plötzlich sollte ich meinen Seemannsgang ablegen, wie Verena meine großen, raumgreifenden Schritte verächtlich nannte, und mich einer weiblicheren Gangart befleißigen, wie sie nicht müde wurde, nörgelnd zu fordern.
Plötzlich reichte es, um von den anderen anerkannt zu werden, nicht mehr aus, gute Noten zu schreiben und sportlich zu sein, plötzlich sollte man hübsch sein, man sollte sich auf einmal für Kleider und Frisuren interessieren, plötzlich kam es darauf an, zu gefallen, das Aussehen erlangte eine alles andere in den Schatten stellende Bedeutung, plötzlich war es nicht mehr wichtig, ob man beim Spielen Spaß hatte miteinander, plötzlich war es nicht mehr wichtig, den anderen ein guter Kamerad und Spielgefährte zu sein, plötzlich war es wichtig, die Augen zu verdrehen und sich anstarren zu lassen, plötzlich verlangten alle von mir, daß ich das dämlichste Spiel mit ihnen spielte, das ich kenne, das Spiel, in den Augen der anderen attraktiv zu sein.
»Mein Gott, wie siehst du denn aus«, rief Verena mit exaltiertem Entsetzen, nachdem ich endlich, auf ihr und Theas ewiges Drängeln und Sticheln hin meine altmodischen, von ihnen kindisch genannten Zöpfe hatte abschneiden lassen, und nachdem mir der Friseur eine in der Tat abscheuliche Frisur verpaßt hatte, die aussah, als hätte man mir einen Kochtopf aufgesetzt

und die darunter herausschauenden Haare in Höhe der Ohren mit einem einzigen geraden Schnitt abgeschnitten.
Heulend war ich auf Umwegen nach Hause geschlichen, meine vertrauten Zöpfe waren weg, ich sah häßlicher aus als irgend jemand sonst, und wenn ich in den Spiegel schaute, erkannte ich mich über Wochen hinweg nicht wieder. Gerade jetzt, wo es so wichtig geworden war, gut auszusehen, hatte man mich auf diese entsetzliche Weise verunstaltet. Früher, als es noch keine Bedeutung gehabt hatte, hatte ich immer ganz schön ausgesehen, eigentlich, jedenfalls war mir nie etwas Gegenteiliges zu Ohren gekommen.
Doch dann war in meinem dreizehnten Jahr plötzlich diese Kurzsichtigkeit aufgetreten, und ich hatte eine Brille tragen müssen, und ich hatte zum ersten Mal in meinem Leben einen Grund gehabt, mich meines Äußeren wegen zu schämen. Und jetzt noch diese Frisur. Mehr denn je setzte sie mich Verenas Spott aus, ihren überlegenen, abschätzigen Blicken, ihren verächtlichen, schnippischen Bemerkungen.
Ich begann, diesen neuen Lebensabschnitt zu hassen.
Warum bin ich nicht ein Junge geworden, dachte es plötzlich immer häufiger in mir, warum bloß bin ich kein Junge? Jungen brauchen nicht hübsch zu sein, sie brauchen sich keine unbequemen Sachen anzuziehen, sie brauchen niemandem schöne Augen zu machen, sie müssen ihr Gesicht nicht immerzu zu einem Lächeln verziehen, niemand verlangt von ihnen, daß sie plötzlich ihre Gangart verändern und auf Stöckelschuhen dahergewackelt kommen, Jungen, so dachte ich auf einmal, Jungen haben einfach das Recht, weiterhin Menschen zu sein.

»Die Helene wird jetzt eine richtige junge Dame«, sagte der Vater stolz, und er machte sich die Mühe, höchstpersönlich mit mir in die Stadt zu fahren, um mir für die bevorstehende Tanzstunde neue Kleider zu kaufen.
Steif und verklemmt stand ich in meiner ungewohnten Verkleidung in der Tanzstunde herum. Das damenhafte Design, der unbequeme Schnitt, irgendwie kam es mir so vor, als hingen die Sachen an meinem Körper herunter wie an einer Kleiderstange, als stieße mein Körper diese nicht zu ihm passende Kleidung ab, als weigerte sich jeder Zentimeter meiner Haut, sich von solchen Kleidungsstücken bedecken zu lassen, und als stünde ich, solchermaßen falsch angezogen wie überhaupt nicht angezogen, wie nackt im Raum.

»Wie siehst du denn aus«, hatte Gaby abschätzig geäußert, als ich mich ihr mit den neuen Sachen gezeigt hatte, »sag bloß, du willst jetzt auch zu einem dieser Modepüppchen werden.«
Doch genau darin täuschte sie sich.
Die Tanzstunde war mir vom ersten Moment an ein Greuel. Vermutlich stand mir diese Abneigung aufs lebhafteste im Gesicht geschrieben, denn von selbst forderte mich so gut wie nie jemand zum Tanzen auf, und der Tanzlehrer schob mir schließlich einen dicklichen, häßlichen, pickligen sogenannten Partner zu, mit dem auf dem Abschlußball zu erscheinen zu einer der größten Beleidigungen gehört, die ich in meinem Leben zu ertragen hatte.
Was um Himmels willen sollte ich mit diesem jungen Mann, wie man die Jungen, die man zu siezen hatte, plötzlich nennen mußte, wie kam ich überhaupt dazu, mich mit diesem mir völlig gleichgültigen Jüngling an einen Tisch zu setzen, wieso ließ ich mich von ihm auf die Tanzfläche führen, wieso ließ ich mich überhaupt auf das ganze, mir von der ersten Sekunde an verhaßte Gebaren ein, welche Demütigung, das Sitzen in einer langen Reihe zu Beginn der Tanzstunden, die taxierenden Blicke der sogenannten jungen Männer, ihr Losstürzen auf die begehrtesten der sogenannten jungen Damen, kaum daß der Tanzlehrer hierzu die Erlaubnis erteilt hatte, das bange, entwürdigende Warten, ob einer kam, dem man gefiel, doch ich gefiel keinem, und der Tanzlehrer schob mir schließlich diesen pickligen Knaben zu.
Wieso eigentlich mußte ich mich plötzlich auf diese Weise von den Angehörigen des anderen Geschlechts begutachten lassen, wieso durfte ich nicht weiterhin selbst auf diejenigen Menschen, Jungen oder Mädchen, zugehen, die mir gefielen, wieso schlossen diese widerlichen, lediglich auf die Geschlechtszugehörigkeit Bezug nehmenden Rituale mich plötzlich von der Möglichkeit aus, einfach auf ein Mädchen zuzugehen, dort hinten zum Beispiel, Carmen hieß sie, wie ich bald herausfand, sie zog mich an, mit ihr hätte ich mich gern angefreundet, doch es ging jetzt gar nicht mehr um meine Zuneigung, es ging nur noch darum, ob ich ihnen gefiele, niemand fragte mehr danach, wer mir gefiel.
Nur weil ich ein Mädchen war, sollte ich lernen, einer anzuggewandeten, langweiligen Jünglingsschar schönzutun, ich sollte mich ihnen zuliebe in Pose setzen, ich sollte glatte, nichtssagende, Konversation genannte Gespräche führen, eine Uner-

träglichkeit, die mir bis ans Ende meiner Tage verhaßt sein wird, ich sollte zu alledem immerzu lächeln, lächeln, bitte; lächeln sollte ich zu diesen Widerwärtigkeiten, doch diesen Gefallen tat ich ihnen nicht, das Männlein-Weiblein-Spiel war mir verhaßt, und daraus machte ich niemandem zuliebe einen Hehl.

Aus der Schule nach Hause kommend, fühlte ich plötzlich ein mir unbekanntes, merkwürdiges Gefühl im unteren Leib, ein seltsames, krampfartiges Ziehen, ein Druckgefühl und eine leichte Übelkeit, es kam mir so vor, als wäre meine Hose feucht, irgend etwas ging da vor, und ich ahnte das Schlimmste. Seit Monaten schon wußte ich, was auf mich zukommen würde, seit Monaten schon fürchtete ich mich davor, seit Monaten schon hoffte ich insgeheim, es würde mich verschonen, vielleicht war ich ja gar kein richtiges Mädchen, vielleicht war ich gar nicht so wie die anderen, vielleicht half es mir, daß ich jeden Tag vor dem Einschlafen zu Gott betete und ihn bat, er möge dieses Unheil an mir vorübergehen lassen, er möge mir diese Schande ersparen, er möge verhindern, daß es mir auch so ergehe wie all den anderen Mädchen, die sich von Zeit zu Zeit während der Turnstunden auf einer Bank niederließen und zuschauten statt mitzumachen, lieber Gott, bitte mach doch, daß ich nicht auch diese Tage kriege, wie sie es nennen, ich will nicht ausgeschlossen werden von den Turnstunden, ich will nicht plötzlich zu einem langweiligen Weichling werden, ich will mich nicht auf diese Weise verändern, lieber Gott, so höre mich doch an, wenn das dazugehört, dann will ich einfach kein Mädchen mehr sein.
Gänzlich unerträglich für mich der Gedanke, ich könnte eines Tages auch in dem roten Büchlein stehen, das die Sportlehrerin angelegt hatte, nachdem sich herausgestellt hatte, daß einige meiner Klassenkameradinnen offensichtlich Gefallen daran fanden, ›ihre Tage‹ zu haben, sie liebten die Turnstunden nicht, sie waren froh über den Vorwand, der ihnen die Anstrengung ersparte, sie saßen schließlich so oft am Rand, daß die Sportlehrerin sich zu einer Art Buchführung entschloß und die monatlichen Ausfälle der einzelnen genau notierte. Daß auf diese Weise die Schande auch noch aktenkundig wurde, das hätte mich zweifelsohne in den Selbstmord getrieben, ein solches öffentliches Eingeständnis hätte ich unter keinen Umständen ertragen.

Niemals, so schwor ich mir, niemals werde ich in diesem Büchlein stehen, niemals soll irgend jemand von mir wissen, daß auch ich solche Blutungen habe, niemals sollen es die anderen wissen, diese entsetzliche Schande, diese fürchterliche Schmach, niemals werde ich mir etwas anmerken lassen. Und ich habe mir auch niemals etwas anmerken lassen, nie habe ich mich wie die anderen auf dieses Bänkchen gesetzt, nie habe ich in diesem Buch gestanden, im Gegenteil, nie war ich eifriger und besessener im Sport als an diesen schon im voraus aus ganzer Seele verfluchten Tagen.

In der niedergeschlagensten Stimmung aß ich zu Mittag. Der Vater war auf einer Beerdigung, Stefan hatte schon gegessen, ich war spät dran, wir hatten eine Arbeit geschrieben, und es ging schon auf vierzehn Uhr zu.
Die Mutter hatte mal wieder ihre Migräne, seit Tagen schon lag sie im abgedunkelten Zimmer, und ich aß mein Mittagessen allein.
Voller böser Vorahnungen vermied ich den eigentlich überfälligen Gang zur Toilette und setzte mich statt dessen an die Resopalplatte, um Hausaufgaben zu machen. Doch der Zustand meines Unterleibs ließ mir keine Ruhe, und ich entschloß mich schließlich, ins Bad zu gehen und nachzusehen.
Tatsächlich, hatte ich es doch geahnt! Die ganze Unterhose war rot, ich war jetzt also auch dabei, als Letzte aus unserer Klasse, als Allerletzte hatte es mich, vierzehnjährig, auch erwischt. Entsetzt schaute ich auf den sich ausbreitenden roten Flecken, hilflos versuchte ich mit Papier das Loch zu verstopfen. Vergeblich. Es half nichts. Die Blutungen wurden stärker statt schwächer, was sollte ich nur machen?
Ich entschloß mich dazu, die Wäsche zu wechseln, zog ein paar Schlüpfer übereinander an und versuchte, mich wieder auf meine Hausaufgaben zu konzentrieren. Doch dies gelang mir nicht. Das aus mir herausfließende Blut fesselte beständig meine Aufmerksamkeit, es mußte unbedingt etwas geschehen, ich mußte mich der Mutter anvertrauen, so konnte es nicht weitergehen.
Mit hängendem Kopf saß ich an meinem Schreibtisch. Verzweifelt verbarg ich ihn in meinen Händen, noch nie hatte ich mich so niedergeschlagen gefühlt, so gedemütigt, es kam mir so vor, als würde ich mir niemals mehr in meinem Leben in die Augen sehen können. Seit diesem Blut in meiner Hose, das fühlte ich,

war es um meine Selbstachtung geschehen. Ohne daß ich es hätte verhindern können, verwandelte ich mich in ein unwürdiges weibliches Wesen, ich war schwach, ich war hilflos, das Blut floß aus mir heraus, und ich war unfähig, es zurückzuhalten, ich konnte es nicht kontrollieren, ich konnte mich nicht beherrschen, es floß einfach immer weiter und machte mich zu einem elenden Weib.
Und das Schlimmste von allem: Ich mußte es der Mutter sagen, mit diesen blutigen Lappen zwischen den Beinen konnte ich auf keinen Fall nach draußen gehen, irgend etwas mußte man doch dagegen tun können, ich mußte sie fragen, ich mußte es ihr sagen, es führte kein Weg daran vorbei.
Wie ein Verbrecher schlich ich mich ins Schlafzimmer. Hätte ich einen grausamen Mord begangen, ich hätte mich nicht ekelhafter, nicht nichtswürdiger, nicht minderwertiger fühlen können als mit dieser fürchterlichen Befleckung zwischen den Beinen, eine solche Schande! Und ich mußte sie ihr eingestehen.

»Ach«, sagte sie, »jetzt bist du also auch soweit!«, und es klang fast so, als hätte sie die ganze Zeit über schon darauf gewartet und als gönnte sie mir diese Schmach, die mich für alle Zeiten mit ihr auf eine Stufe stellte.
»Wenn du alles geregelt hast«, fuhr sie fort, nachdem sie mir erklärt hatte, wo die Binden lagen und ein Gürtel, und wie ich mit den mir sogleich verhaßten Utensilien umzugehen hätte, »kommst du noch einmal zu mir herein, ich muß dir noch etwas sagen«, und ich setzte mich kurze Zeit darauf zu ihr auf die Bettkante und nahm mein Todesurteil entgegen, anders kann ich es nicht nennen.
»Du bist jetzt kein Kind mehr«, sagte sie mit ihrer tonlosesten Migränestimme, »du wirst jetzt eine Frau. Und wenn du Geschlechtsverkehr hast mit einem Mann, dann wirst du Kinder kriegen!«
Fassungslos hörte ich diesen Satz. Ich sagte nichts. Ich fragte nichts. Ich fühlte nur ein unvorstellbares Entsetzen in meiner Seele aufsteigen, ein Grauen, eine grauenhafte, entsetzliche Angst, es war der schlimmste Satz, den je ein Mensch zu mir gesagt hatte, einen schlimmeren Satz gab es für mich nicht.
Ich würde Kinder kriegen, hatte sie gesagt, Kinder kriegen, ich würde werden wie sie, ich würde ein unglückliches, elendes Weib werden, eine leidende Mutter und Ehefrau, Kinder würde

ich kriegen, Kinder, nein, das war nicht wahr, das durfte nicht wahr sein, nein, nein, nein, das will ich nicht!
Mit einem bleischweren Gewicht auf meiner Seele, im Kern meiner Existenz durch einen brutalen Dolchstoß getroffen, verließ ich das abgedunkelte Seelengefängnis wie ein zum Tode verurteilter Mensch.

Fünftes Kapitel

Ich träumte mich als Jüdin. Es war Nacht. Der ganze Bahnsteig war voller SS-Männer. Ich sah sie beim Betreten des Bahnsteigs und lief sofort die Treppe hinunter. In der Unterführung folgte mir keiner. Ich lief den langen Gang entlang und glaubte schon, ihnen entkommen zu sein. Als ich um die Ecke bog, stand ich ihnen gegenüber. Eine Wand aus SS-Männern.
Ich drehte mich um, um zurückzulaufen. Doch sie stellten sich mir in den Weg. Es gab kein Entrinnen.
Da wachte ich auf. Einen Moment lang fühlte ich Erleichterung. Dieses Mal hatte ich nicht wieder träumen müssen, vergewaltigt zu werden. Ich richtete mich im Bett auf und rieb mir die Augen. Ich war von Angst erfüllt. Wenigstens bin ich rechtzeitig aufgewacht, dachte ich. Und: es war ja nur ein Traum. Um zu verhindern, daß ich in den Schlaf und somit in den Traum zurückfiel, richtete ich mich noch gerader auf.
Nur nicht wieder einschlafen, dachte ich, um Gottes willen nicht wieder einschlafen. Das halte ich nicht aus.
Um mich meiner Realität zu vergewissern, schaute ich im Zimmer umher, streifte mit den Augen die Palme, die Bilder. Alles war in ein fahles Halbdunkel getaucht. Die Straßenlaterne an der Ecke machte völlige Dunkelheit unmöglich. An der gegenüberliegenden Wand das Bücherregal. Ich träumte nicht mehr. Ich war nicht auf diesem Bahnhof. Ich saß in meinem Bett. Ich war wach.
Dann. Entsetzen. Lähmendes Entsetzen. Der Moment, wo man glaubt, das Herz bliebe stehen. Unter der Tür ein SS-Mann. Groß. Kräftig. In Uniform. Schwere, hohe Stiefel. Stumm und regungslos stand er da. Mitten in der Tür, auf der Schwelle. In strammer Haltung, die Arme eng an den Körper angelegt, den Blick unverwandt auf mich gerichtet.
Ich rührte mich nicht. Starr und stumm erwiderte ich seinen Blick. Nur nicht zittern, dachte ich. Nicht zittern. Du darfst dich nicht bewegen. Du darfst nicht zeigen, daß du Angst hast. Du mußt ihn anschauen. Nicht wegsehen. Hinsehen. Du mußt ihn anschauen, dann passiert dir nichts.
Ich bändigte den SS-Mann mit meinem Blick. Ich starrte ihn unverwandt an. Ich legte alle Kraft in diesen Blick. Ich über-

wand meine Angst und verbot ihm durch meinen Blick, sich mir zu nähern. Regungslos blieb er auf der Schwelle stehen. Er versuchte nicht, in den Raum einzudringen. Starr und unverwandt schaute er mich an.
Meine Kraft wuchs. Ich fühlte, wie ich sicherer wurde. Ich fühlte, wie ich ihm überlegen wurde. Unter meinem stärker werdenden Blick löste sich die Halluzination auf. Sie wurde schwächer und schwächer. Schließlich sah ich wieder die halboffene Tür, sah die Diele, sah meine Jacke am Haken hängen.
Es dauerte lange, bis ich imstande war, mich aus meiner Starre zu lösen. Den Blick weiter auf die Tür gerichtet, wagte ich es schließlich, die Decke etwas höher heraufzuziehen. Auf einmal wurde mir bewußt, daß ich nackt war. Daß ich mit nacktem Oberkörper im Bett saß, daß es kalt war.
Ich war mir noch nicht sicher, ob er wirklich weg war. Ich wußte, daß ich unmöglich würde weiterschlafen können, solange ich nicht alles abgesucht hätte.
Nackt wie ich war, ging ich durch die Tür hindurch, in der er gestanden hatte. Mehrmals ging ich über die Schwelle. Hin und her. Her und hin.
Hier kann er tatsächlich nicht mehr sein, dachte ich schließlich. Man kann nicht durch eine Tür hindurchgehen, in der jemand steht. Es ist nicht möglich. Er ist nicht da.
Dann zog ich mir – noch immer mit auf die Tür gerichtetem Blick – etwas an und suchte die ganze Wohnung ab. Ich schaute im Badezimmer nach. Ich schaute in die Duschkabine hinein. Ich schaute unter dem Sofa in der Küche nach. Ich schaute hinter den Vorhang, der die Mülleimer-Kisten-Kram-Ecke bedeckte. Ich machte alle Schranktüren auf. Ich ging wieder in mein Zimmer zurück. Ich öffnete den Kleiderschrank. Ich ging wieder ins Bad. Ich schaute wieder in der Duschkabine nach. Ich schaute noch einmal unter das Sofa, noch einmal hinter den Vorhang, ich ging wieder in mein Zimmer. Ich ging wieder und wieder durch die Tür hindurch. Hin und her und her und hin. Ich glaubte schließlich daran, daß niemand in der Wohnung war.
Eine Halluzination, dachte ich und setzte mich an den Küchentisch. Eine Halluzination. Nur eine Halluzination. Doch das Entsetzen ließ nicht nach. Und der Gedanke ließ sich nicht wegschieben: Der SS-Mann hatte das Gesicht meines Vaters.

Niemand, am allerwenigsten ich selbst, kümmerte sich um die Botschaft des Traums und der Halluzination. Ich redete mit dem einen oder anderen darüber. Man war entsetzt, doch man verstand nichts. Schließlich dachte ich nicht mehr daran.
Ich machte mir auch nie Gedanken darüber, mit welcher Selbstverständlichkeit ich damit lebte, nachts, in meinen Träumen, nach verzweifelten Fluchtversuchen, vergewaltigt zu werden. Wie viele endlos lange Straßen bin ich schon entlanggelaufen, wie viele nicht enden wollende Unterführungen, wie viele riesige, abgelegene Plätze, nachts, in meinen Träumen, ich allein, niemand in der Nähe, der mein Schreien hören könnte, ich allein mit der Nacht und meinen Verfolgern.
Wie viele Male schon habe ich davon geträumt, vergewaltigt zu werden, nachdem ich einfach nicht mehr hatte weiterlaufen können, erschöpft, mit schmerzendem Atem mich in mein Schicksal fügend.
Wie oft schon habe ich nachts in meinen Träumen auf nächtlichen Straßen im Dreck gelegen, zusammengekauert, einen Mann über mir, ein schweres Gewicht, das mich erdrückt, Hände, die mir die Kehle zudrücken, und das schmerzhafte Eindringen eines Penis in meinen zusammengepreßten Anus.
Wie viele Male schon bin ich dem Ersticken nahe aufgewacht, wie oft schon das Gefühl, vor Entsetzen starr zu sein.
Wieder so ein Traum, dachte ich allenfalls, wenn ich überhaupt darüber nachdachte. Wieder einer dieser entsetzlichen Alpträume. Und dann vergaß ich es wieder.

»Das ist das Schlimmste«, sagte der Vater mit hochrotem Kopf, in einer mir unverständlichen, seine würgend hervorgebrachten Worte beinahe in ein Bellen verwandelnden Erregung, »das ist das Allerschlimmste, was dieser Mann da mit ansehen mußte, wenn man so etwas erlebt hat... Das sage ich, wenn ich so etwas hätte erleben müssen, wenn einer versucht hätte, *meine* Tochter zu vergewaltigen, das...«
Und er verschluckte sich fast an seinen Worten, die jetzt aus seinem Hals hervorquollen wie aus einem dicken, plötzlich aufplatzenden, alles überschwemmenden Kropf.
»Das würde ich nie zulassen, nie, unter keinen Umständen, niemals würde ich zulassen, daß einer *meine* Tochter, ein Russe, *meine* Tochter, die eigene Tochter von einem Russen, nie!«
Einen Meter von dem Vater entfernt auf dem Sofa des elter-

lichen Wohnzimmers sitzend, fühlte ich, zweiunddreißigjährig, am zweiten Weihnachtsfeiertag des Jahres 1984 mit Norbert zu einem Elternbesuch angetreten, bei diesen von dem Vater anläßlich eines Gesprächs über Krieg, Kriegsdienstverweigerung und Pazifismus auf meine Frage danach, wie es möglich sei, daß ein Christ nicht Pazifist sei, als Begründung und Rechtfertigung von Kriegshandlungen hervorgebrachten Worten, fühlte ich bei diesen, von dem Vater in dieser unglaublichen Erregung hervorgestoßenen, herausgewürgten Worten, fühlte ich angesichts seines hochroten Kopfes, im Angesicht seines plötzlich veränderten, seines anderen, dieses von mir so lange nicht mehr gesehenen, dieses von mir so lange nicht mehr erinnerten, dieses von mir zur Gänze vergessenen, jetzt plötzlich wieder sichtbaren anderen Gesichts, angesichts dieses entsetzlichen, dieses auf entsetzlich befremdende und doch gleichzeitig entsetzlich vertraute Weise plötzlich brutalen Gesichts, inmitten der bis dahin herrschenden, für Merzsche Verhältnisse recht entspannten Atmosphäre, inmitten der weihnachtlich gefärbten Kaffeetafelgemütlichkeit, mit einem Male eine irrsinnige, von Angst und Schrecken, von Ekel und Abscheu durchsetzte Wut.
Du Heuchler, brüllte es in meinem Innern, du Heuchler, du gottverdammter Heuchler, Krieg willst du führen, Krieg, um Töchter vor Vergewaltigung zu schützen, Krieg zum Schutz der Töchter, du Heuchler, du hast es doch selber gemacht!
Einen Meter von dem Vater entfernt auf dem Sofa sitzend, erlitt ich einen Ansturm nie gekannter aufrührerischer Gefühle, ich zitterte vor Wut, vor Erregung, vor Abscheu, ein unglaublicher Haß bemächtigte sich meiner, ich war kurz davor, aufzuspringen und über den in meiner unmittelbaren Nähe sitzenden Vater herzufallen, ihm ins Gesicht zu springen, ihm das Gesicht zu zerkratzen, ihm die Heuchlermaske vom Gesicht zu zerren.
Du warst es, brüllte es in meinem Innern, du warst es, du hast mich auf dem Gewissen, du und keiner sonst.
Ohne im mindesten zu verstehen, was diese sich in meinem Innern bildenden Worte bedeuteten, ohne im mindesten dazu fähig zu sein, einen logischen, einen verständlichen, einen realen Zusammenhang zwischen den Worten, der Stimme und dem Gesicht des Vaters und meinen unerhörten Affekten herstellen zu können, fühlte ich mich meiner immensen Erregung hilflos ausgeliefert, nie zuvor hatte ich etwas Derartiges erlebt,

die Erregung wütete in mir, sie drohte mich auseinanderzureißen, ich glaubte, jeden Augenblick explodieren zu müssen. Ich glaube, es hat nicht viel gefehlt und ich wäre aufgesprungen, hätte mich auf ihn gestürzt und hätte ihn umgebracht.

»Quod licet jovi, non licet bovi«, so der Vater strahlend, nachdem ich es an einem Tag guter Stimmung gewagt hatte, ihn während des Mittagessens zu fragen, weshalb er mit vollem Mund reden dürfe, wir hingegen nicht.
»Quod licet jovi, non licet bovi«, sagte er aufgeräumt und klatschte sich lachend auf die Knie.
»Was heißt das, Vati?« fragte ich schüchtern.
»Das ist Latein«, sagte er stolz. »Das haben die alten Römer schon gewußt«, und er lachte wieder, »die wußten ganz gut Bescheid.«
»Aber was heißt es denn, Vati?« bat ich, »sag es doch bitte auf Deutsch.«
Ich war acht oder neun Jahre alt, und ich verstand kein Latein.
»Was der Jupiter darf, darf der Ochs noch lange nicht«, sagte er grinsend.
Ich verstand nicht, was das bedeuten sollte.
»Aber Vati«, sagte ich, »hier sind doch gar keine Ochsen. Und Jupiter heißt doch hier auch keiner.«
»Das ist symbolisch gemeint«, erwiderte der Vater, dem ich ansah, daß er ungeduldig wurde. »Das ist symbolisch gemeint. Und es bedeutet einfach, daß der Herr mehr darf als die Ochsen.«
»Jupiter heißt also Herr?« fragte ich.
»Ja«, sagte er, »so ungefähr.«
Jetzt hatte ich verstanden. Der Bruder und ich waren Ochsen. Der Vater war ein Jupiter.
»Quod..., wie geht der Spruch, Vati?«
»Quod licet jovi, non licet bovi.«
»Quodlize...«
»Jetzt ist es aber genug«, sagte der Vater ärgerlich. »Iß jetzt deinen Teller leer. Du lernst das alles noch früh genug im Lateinunterricht.«

In der Nähe des Mainzer Doms gab es früher eine Weinstube, die der Vater von allen ihm bekannten Lokalen am meisten schätzte und zu deren Besuch er die Familie von Zeit zu Zeit

einlud. Mit Vorliebe wählte er bei diesen Besuchen einen bestimmten Tisch, und er setzte sich stets so, daß sein Blick auf eine Wand fiel, die durch ein Wandgemälde geschmückt wurde, welches imstande war, des Vaters ungeteilte Begeisterung hervorzurufen.
Im Stil etwa eines Peter Breughel war eine einfache Bauernstube dargestellt, ich erinnere mich nicht an Einzelheiten des spärlichen, schlichten Mobiliars. Im Vordergrund sah man eine gleichfalls bäuerliche Gestalt mit knielangen, dunklen Hosen, einem Wams, derben Schuhen, einem breiten, strahlenden Gesicht und kräftigen Händen. Offensichtlich handelte es sich bei diesem kräftigen, strahlenden Bauersmann um einen Vater. Denn vor diesem bückte sich ein kleinerer, jüngerer Mensch männlichen Geschlechts, vermutlich sein Sohn, und streckte dem mutmaßlichen Vater das entblößte Hinterteil entgegen. Mit offensichtlichem, unverhohlen zur Schau getragenem Vergnügen züchtigte der Vater seinen Sohn.
Unterhalb des Gemäldes befand sich ein im Mainzer Dialekt verfaßter Spruch, dessen Anfangszeilen ich vergessen habe, und der mit folgenden Worten endete: »...ferr druffzuschlaa, denn daferr sein asch Vadder.«*
Der Vater, der das Lokal dieses Gemäldes wegen »die Vadderkneipe« nannte, pflegte diesen Spruch immer und immer wieder mit nicht versiegen wollender Freude vorzulesen. Er, der sonst kein Wort dieses Dialekts beherrschte, machte sich ein Vergnügen daraus, in breitestem Mainzerisch »ferr druffzuschlaa« zu rezitieren, auch auf der Heimfahrt noch deklamierte er in unsere schweigenden, betretenen Gesichter hinein: »...denn daferr sein asch Vadder.«

Ich legte meinen Kopf auf die Truhe im Eßzimmer, in der das Bügelbrett und andere zum Bügeln benötigte Utensilien aufbewahrt wurden. Es war eine Truhe aus dunklem, getäfeltem Holz, dessen Maserungen ich noch genauestens vor Augen habe. Der Vater hob meinen Faltenrock hoch und schob die Strumpfhose und den Schlüpfer nach unten. Dann schlug er mit der flachen Hand auf den Po.
Ich schämte mich entsetzlich. Was war ich doch für ein schlimmes, fürchterliches Kind, daß man mich so bestrafen mußte.
Der Vater schlug ohne erkennbare Erregung. Er war vollkom-

* »...zum Draufschlagen, denn dafür bin ich Vater.«

men beherrscht. Er tat nichts als seine Pflicht. Ein, zwei, drei, vier, fünf, sechs, sieben, acht, neun, zehn Schläge auf den nackten Kinderpo.
Mein Kopf lag still und regungslos auf der Truhe. Neben dem Kopf die langen Zöpfe. Ich wehrte mich nicht. Ich weinte nicht. Ich hielt ganz still.
Die ganze lange Mahlzeit hindurch hatte ich es gewußt. »Das gibt einen Abzug«, hatte der Vater gesagt. »Nach dem Essen gibt's einen Abzug.«
Mit gesenktem Kopf kaute ich auf meinem Brot herum. Wenn wir fertig gegessen hatten, wenn der Vater das Gebet gesprochen hatte, sobald der Tisch abgedeckt war, gab es einen Abzug.
Kopf auf die Truhe. Rock hoch. Eins, zwei, drei...
Der Vater befand sich im Einklang mit Gott. Er betete zu ihm. Vor dem Essen. Nach dem Essen. Und danach tat er seine Pflicht.
Kopf auf die Truhe...
»Wir danken, Herr, für diese Speise, uns zur Kraft und dir zum Preise. Amen.«

»Es gibt nichts Dunkles, Helene!«, sagte der Vater mit strenger Stimme, und er forderte mich auf, meine bohrenden Fragen, so er, einzustellen, die Mutter habe bereits wieder Kopfschmerzen, sie habe die ganze Nacht nicht geschlafen, diese Fragen, diese Anrufe, jetzt auch noch dieser Brief, das gehe entschieden zu weit.
Aufgewühlt, seit jenem zweiten Weihnachtsfeiertag in einer mir noch immer unerklärlichen Erregung, von einer quälenden Unruhe umgetrieben, einem immer zwingender werdenden, furchtbaren Verdacht ausgeliefert, folgte ich einer inneren Stimme, die mich nötigte, Erinnerungen heraufzubeschwören und Fragen zu stellen, die mir nur wenige Monate zuvor nicht in den Sinn gekommen wären.
Der Zufall wollte es zudem, daß just zu dieser Zeit ein etwa gleichaltriger ehemaliger Zingelsbacher in unseren Kölner Wohnblock einzog, der mich, die Dreiunddreißigjährige, sofort als »die Helene mit den langen Zöpfen aus Zingelsbach« erkannte, wohingegen ich weder mit seinem Namen noch mit seinem Gesicht die geringste Vorstellung verband.
Statt dessen beschlich mich in seiner Gegenwart ein höchst merkwürdiges, unangenehmes Gefühl, es kam mir so vor, als bezöge er sich auf eine andere Person, eine Person, die ich viel-

leicht einmal gewesen war, die jedoch längst schon gestorben war, begraben, verschüttet, ermordet vielleicht, und es war so, als ob der etwas erstaunte Blick, mit dem er mich anschaute, und die sachkundigen Bemerkungen über die gemeinsame Schule und gemeinsame Spielgefährten mir zeigen sollten, daß er besser als ich selbst über meine Kindheit informiert sei, ja, auf einmal dachte ich, es gäbe eine Leiche im Keller, wie man sagt, und dieser Unbekannte wisse darum.

»Es gibt keinen Jungen«, sagte der Vater barsch, nachdem ich mich schließlich nach geradezu besessener Grübelei daran erinnert hatte, daß ein sieben- oder achtjähriger Junge in der Alfred-Flachs-Straßen-Wohnung eine Zeitlang bei uns gewohnt hatte, was mich plötzlich brennend interessierte, weshalb ich mich bei den Eltern nach den näheren Umständen seines Aufenthaltes erkundigte.
»Doch, doch«, sagte die Mutter, einen Jungen habe es wohl gegeben, er habe etwa sechs Wochen bei uns gelebt, seine Mutter sei schwer krank gewesen, man habe die Kinder in der Gemeinde in Pflege gegeben, ein Bruder des Jungen sei bei den Rostauers untergebracht worden.
»Rostauers...« »Der Rostauer-Streit.«
Wieder eines dieser Stichworte, die meine ohnehin in Aufruhr versetzte Psyche aufpeitschten, die mich nicht mehr schlafen ließen, die mich zwangen, mich zu erinnern. Alles wollte ich wissen, was war in meiner Kindheit mit mir geschehen, was hatte dieser Junge damit zu tun, warum hatten sich die Eltern mit den Rostauers überworfen, mit denen sie doch gut befreundet gewesen waren, war der Junge etwa ein unliebsamer Zeuge gewesen, hatte er seinem bei den Rostauers untergebrachten Bruder von gewissen Vorgängen innerhalb der Merzschen Familie erzählt, hatten die Rostauers auf diese Weise davon erfahren, war es daraufhin zu dem Zerwürfnis gekommen, wollte der Vater deshalb nicht, daß ich mich nach diesem Jungen erkundigte, hatte er deshalb gesagt, es gebe nichts Dunkles, was war denn dieses Dunkle, das es angeblich nicht gab, warum bereiteten meine Fragen der Mutter schlaflose Nächte, war das damals nicht auch die Zeit gewesen, in der die Mutter eine Psychoanalyse begonnen hatte, warum hatte sie eine Psychoanalyse begonnen, warum zu jener Zeit, was war da los gewesen, selten hatten sich in meinem Kopf so viele Fragen überschlagen, ich war heillos verwirrt.

Erneut rief ich zu Hause an. In einem Atemzug sprach ich der Mutter gegenüber von dem Jungen, von dem Beginn ihrer Analyse und von dem sogenannten Rostauer-Streit.
Sie widersprach meinen Mutmaßungen nicht.
Ob sie vor oder nach jenem Ereignis ihre Analyse begonnen habe, wollte ich schließlich wissen, und ich wunderte mich selbst über diese eigenartige Fragestellung. Vor oder nach welchem Ereignis? Wovon redete ich eigentlich?
»Das muß wohl danach gewesen sein«, sagte die Mutter, die offensichtlich zu wissen schien, wovon ich sprach, »doch, doch, das war danach.«

»Hör endlich mit diesen Fragen auf«, mahnte der Vater erneut am Telefon. »Hör endlich auf, in der Vergangenheit herumzustöbern, man muß die Vergangenheit auch irgendwann einmal ruhen lassen können, die Mutti macht das fertig, wenn du sie an diese Zeit erinnerst, also, ich bitte dich, sei vernünftig, und hör endlich damit auf.«
Ob es richtig sei, daß ich während der sechs Wochen, die der Junge bei uns verbracht habe, auf dem Sofa im Wohnzimmer geschlafen habe, weil der Junge bei Stefan im Kinderzimmer untergebracht worden sei, wollte ich von der Mutter wissen. Ob sie sich noch daran erinnere, wann ich abends schlafen gegangen sei? Ob sie sich noch daran erinnere, ob ich schon geschlafen hätte, während sie, die Eltern, noch im Wohnzimmer beisammen gesessen hätten. Ob sie sich noch daran erinnere, ob ich zu jener Zeit Nachthemden oder Schlafanzüge zu tragen pflegte...
Ich wunderte mich selbst über diese Fragen. Frühmorgens, im Halbschlaf hatten sie mich aus dem Bett getrieben, ich mußte es wissen, was war während dieser Wochen, während dieser Junge bei uns war, passiert?
Beide, Mutter wie Vater, reagierten auf meine Fragen mit Empörung. Ob ich ihnen etwas unterstellen wolle, kein Mensch wisse nach so vielen Jahren, ob ein Kind einen Schlafanzug getragen habe oder ein Nachthemd.
Das sei doch alles so lange her.

»Ich bring' euch alle um!« brüllte auf einmal die Stimme des Vaters in meinem Kopf. »Ein Wort, und ich bring' euch alle um!«
Würgend hörte sie sich an, diese Stimme, bellend, die Worte

wurden hervorgestoßen und herausgewürgt, gerade so wie an jenem zweiten Weihnachtsfeiertag.
Wenn ihr redet, bringe ich euch alle um.
Ich sehe sein Gesicht vor mir, rot, erregt, brutal. Es ist das andere Gesicht des Vaters, das diese Worte ausstößt, es ist das andere Gesicht des Vaters, das mir verbietet zu reden, es ist der andere Vater, der mich einschüchtert, der mir Angst macht.
Dreiunddreißigjährig durchlebe ich, bevor ich mich erinnern kann, eine Phase intensivster Angst.
Dann kommen die Bilder. Fetzen zunächst.
Ich sehe den Alfred-Flachs-Straßen-Flur in der Nacht.
Ich bin etwa acht Jahre alt.
Mir ist schlecht.
Ich gehe ins Bad und erbreche mich.
Mir ist furchtbar schlecht.
Im Flur laufen alle durcheinander.
Stefan, der Junge, die Mutter, der Vater.
Ein nächtlicher Aufruhr im Flur.
Fetzen. Bilderfetzen.
Ich sehe den Vater im Nachthemd in der Wohnzimmertür stehen.
Er kommt auf das Sofa zu, er beugt sich über mich, er legt sich auf mich, er ist furchtbar schwer, ich drehe mein Gesicht weg.
Jetzt kommt der Junge herein (vielleicht wollte er zur Toilette und hat sich in der Tür geirrt).
Der Vater springt hoch.
Mein Bauch ist ganz naß.

»Kommt, Kinder, Wuien machen!« rief der Vater.
Stefan und ich saßen in Stefans Zimmer und spielten Karten.
Wie häufig an Sonntagvormittagen hatte ich den Bruder in seinem Zimmer besucht, um mit ihm zu spielen.
Ich war zehn oder elf Jahre alt, wir wohnten noch nicht sehr lange in der neuen Wohnung im Gemeindehaus. Ich liebte das vertraute Beisammensein, die selbstverständliche, stille Nähe, die es zwischen uns gab, während wir uns auf seinem Bett gegenübersaßen und Rommé oder Canasta spielten.
Sonntags in der Früh, mit dem Bruder allein, ein verschwiegenes zärtliches Rendezvous, keine Eltern in der Nähe, nur wir beide.
»Kommt, Kinder, Wuien machen«, rief der Vater jetzt schon zum zweiten Mal mit ungeduldig werdender Stimme.

Es war einer dieser Sonntage, an denen er keinen Gottesdienst zu halten brauchte, einmal im Monat etwa hatte er sonntags frei, und er pflegte an diesen Tagen gegen halb zehn Uhr am Morgen die Schlafzimmertür zu öffnen und nach seinen Kindern zu rufen.
»Kommt, Kinder, Wuien machen!«
Stefan und ich sahen uns an. Unser schönes Beisammensein. Unser gerade angefangenes Canasta-Match. Unser Morgen. Langsam und widerstrebend gehorchte ich. Unwillig folgte mir Stefan.
»Na, komm schon«, sagte ich, der brüderlichen Verweigerungsneigung die schwesterliche Autorität in den Weg stellend, »komm schon mit, es wird schon nicht so schlimm werden!«
Und ich betrat gehorsam, den kleinen Bruder im Schlepptau, das elterliche Schlafzimmer.
Der Vater erwartete uns mit Ungeduld. Ich schämte mich ein wenig, weil ich ihn hatte warten lassen, eigentlich mußte man sofort erscheinen, wenn er rief, beim ersten Rufen bereits, nicht erst beim dritten.
Doch wenn der Vater zum Wuien rief, kannte selbst ich, sonst den Befehlen und Wünschen des Vaters gegenüber die Willigkeit in Person, ein Zögern, ein Zurückweichen, den Ansatz von Ungehorsam, von Verweigerung, manchmal ließ ich den Vater sogar persönlich in unser Zimmer kommen, um uns abzuholen, nicht immer beherrschte ich mich so gut wie an diesem Morgen, wo ich es fertigbrachte, nicht nur mich selbst, sondern zugleich auch noch den Bruder zum Gehorsam zu überreden.

»Seht zu, daß ihr nicht wieder so doll macht!« sagte die Mutter, die sich offensichtlich aus Protest gegen die bevorstehenden Ereignisse entschloß, aufzustehen und den Raum zu verlassen. Mißbilligende Blicke auf den Vater werfend, ließ sie uns mit diesem allein zurück.
Das Schlafzimmer war ungelüftet. Stickig hing die Nacht in den Kissen, in den Decken, in den Vorhängen. Alles in dem in zwielichtiges Licht getauchten, durch Vorhänge von der Außenwelt abgeschirmten Raum atmete Bedrückung aus, eine ungeheure Muffeligkeit, eine ekelerregende, atembeklemmende Enge.
Der Vater saß in einem kurzen Nachthemd auf der Bettkante.
»Oaah«, rief er aus, als er mit uns allein war, »jetzt wollen wir Löwe spielen, Löwe, oaah, Löwe, oaah, oaah, oaah, Löwe...«
Und er fing an, uns durch das ganze Zimmer zu jagen, über den

Boden und quer über das Bett, wobei er sich auf die Knie niederließ und tiefe, wilde Laute ausstoßend, mit den Händen nach uns zu greifen suchte.
Der Löwe spielende Vater war mir verhaßt. Ich ekelte mich entsetzlich vor ihm. Die ganze Zeit über, während der er, Urlaute ausstoßend, im Vierbeinergang durch das Zimmer tappte, stand aus seinem kurzen Nachthemd sein erigierter Penis hervor, dick und fleischig, ein abstoßender Anblick, wie ich fand.
»Oaah, oaah, oaah«, brüllte der Vater, nachdem er gerade Stefan zu fassen gekriegt hatte, »oaah, oaah«, und er warf ihn auf das Bett und kauerte sich über ihn.
Stefan in einer Art Schwitzkasten unter sich eingeklemmt haltend, fing er an, diesen zu kitzeln.
»Wuien«, sagte er dabei in einem seltsam veränderten Tonfall, »wuien machen, wuien, wuien, wuien.«
Und er steigerte das Kitzeln, das eigentlich weniger ein Kitzeln denn ein Zwicken war, ein Petzen, ein Kneifen in die Haut und in die Weichteile, zu einem schmerzhaften, den Bruder zum Weinen bringenden Durchkneten oder Durchwalken, ich weiß nicht so recht, wie ich es nennen soll, ich weiß nur, daß die angeblich dem allseitigen Vergnügen dienende gewaltsame Kitzelei wehtat.
»Aufhören«, flehte Stefan nach einer Weile weinend, »aufhören, hör auf, das tut weh!«
»Du Weichling«, stieß der Vater verächtlich hervor, »du bist und bleibst ein Weichling«, und er ließ verärgert von Stefan ab.
Nach einer kurzen Verschnaufpause und der schließlichen Wiederaufnahme seines brüllenden Umhertappens wandte er sich schließlich mir zu.
»Du bist meine gute Krott«, stieß er zwischen den Urlauten hervor, »du bist meine gute Krott, du stellst dich nicht so an.«
So eng wie möglich rollte ich mich unter dem heftigen Zugriff seiner Hände zusammen. Um zu verhindern, daß er mich in den Bauch zwickte, bot ich ihm nur meinen Rücken und meine Lenden.
Mit einem mich selbst befremdenden, seltsamen, kreischenden Lachen ertrug ich diesen Teil des Rituals.
Der Vater, das fühlte ich, der Vater war sehr erregt. Von Minute zu Minute steigerte sich seine Erregung. Lauter und wilder wurden seine Urlaute, röter und röter wurde, wie ich in den Zwi-

schenzeiten vierbeinigen Herumtappens erkennen konnte, sein Gesicht, und der Ausdruck seiner Augen veränderte sich in erschreckender Weise. Er wirkte brutal und gierig, und man hörte keine anderen Worte oder Sätze mehr von ihm als das immer und immer wieder hervorgestoßene Wort Wuien.

»Ich hab' dir doch gesagt, du sollst nicht wieder so übertreiben«, sagte die Mutter vorwurfsvoll, nachdem sich der verängstigte Stefan weinend zu ihr in die Küche geflüchtet hatte. »Immer mußt du so doll machen, jedesmal endet es so, immer mußt du alles übertreiben, überhaupt, jetzt hör auf, es ist genug.«
Eingeklemmt zwischen den Knien des Vaters schaute ich die Mutter stumm an. Wie nichts sonst wünschte ich, sie möge im Raum bleiben und ihn daran hindern, weiterzumachen.
Doch die Mutter kümmerte sich nur um Stefan. Stefan weinte. Das zählte. Seine Tränen, seine Angst, sein Aufgelöstsein machte sie dem Vater zum Vorwurf. Was mit mir geschah, interessierte sie nicht.
Eingeklemmt zwischen den Knien des Vaters, seinen heißen Atem in meinem Nacken, seinen erigierten Penis gegen meinen Rücken gepreßt, von seinen Armen fest umschlossen, starrte ich meine Mutter stumm an.
Doch sie unternahm nichts. Statt dessen warf sie einen verächtlichen, ja feindseligen Blick auf mich, auf den Vater und verließ, ohne ein weiteres Wort zu sagen, den Raum.

Kaum hatte die Mutter der Szenerie den Rücken gekehrt, nahm der Vater eine Bettdecke und warf sie über uns.
Ich hielt meine Knie mit beiden Händen umklammert und senkte den Kopf.
Der Vater preßte seinen schwer atmenden Mund in meinen Nacken. Sein Atem, wie überhaupt sein ganzer Körper erschien mir unglaublich heiß.
Ich glaubte, in dieser Deckenhöhle ersticken zu müssen. Die unerträgliche Nähe des Vaters, seine Hitze, seine Erregung, dieser heiße Atem in meinem Nacken und in meinem Rücken dieser dicke, fleischige Penis, den er an mich preßte, den er heftig atmend immer fester an mich preßte, wobei er mit seinen Händen überall an mir herumfingerte, mich fester und fester an sich drückend, mich überall betatschend, überall hingrapschend, gierig, Besitz ergreifend, gewaltsam, seine Hände, seine Finger überall auf meinem Körper, dabei in meinem Nak-

ken dieser heiße Atem und wieder sein heißer Mund, seine Lippen, gierig seine Lippen in meinem Nacken, seine Hände, diese Hitze, diese unglaubliche Erregung, diese seine ungeheuerliche Gier.
Ich kannte den Vater nicht wieder. Er war ein anderer geworden. Er hatte sich in ein Tier verwandelt.
Er war kein Pfarrer mehr, kein von Mitleid erfüllter Idealist, kein von Zweifeln umgetriebener Prediger, er war auch nicht mehr der ordnungsliebende Erzieher, als den ich ihn kannte, das war nicht der Vater, der mein Taschengeldheft kontrollierte, das war nicht der Vater, der mich wegen einer guten Note lobte und mir wohlwollend über die Haare strich, das war auch nicht der Vater, der eine Briefmarkensammlung für mich anlegte, und es war schon gar nicht der Vater, der die langen Reden hielt bei Tisch, der keinerlei spontane Lebensäußerung ertragen konnte, den das geringste Zappeln oder Quengeln eines Kindes in Rage brachte, nein, das war nicht der auf absolute Disziplin achtende Mann, den ich kannte, das war nicht mein Vater, nein, das war ein anderer, das war ein Tier, der Vater hatte sich in ein Tier verwandelt, während des Löwespielens hatte er sich in ein Tier verwandelt, in ein schnaufendes, schwer atmendes Tier, ein wildes, ungezähmtes Tier mit einer ungeheuerlichen, einer schrecklichen, einer brutalen Kraft. Ich, Helene, des Vaters Liebling, seine gute Krott, ich bin mit einemmal einem wilden Tier ausgeliefert, ich bin gefangen, niemand sieht uns, niemand sieht, was in dieser Deckenhöhle geschieht, niemand kommt, niemand greift ein, ich bin allein mit diesem Tier, allein in dieser stickigen, heißen Höhle, das Tier hat mich in seiner Gewalt, ich entrinne ihm nicht.

Ich weiß nicht, wie lange es gedauert hat. Ich weiß nicht genau, was er alles gemacht hat.
Ich glaubte ersticken zu müssen an meinen Ekelgefühlen, an meiner Ohnmacht, an einer hilflosen, sinnlosen Wut. Die Verwirrung und das Entsetzen über diesen anderen, diesen so gänzlich veränderten Vater, diesen plötzlich nur noch brutalen Mann, der überhaupt keine Worte mehr sprach, der keinerlei menschliche Züge zu haben schien, der nur noch unartikulierte Laute von sich gab, tierische Laute, ein gieriges Stöhnen, entfernten mich gleichermaßen von meiner gewohnten Wirklichkeit wie von mir selbst.
Auch ich verlor in dieser Deckenhöhle meine Menschlichkeit,

meine Persönlichkeit, meine Würde. Meine Gefühle übersetzten sich in meinem Bewußtsein nicht mehr in Worte, ich dachte nicht mehr in Begriffen, in Sätzen, in sprachlichen Einheiten, ich konnte überhaupt nicht mehr denken, ich konnte überhaupt nichts begreifen, es war unfaßlich, ich konnte es nicht benennen, es gab keine Erklärung dafür.
Ein Chaos aus Gefühlen und Affekten überschwemmte mich. Ich unterschied nichts mehr, ich unterschied kaum noch zwischen ihm und mir, in dieser triebhaften Umklammerung wurde ich selbst zu einem dumpfen Tier, es war unmöglich, meine Empfindungen auseinanderzuhalten, von meinem normalen Lebensgefühl hielt nichts der extremen Abartigkeit des Geschehens stand.
Vergleichbar vielleicht dem Augenblick des Erbrechens, wo der körperliche Vorgang für Sekunden alles Geistige in den Hintergrund drängt, wurden meine Seele, mein Verstand, meine Gefühle, alles, alles zu mir Gehörige, alle Sinne, alle Empfindungen zugeschüttet von der triebhaften Gewalt reiner Körperlichkeit.
Zurück blieb die Dumpfheit.
Nichts als die Dumpfheit bleibt mir aus dieser Deckenhöhle, ein dumpfes Gemisch aus Ekel, Entsetzen, Angst und Wut, aus Schrecken und Grauen und Verwirrung, und die Erinnerung an die ungeheure, schwer atmende, heiße Erregung des Vaters. Plötzlich war dieser nur noch Körper, körperliche Erregung, nichts als die reine körperliche Gier.
Keine Worte mehr, keine Sprache, keine Gedanken, keine Gefühle, kein Ich und kein Du, keine Beziehung, keine Menschlichkeit, nichts als die körperliche Erregung eines Tiers, dessen Instinkte nicht gezügelt wurden durch Erziehung und Kultur.
Ein wildes, rohes Tier, das sein Opfer an sich reißt, das dieses zwischen seinen Krallen gefangenhält, das eine Weile noch mit ihm spielt, es quält, bis es ihm durch einen tödlichen Biß mitleidlos den Garaus macht.
Ich, unter den Händen des zum Tier gewordenen Vaters. Zusammengekauert, meinen Bauch schützend, die Knie mit den Händen umklammernd, ihm nur den Rücken bietend, nichts als den Rücken, überall auf meinem Körper seine Hände, im Nacken der heiße Atem und im unteren Teil des Rückens der Penis.
Mit festem Griff umklammerte er mich. Er preßte mich an

sich, er brauchte mich, das fühlte ich noch heraus, er, der Vater, der zum Tier gewordene, brutale Vater brauchte mich, er befand sich in einer entsetzlichen, einer grauenhaften Not.
Nach einem letzten Aufstöhnen ließ er von mir ab.
Ich verließ das Schlafzimmer und schloß mich im Bad ein.

Lange, lange bin ich im Bad geblieben.
Ich fühlte mich unbeschreiblich schmutzig, ich fühlte mich eklig, widerwärtig und verunstaltet, ich fühlte mich verseucht und vergiftet, ich fühlte mich in meinem Innersten in den Schmutz gezogen, es war so, als wäre alles zu mir Gehörige, außen wie innen, von einem abscheulichen Aussatz bedeckt, nichts war mehr schön an mir, nichts war mehr rein, nichts war mehr heil geblieben, alles war häßlich und dreckig und zerstört.
Und wie eine Aussätzige schämte ich mich meiner Häßlichkeit. Wie eine Aussätzige konnte ich den Anblick meiner selbst nicht ertragen, wie eine Aussätzige ekelte ich mich vor mir selbst.
Niemandem würde ich je davon berichten können. Niemand würde eine solche wie mich jemals noch ertragen können. Niemand würde mit einem solcherart verschmutzten Unmenschen in Berührung kommen wollen.
Nicht eine einzige Sekunde lang ertrug ich den Gedanken an das in der Deckenhöhle Geschehene. Kaum hatte ich die Badezimmertür hinter mir verschlossen, spaltete ich das Erlebte von mir ab.
Es war nicht wahr, es war einfach nicht wahr, es durfte nicht wahr sein, es konnte nicht wahr sein, ich ertrug es nicht. Mit allen mir zur Verfügung stehenden Kräften versiegelte ich die Schande in meinem Innern. Ich machte sie unsichtbar, ich verbannte sie aus meinen Gedanken und meinen Gefühlen, ich ließ nichts davon Platz nehmen im Glashaus der Erinnerung. Ich vergrub alles, so tief es ging, ich schüttete das Grab zu, ich wandte mich radikal davon ab.
Nie habe ich mit jemandem darüber gesprochen, nie habe ich auch nur insgeheim daran gedacht. Und vielleicht wären mir diese Sonntagvormittage im elterlichen Schlafzimmer niemals wieder eingefallen, hätte nicht der Vater an einem Weihnachtsfeiertag plötzlich wieder jenes andere Gesicht gezeigt.

Bitte umblättern:

Persönliche Erfahrungen mit Krisen

Renate Anders
Grenzübertritt
Eine Suche nach geschlechtlicher Identität. Band 3287

Sigrid Borst
Weniger als ein Jahr ...
Unser Kampf gegen den Krebs. Band 3248

Ingeborg Bruns
Das wiedergeschenkte Leben
Tagebuch über die Leukämieerkrankung eines Kindes
Band 3247

Sue Cooke
Zerzaustes Käuzchen
Die Emanzipation einer Epilepsiekranken
Band 3245

Petra Dreyer
Ungeliebtes Wunschkind
Eine Mutter lernt, ihr behindertes Kind anzunehmen
Band 3252

Jacqueline Fabre
Die Kinder, die nicht sterben wollten
Band 3289

Sarah Ferguson
Die Stimme und das Schweigen
Brief an einen toten Psychoanalytiker
Band 3284

Josef Gabriel
Verblühender Mohn
Aids – die letzten Monate einer Beziehung
Band 3249

Andrea Graf
Die Suppenkasperin
Geschichte einer Magersucht. Band 3294

Luise Habel
Umarmen möcht ich dich
Briefe an einen Therapeuten. Band 3299

Torey L. Hayden
Kevin
Der Junge, der nicht sprechen wollte
Band 3253

Ursula Heilborn-Maurer/ Georg Maurer
Nach einem Suizid
Gespräche mit Zurückbleibenden
Band 3250

Ilse van Heyst
Das Schlimmste war die Angst
Geschichte einer Krebserkrankung und ihrer Heilung
Band 3902

Christine Hofmann
Stunden, die zählen
Ein Kind findet ein Zuhause. Band 3296

Hera König
Der tödliche Hunger
Erfahrungen einer Diabetikerin. Band 3286

Christiane Lenker
Krebs kann auch eine Chance sein
Zwischenbilanz oder Antwort an Fritz Zorn
Band 3288

Fischer Taschenbuch Verlag

fi 26/11 a